上市公司自愿性信息披露：机构投资者满意度、影响因素及经济后果

李慧云　著

中国财经出版传媒集团

经济科学出版社
Economic Science Press

图书在版编目（CIP）数据

上市公司自愿性信息披露：机构投资者满意度、影响因素及
经济后果／李慧云著．—北京：经济科学出版社，2017.9
ISBN 978 - 7 - 5141 - 8510 - 2

Ⅰ.①上…　Ⅱ.①李…　Ⅲ.①上市公司 - 会计信息 -
研究 - 中国　Ⅳ.①F279.246

中国版本图书馆 CIP 数据核字（2017）第 240759 号

责任编辑：周国强　宋艳波
责任校对：隗立娜
责任印制：邱　天

上市公司自愿性信息披露：机构投资者满意度、影响因素及经济后果

李慧云　著

经济科学出版社出版、发行　新华书店经销
社址：北京市海淀区阜成路甲 28 号　邮编：100142
总编部电话：010 - 88191217　发行部电话：010 - 88191522
网址：www.esp.com.cn
电子邮件：esp@esp.com.cn
天猫网店：经济科学出版社旗舰店
网址：http://jjkxcbs.tmall.com
北京季蜂印刷有限公司印装
710×1000　16 开　15 印张　260000 字
2017 年 9 月第 1 版　2017 年 9 月第 1 次印刷
ISBN 978 - 7 - 5141 - 8510 - 2　定价：56.00 元

前　言

　　信息披露按照内容可分为强制性信息披露和自愿性信息披露。随着我国市场经济的发展，强制性信息披露已不能满足投资者的需求，上市公司通过披露自愿性信息，不仅能提高信息披露的质量，降低信息的不对称程度，而且还能够改善与投资者间的关系，提高公司的声誉和形象，增加公司价值，降低公司的诉讼成本以及提高公司的核心竞争力，因此自愿性信息披露日益受到上市公司乃至学术界的广泛关注。然而，目前我国上市公司的自愿性信息披露还存在很多问题，如自愿披露的内容偏少、信息质量偏低，多数信息是一些边缘、外围的信息。此外，上市公司可能会选择不同的披露时间、内容和方式来实现公司或管理者自己某种特殊的目的，导致出现虚假性披露、选择性披露、延迟性披露、模糊性披露、策略性披露等问题，严重影响我国资本市场的良好秩序，损害投资者利益。为此，我国政府高度重视，近年来出台了一系列与自愿性信息披露相关的法律法规，自愿性信息披露应该被提高到战略性的高度进行考察。

　　军工企业承担了我国国防科研生产任务，是国防安全的重要保证，同时也是国家经济发展的重要组成部分。军工上市公司作为军工企业的代表，向国内外展示了我国的军工经济实力和军事技术水平，是国家战略安全的需要，军工企业对我国国防有重要影响。

　　自20世纪90年代以来，随着股份制改革的不断深入，内部竞争机制的不断完善，我国开始着手组建十大军工集团公司。我国十大军工集团主要由中国航空工业总公司、中国核工业总公司、中国航天工业总公司、中国船舶工业总公司、中国兵器工业总公司这五大军事工业集团拆分重组而成，我国军工集团开始正式面向证券市场，资本市场上出现了一批以军工集团为背景的上市公司。鉴于军工企业自身的特殊性，加之来自国家的大力支持，使军工上市公司成为资本市场备受关注的投资标的。军工上市公司以其特殊的技术优势和实力背景，成为目前我国证券市场上的一支特殊而重要的生力军。

随着近几十年的发展，军工上市公司利用资本市场进行融资等业务不断增多，然而由于军工业项目性质特殊，业务复杂，在一些航天、航空等重大项目上也面临着诸多问题。我国军工上市公司融资主要存在思想保守，政策不完善的问题，面临着改制风险和被恶意收购风险。军工上市公司信息披露存在国家安全与投资者利益的冲突，国家安全和投资者利益对上市军工公司信息披露提出不同的要求，有时候甚至是相反的要求。军工上市公司拥有技术优势和国防背景，其特殊的业务背景及对信息披露的敏感性有别于普通的上市公司。

我国学者对制造业等上市公司的自愿性信息披露进行了一些研究，但是国内对中国军工上市公司的自愿性信息披露的探讨在统计学术界仍然是一个空白，而军工上市公司信息披露因其特殊的业务背景及对信息披露的敏感性有别于普通的上市公司。因此，适时开展相关领域的学术研究具有十分重大和紧迫的理论和现实意义。

基于以上认识，本研究在国内外已有研究的基础上，运用规范和实证相结合的方法，对我国军工行业上市公司自愿性信息披露特征、影响因素和市场反应进行全面、系统的研究，以期能够深刻揭示出我国军工行业上市公司自愿性信息披露的一般规律，为提高我国的自愿性信息披露水平提供理论和数据支持。

本书共9章，除第1章绪论和第9章结论以外，主体部分为7章。第2章是文献评述，从自愿性信息披露的动机、特征、内外部影响因素、市场反应四个角度对国内外的相关文献进行了分析与总结，进而提出本书的研究方向。第3章是对我国当前信息使用者对已有自愿性信息披露的满意度研究，探究信息使用者的信息使用需求。第4章是规范研究部分，是对自愿性信息披露的制度背景分析和理论分析，进而构建适合我国国情的自愿性信息披露评价体系。第5章是对自愿性信息披露的综合评价方法研究，对各项综合评价方法进行比较分析。第3章、第4章和第5章是实证部分的现实和理论基础。第6章、第7章和第8章是实证分析部分，分别是我国军工行业上市公司自愿性信息披露的特征分析、影响因素分析和市场反应分析。第9章是研究结论和对策建议部分，在总结规范和实证研究的结论基础上，就我国军工行业上市公司自愿性信息披露的提高给出了具体政策建议。

本研究主要结论如下：

（1）对信息使用者对自愿性信息的满意度的研究发现：①机构投资者对自愿性信息披露的期望与其满意度负相关。机构投资者对自愿性信息披露的期望越高，对其中自愿性信息披露情况的满意度越低。②自愿性信息披露的质量与机构投资者满意度正相关。即自愿性信息披露质量越好，机构投资者满意度越高。③自愿性信息披露的有用性与机构投资者满意度正相关。即自愿性信息在机构投资者决策过程中的有用性越高，机构投资者满意度越高。④有用性在质量对满意度影响的过程中起部分中介效应，中介效应为正向显著。即自愿性信息披露质量对满意度的影响表现为直接影响与通过有用性产生的间接影响之和。⑤有用性在期望对满意度影响的过程中起部分中介效应，中介效应为反向显著。即自愿性信息披露期望对满意度的影响表现为直接影响与通过有用性产生的间接影响之差。

（2）借鉴 Botosan 的研究成果，在对机构投资者对自愿性信息需求典型调查的基础上，建立了包含28个指标的自愿性信息披露水平度量体系，28个指标可分为四类——公司背景信息、社会责任信息、预测性信息、管理层讨论与分析。

（3）在对自愿性信息披露的评价方法的研究方面，发现基于 AHP 法、熵权法以及二者有机结合的综合集成赋权法计算出来的样本公司评价结果具有一致性，但是以熵权法最为简便。

（4）对军工行业上市公司自愿性信息披露的特征研究发现：①2012～2015年，我国军工上市公司自愿性信息披露质量总体偏低，但逐年有所提升，且披露差异逐年减小。②我国军工上市公司自愿性信息各指标部分披露状况不一，突出表现为背景信息披露状况较好，军工上市公司对有关战略、目标、公司治理情况以及行业政策等方面的信息都能够积极地进行披露，有助于投资者决策，有利于保护投资者权益。但是，有关预测性信息和管理层讨论与分析的信息披露非常少。③在自愿性信息披露质量上，军工上市公司与非军工上市公司相比没有显著性差异。

（5）对自愿性信息披露的影响因素进行了实证研究，以2014～2015年60家军工行业上市公司为样本，运用路径分析方法研究了影响自愿性信息披露水平的内部因素和外部因素，其中内部因素包括公司规模和盈利能力、财务杠杆、国有股比例、独立董事比例和两职合一情况，外部因素为监管部门处罚情况。结果显示，公司规模和独立董事比例在 5% 的水平下对自愿性信息披露水平有正的显著影响；财务杠杆和两职合一情况在 10% 的水平下对自愿性信息披露水平有负的显著影响；盈利能力、国有股比例和受罚情况对自愿性信息披露的影响未通过显著性检验。

（6）在对军工上市公司自愿性信息披露的市场反应的研究中，自愿性信息披露与当期财务绩效的相关性实证检验结果表明：①自愿性信息披露对财务报告公布日前后 5 天的股票累计超额收益率（CAR）有增量解释能力，自愿性信息披露能够引起证券市场上军工上市公司股票的短期市场反应。②军工上市公司的自愿性信息披露指数与公司当年的财务绩效显著正相关，自愿性信息披露一定程度上能够帮助投资者了解公司的现状。③自愿性信息披露一定程度上能够预测军工上市公司下一年度的财务绩效。④军工上市公司的自愿性信息披露指数与公司价值显著正相关，自愿性信息披露一定程度上能够提高公司价值，提升公司形象。

本书针对实证分析的结果，从外部监管和内部公司治理两个层面对如何提高我国上市公司自愿性信息披露水平提出了相关建议。外部监管层面的建议包括：①出台《自愿性信息披露指引》及建立相应处罚机制。②建立权威自愿性信息披露评级制度。内部公司治理层面的建议包括：①加大公司规模，降低财务杠杆，优化财务结构。②董事长与总经理两职分离，提高独立董事比例。③优化股权结构，降低股权集中度。

目　录

表 目 录

图 目 录

第 *1* 章

绪　　论

研究背景与研究意义

1.1.1　研究背景

信息在整个市场中起着桥梁和纽带的作用，资本市场在某种意义上就是一个信息市场。信息披露的内容及形式会影响投资者的决策选择，还会影响公司的声誉和价值，因此真实、客观、公允的公司信息披露是资本市场正常运行的保障。

自愿性信息披露是相对于强制性信息披露而言的，强制性信息披露是指上市公司按照公认会计准则和证券监管部门的要求披露公司的基本财务信息。而自愿性信息披露是企业自愿地披露除强制披露的财务信息以外，上市公司基于公司形象、投资者关系、回避诉讼风险等动机主动披露的信息，一般包括公司背景信息、历史信息、关键性非财务信息、预测信息、管理层讨论与分析等。

自愿性信息披露有如下特征：

(1) 外部性。外部性是指一个主体的行为给其他主体所带来的有利或不利的影响。自愿性信息披露本质上就是为了解决所有者与经营者之间信息不对称的关系。披露的过程就是传递信息、接收信息、信息反馈的过程，即双方沟通的过程。沟通的关键不仅仅是传递了多少信息，而是信息被理解、被接收了多少，从而引起信息接收者所做出的反应，即信息反馈过程。

（2）公共产品性。会计信息具有公共产品的特征，根据寻租理论的观点，社会经济资源在配置过程中，出现权利真空或所谓的"公共领域"①而存在"租值"②未被界定时，社会经济主体就会消耗资源提取它，同时对他人利益造成损害。从会计学角度来看，由于我国在一段时间内还将处在经济转型时期，将会在较长的一段时期内存在会计寻租现象，即会计信息失真。

自20世纪60年代，国外学者就开始对自愿性信息披露进行了研究。1994年，美国注册会计师协会（AICPA）的Jenkins委员会发表了《改进企业报告：面向用户》，从十个方面总结了外部投资者对上市公司自愿性信息披露的要求；2001年，美国FASB③成立了Steering委员会发表了《改进财务报告：增强自愿性披露的透视》，对美国上市公司自愿性信息披露的现状进行评价，并提出改进自愿性信息披露质量的政策建议。

相比之下，我国对自愿性信息披露的研究相对较晚。2002年1月9日证监会和国家经贸委发布的《上市公司治理准则》中规定："上市公司除应按照强制性规定披露信息外，还应主动、及时地披露所有可能对股东和其他利益相关者决策产生实质性影响的信息，并保证所有股东有平等的机会获得信息"。2003年10月深交所制定并发布《上市公司投资者关系管理指引》，首次提出"自愿性信息披露"这一概念④。2005年7月证监会发布的《上市公司与投资者关系工作指引》是国内最高证券监管机构首次在文件中明确对上市公司自愿性信息披露的鼓励与支持。2007年12月，证监会修订的《公开发行证券的公司信息披露内容与格式准则》的第2号"年度报告的内容与格式"准则中对上市公司详细披露、应该披露、可以披露的信息做出明确规定。2008年5

---

① "公共领域"（publicsphere）一词由德国法兰克福学派第二代领军人于尔根哈贝马斯（Jurgen Habermas）的一本名著（Habermas，1962/1989；哈贝马斯，1999a）中被概念化了。意指的是一种介于市民社会中日常生活的私人利益与国家权利领域之间的机构空间和时间，其中个体公民聚集在一起，共同讨论他们所关注的公共事务，形成某种接近于公众舆论的一致意见，并组织对抗武断的、压迫性的国家与公共权力形式，从而维护总体利益和公共福祉。

② "租值"是在一定时期内，分析生产要素的收入投入之间的差额，以及生产要素的成本。

③ 美国财务会计准则委员会（Financial Accounting Standards Board，FASB）是美国目前制定财务会计准则的权威机构。FASB主要发表了以下几种文件：（1）"财务会计准则公告"（Statements of Financial Accounting Standards）。（2）"财务会计准则委员会解释"（FASB Interpretations）。（3）"财务会计准则委员会技术公报"（FASB Technical Bulletins）。（4）"财务会计概念公告"（Statements of Financial Accounting Concepts）。

④ 2003年10月深交所制定并发布《上市公司投资者关系管理指引》中，第三章 自愿性信息披露、第十四条、第十五条、第十六条、第十七条、第十八条和第二十三条均提及"自愿性信息披露"。

月，财政部等五部委联合发布了《企业内部控制基本规范》，随后 2010 年 4 月，该五部委又联合制定《企业内部控制配套指引》。这一系列法律法规的出台充分说明了自愿性信息披露在资本市场的健康发展过程中发挥着重要作用。

随着我国经济实力不断增强，国家的国防开支一直稳步增长。据统计 2007~2015 年，我国国防开支年均增长率保持在 13.09% 左右，国防支出所占 GDP 的比例也维持在 1.30% 左右。我国的国防支出数据见表 1-1。

军工企业承担了我国国防科研生产任务，是国家安全的重要保证，同时也是国家经济发展的重要组成部分。军工上市公司作为军工企业的代表，向国内外展示了我国的军工经济实力和军事技术水平，是国家战略安全的需要，军工企业对我国国防有重要影响。

1993 年 10 月，广船国际作为第一家军工企业在上海证券交易所成功挂牌上市，拉开了我国军工改制上市的序幕。自 1997 年以来，随着股份制改革的不断深入，内部竞争机制的不断完善，我国开始着手组建十大军工集团公司①。我国十大军工集团主要由中国航空工业总公司、中国核工业总公司、中国航天工业总公司、中国船舶工业总公司、中国兵器工业总公司这五大军事工业集团拆分重组而成，至此我国军工集团开始正式面向证券市场，资本市场上出现了一批以军工集团为背景的上市公司。

表 1-1　　　　　　　　　　国防支出变化情况

年份	国防支出（亿元）	增长幅度（%）	国内生产总值（亿元）	军费占 GDP 比例（%）
2007	3554.91	17.78	270844	1.31
2008	4178.76	17.55	321500.5	1.30
2009	4951.1	18.48	348498.5	1.42
2010	5333.37	7.72	411265.2	1.30
2011	6027.91	13.02	484753.2	1.24
2012	6691.92	11.02	539116.5	1.24
2013	7410.62	10.74	590422.4	1.26

① 至 2016 年 6 月，我国共有十二大军工集团公司，分别为：中国核工业集团公司、中国核工业建设集团公司、中国航天科技集团公司、中国航天科工集团公司、中国航空工业集团公司、中国船舶工业集团公司、中国船舶重工集团公司、中国兵器工业集团公司、中国兵器装备集团公司、中国电子科技集团公司、中国电子信息产业集团有限公司和中国航空发动机集团有限公司。

续表

年份	国防支出（亿元）	增长幅度（%）	国内生产总值（亿元）	军费占 GDP 比例（%）
2014	8289. 54	11. 86	644791. 1	1. 29
2015	9088. 5	9. 64	685505. 8	1. 33
平均值		13. 09		1. 30

数据来源：国家统计局。

军工企业面向资本市场，为其自身开辟了另一种融资与再融资的重要渠道，能够与国家发展军工企业的目标形成有机结合。鉴于军工企业自身的特殊性，加之来自国家的大力支持，使军工上市公司成为资本市场备受关注的投资标的。军工上市公司以其特殊的技术优势和实力背景，成为目前我国证券市场上的一支特殊而重要的生力军。

军工上市企业发展进程分为以下两大阶段：

（1）管理体制方面的集团化发展。十一届三中全会之后，党和国家领导人对国际形势做出新的判断，认为"和平与发展"是当今世界的两大主题。于是制定了以经济建设为中心的国家基本方针，这对军工企业的发展提出了新的要求，军工企业的发展不仅要服务于国防建设，更要为经济建设和社会主义现代化建设服务。因此，我国军工企业管理体制的改革伴随着改革开放的浪潮拉开了序幕。

1986 年，我国将原核工业部、航天工业部、兵器工业部、航空工业部改为由国务院直接领导，这为军民结合的发展提供了体制上的保证。进入 20 世纪 90 年代，为了实现政企分开，将军工产业引入更多的竞争机制。在管理体制方面，我国将原国防科工委改为了总装备部并由中央军委领导，而新成立的国家国防科技工业管理部门——国防科工委，则由国务院领导。之后的军工企业改革朝着集团化方向发展。1999 年，国防科工委将其下属的五大行政性军工总公司分拆成立为新的十大军工集团。2002 年，由中国信息产业部组建成立中国电子科技集团公司。2008 年 11 月，中国航空工业第一集团和第二集团合并，自此十大军工集团成为我国整个军工产业体系的主体部分，军工企业成功转型为自主经营、自负盈亏的市场主体。

（2）改制上市和资产证券化发展。由于国防科技工业是典型的资金密集型和技术密集型行业，它的生存和发展必须要有大量的资金支持，而单纯依赖政府国防支出预算是远远不够的，其发展还必须从资本市场上寻求资金支持。

我国军工企业改制上市和资产证券化发展大致经历了以下四个阶段：

①第一阶段：军转民资产证券化阶段（1993~1998 年）。20 世纪 90 年代，为了摆脱军工企业的困境，适应当时全球军转民的趋势，军工企业尝试通过把相对优质的军转民资产分拆进入资本市场，从而推动企业的整体发展。1993 年 6 月 3 日，飞亚达作为第一家含有军工概念的公司登陆国内证券市场。1993 年 10 月，广船国际作为第一家军工企业在上海证券交易所成功挂牌上市，拉开了我国军工企业改制上市的序幕。

改革主要集中在船舶、汽车、摩托车等民用产业，代表企业主要有中国兵器装备集团的建设摩托、中国嘉陵、长安汽车，以及原中国航空工业第二集团公司的南方摩托、原中国航空工业第一集团公司的力源液压等。但是由于民品市场的竞争激烈，企业核心竞争力不强，这些企业的改制上市并没有完全达到预期的效果。

②第二阶段：军民两用资产证券化阶段（1999~2005 年）。在这一阶段，部分军民两用产品企业实施股份制改革和上市。主要领域包括航天、航空的相关配套行业。1999 年，对火箭股份和航天通讯两家涉及军品的公司进行了上市试点，上市公司的产品范围扩展到航空航天以及电子信息化领域。同一年，中国卫星、航天长峰借壳上市成功。2004 年原中航二集团下属直升机、教练机、汽车等资产在香港实现上市。由于政策的限制和观念的制约，这些资产都是一些外围的，非核心军工资产。

在军工不断尝试证券化实践的基础上，2004 年 6 月 2 日，国防科工委和国家发改委联合发布《国防科技工业产业政策纲要》[①]（以下简称为《纲要》），明确了我国国防工业市场化发展的思路：推进国防科技工业投资主体多元化；鼓励社会资金参与国防科技工业建设；鼓励符合条件的军民两用产品生产企业改制上市。《纲要》的出台为军民两用产品生产企业制定了规范，也为下一阶段军工资产证券化奠定了基础。

③第三阶段：军工资产证券化阶段（2006~2008 年上半年）。2006 年以后，以股份制改革为契机，军工行业通过 IPO 上市、股改、增发等手段，逐步实现军工资产证券化。这一阶段军工上市公司的数量和质量都是空前的。十大

---

① 《国防科技工业产业政策纲要》由国防科学技术工业委员会、国家发展和改革委员会联合发布，包括产业发展、产业结构、产业组织、产业技术、产业布局、对外开放、人才、保密安全等 9 部分，共 52 条。

军工集团开始利用资本市场对上市公司进行整合，主要领域包括航天、航空和造船行业，代表企业有 2007 年中国船舶工业集团向旗下上市公司沪东重机注入集团公司造船和修船资产、西飞国际集团飞机资产整体上市。

④第四阶段：专业化整合，整体上市阶段（2008 下半年至今）。2008 年，以中航一、二集团的合并为标志，军工企业改制上市由过去的试点开始进入全面推进阶段。十大军工集团以下属上市公司为平台，进行集团间的合并和集团内部的专业化整合，逐步实现整体上市。以中国航空工业集团为例，以上市公司为平台进行专业化经营，通过内部整合和外部并购实现跨越式发展。2010年 10 月 24 日发布的《关于建立和完善军民结合寓军于民武器装备科研生产体系的若干意见》，被称为"37 号文"，提出用 3~5 年的时间，培育合格的市场竞争主体，确立了军工企业改革的时间表。

随着近几十年的发展，军工上市公司利用资本市场进行融资等业务不断增多，然而由于军工业项目性质特殊，业务复杂，在一些航天、航空等重大项目上也面临着诸多问题。随着"军民融合"不断深入，军工企业利用资本市场进行上市融资的趋势日益明显，我国上市军工企业融资主要存在思想保守，政策不完善的问题，面临着改制风险和被恶意收购风险（杨少鲜、王秀素，2013）。军工上市公司信息披露存在国家安全与投资者利益的冲突，国家安全和投资者利益对上市军工公司信息披露提出不同的要求，有时候甚至是相反的要求（罗艳，2013）。军工上市公司拥有技术优势和实力背景，其特殊的业务背景及对信息披露的敏感性有别于普通的上市公司。

我国学者对制造业等上市公司的自愿性信息披露进行了一些研究，但是国内对中国军工上市公司的自愿性信息披露的探讨在统计学术界仍然是一个空白，而军工上市公司信息披露因其特殊的业务背景及对信息披露的敏感性有别于普通的上市公司。因此，适时开展相关领域的学术研究具有十分重大和紧迫的理论和现实意义。

1.1.2 研究意义

（1）理论意义。

①揭示我国军工上市公司自愿性信息披露的特征。我国证券市场发展时间较短，对上市公司自愿性信息披露的研究较少，研究成果大多是引入国外的理

论，与我国实际情况结合不够，对中国军工上市公司自愿性信息披露的研究更是空白。本书通过调研、案例追踪、统计分析等方法将军工上市公司自愿性信息披露行为与其经营活动联系起来，系统地揭示我国军工上市公司自愿性信息披露的特征、规律。本研究拓展目前国内自愿性信息披露的研究领域，对丰富国内上市公司信息披露研究具有极为重要的理论意义。

②建立上市公司自愿性信息披露的量化模型，并分析军工上市公司自愿性信息披露的影响因素。本研究运用结构方程模型、多元回归分析等方法构建衡量中国上市公司自愿性信息披露的量化模型，并分析军工上市公司自愿性信息披露的影响因素，从而为监管部门制定有效的自愿性信息披露制度提供十分重要的数据和理论支持。

（2）实践意义。

①为监管部门制定与不同类型上市公司特征相匹配的自愿性信息披露管理政策提供依据。通过对中国军工上市公司自愿性信息披露的特征及影响因素的研究，揭示军工上市公司自愿性信息披露法规制度建设的关键点，从而有力地促进我国信息披露体制的发展和完善。

②提高中国军工上市公司自愿性信息披露质量，促进军工上市公司全面发展。本课题以中国军工上市公司为研究对象，得出的结论可为提高军工上市公司自愿性信息披露质量提示路径，从而提升军工上市公司整体形象，为正在进行的新一轮军工企业改制提供一定的实践参考，对推动我国军工企业整体上市具有非常重要的实践意义。

1.2
研究内容与研究方法

1.2.1　研究内容

本课题围绕以下内容展开：

（1）构建评价自愿性信息披露特征的指标体系，分析我国军工上市公司自愿性信息披露特征及规律。自愿性信息披露是个较为抽象的概念，应该把这个概念具体化，采用能够收集和验证的指标进行衡量。但由于各国的法规体系和资本市场的发展程度不同，使得各国自愿性信息披露的具体内容以及对其衡量方法差异很大，导致现在对自愿性信息披露评价方法还没有一个统一的衡量标准。目前我国尚缺乏权威评级机构的自愿性信息披露评级，故在借鉴前人成果的基础上，自行构建一套有效的评价自愿性信息披露特征的指标体系，计算自愿性信息披露指数，成为本研究的首要研究内容，这也是后续研究的基础。

（2）分析军工上市公司自愿性信息披露的影响因素。对影响军工上市公司自愿性信息披露质量的因素进行理论分析，包括内部因素和外部因素，并运用多元回归、T检验等方法进行统计显著性检验。

（3）检验军工上市公司自愿性信息披露是否存在市场反应。在计算自愿性信息披露指数的基础上，运用事件研究法研究不同自愿性信息披露水平的军工上市公司的股票间超额累计收益率的差异，来解释自愿性信息披露与股价变动之间的内在关系，进而检验自愿性信息披露所产生的效果。

（4）分析国内外自愿性信息披露的法规制度，结合我国实际情况，从军工上市公司出发，为建立与不同类型上市公司信息披露特征相匹配的自愿性信息披露制度提供参考与支持。通过研究中国证券监督管理委员会和证券交易所发布的关于自愿性信息披露的准则和文件，归纳总结出我国对不同类型或者板块上市公司自愿性信息披露的规定和相关监管政策，并与国外相比较，找出我国自愿性信息披露制度建设上的不足，从而在考虑我国现实情况的基础上，为我国政府监管部门提供制度建设方面的建议。

1.2.2 研究思路

本研究拟采取理论研究与实证分析相结合的分析方法，将研究视角定位在军工上市公司自愿性信息披露的特征和影响因素上。首先，通过阅读文献，收集相关的资料，从经济学和管理学的角度分析自愿性披露的相关概念和理论基础；其次，结合理论知识与实践调查结果，建立自愿性信息披露评价指标体系，通过收集和整理军工上市公司的有关数据，采用描述性统计、事件研究法和多元回归分析等方法研究军工上市公司自愿性信息披露的特征和市场反应；再次，提出假设，运用结构方程模型等方法研究军工上市公司自愿性信息披露的影响因素。最后，分析实证结果，并结合我国资本市场发展阶段和上市公司的实际情况，为监管部门建立与不同类型上市公司自愿信息披露特征相匹配的制度提供数据支持与参考。思路框架见图 1 – 1。

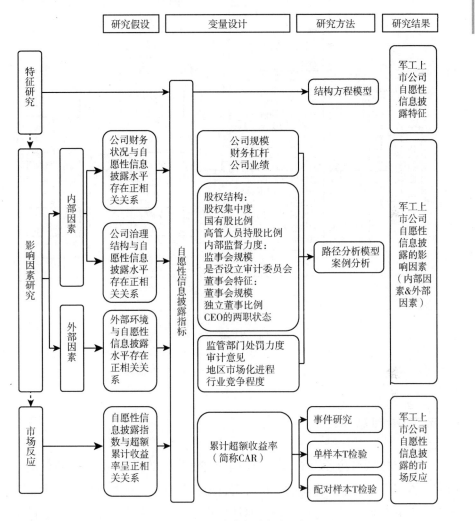

图 1 – 1 研究思路框架

1.2.3 研究方法

本课题拟采用问卷调查法、专家意见法、实地调研法等定性方法，采用事件研究法、回归分析、结构方程等定量方法，并结合典型案例展开研究。

针对研究内容和方法，本课题技术路线见图 1 – 2：

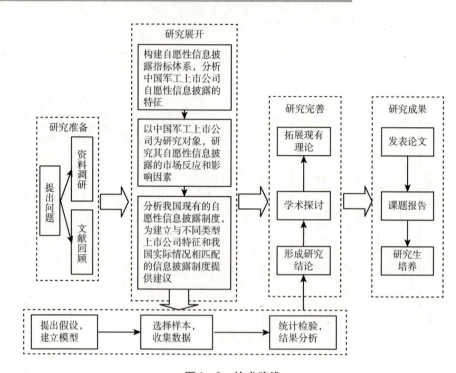

图1-2　技术路线

1.3

研究的创新点

（1）从投资者角度全面考察当前上市公司自愿性信息披露的满意度，运用结构方程设立模型，为构建上市公司自愿性信息披露的指标体系提供重要支撑点。本书在研究军工上市公司自愿性信息披露时，首先运用结构方程模型来考察了当前投资者对上市公司自愿性信息披露的满意度，分析自愿性信息披露的需求，运用结构方程模型代替传统的回归分析，既解决了传统线性回归可能存在的多重共线性问题，又能全方位反映出投资者满意度各个性质之间的相互影响。

（2）首次从投资者对自愿性信息需求的角度构建中国军工上市公司自愿性信息披露质量评价指标体系。由于自愿性信息披露质量评价指标选取一直是国内外学术界争论的焦点，并无一个统一的标准得以套用。本研究结合前人的研究成果、遵循中国证监会颁布《公开发行证券的公司信息披露内容与格式准则第 2 号——年度报告的内容与格式（2012 年修订）》的相关规定，在对机构投资者对自愿性信息需求的问卷调查的基础上，建立一套自愿性信息披露质量评价体系，计算自愿性信息披露指数，以此为基础，对上市公司自愿性信息披露的影响因素进行量化分析。

（3）从自愿性信息披露的角度，为促进军工企业改制提供参考，从而推动中国军工企业全面发展，填补相关研究领域的空白。虽然国内对自愿性信息披露的研究已经有了一定的基础，但研究学者大多数是针对房地产、信息技术和制造业等行业自愿性信息披露影响因素进行研究，从未有文献涉及对军工上市公司自愿性信息披露的特征和影响因素的相关研究。选择我国军工上市公司作为研究对象，研究其自愿性信息披露特征及影响因素，对军工企业从信息披露方面营造自身良好形象，吸引投资，对顺利完成新一轮军工企业改制和促进自身发展都具有十分重要的创新意义。

第 2 章

文献综述

上市公司信息披露问题一直是国内外学者的研究重点。国外相关研究最早开始于 20 世纪 60 年代，70 年代以后已经开始自愿性信息披露的研究。此后，随着对自愿性信息披露的逐渐重视，研究范围逐步扩大到亚洲及其他地区。我国学者对自愿性信息披露研究起步较晚，但是近年来发展很快，在规范研究以及实证研究方面都取得了一定的成果。

2. 1

自愿性信息披露动机研究现状

一般来说，企业进行自愿性信息披露的动机①主要有：揭示公司价值、提升公司形象、争夺控制权、降低融资成本、增加大股东收益等。国内外学者关于自愿性信息披露的动机都给予了广泛而深入的关注，在常规分析和实证分析方面取得了巨大的进展。

DeAngelo（1988）认为由于公司董事会往往根据其业绩来更换经理人员，因此管理者出于避免失业的考虑，倾向于自愿披露更多信息来减少公司价值被低估。Douglas 和 Robert（1991）提出，信息披露可以降低信息不对称，从而通过吸引更多的投资者以降低公司的资本成本。投资者掌握公司信息的程度对公司管理层发行公共债务或者股票等融资决策有重大的影响（Paul 等，1993）。

---

① 引自：Healy P M, Palepu K G. Information asymmetry, corporate disclosure, and the capital markets: A review of the empirical disclosure literature ［J］. Journal of accounting and economics, 2001, 31 (1): 405 – 440.

Bernman（1999）认为，当公司遭遇控制权争夺时，更有动机对利润预测等方面的信息进行自愿性披露，以期增加被兼并成本。

Aboody（2000）等表示，持有买入期权的管理人员为了增加到期时的套利收益，他们往往会延迟对好消息的披露而加速对坏消息的披露。

Levine 和 Smith（2003）发现当内部管理者在已经知道信息而做出披露决策时，其他市场参与者会在已披露信息和未披露信息的基础上更新他们先前的信念，这时内部人会部分或全部放弃他们的信息优势来获取微小的利润。

李明辉（2001）、周慧玲（2006）则指出我国上市公司自愿进行披露的动因有：①表明自身经营能力，增强投资者信心；②降低资本成本；③通过社会责任信息披露创造一个良好的社会环境；④经理市场的竞争性以及兼并市场的存在。研究认为自愿性信息披露表现了经理人员的真实动机，公司经理层会基于经济利益的考量主动与投资者沟通信息。

廖士光、张宗新（2005）等应用经济主体行为最优化理论分析指出，上市公司自愿披露信息的动因主要表现为：揭示公司价值需要、再融资最大化需要以及上市公司高管层获得控制权收益。

王玉坤等（2009）认为自愿性信息披露动机主要包括以下几点：资本市场交易动机、控制权竞争动机、股票报酬动机、诉讼成本动机、管理能力信号动机等。

2.2

自愿性信息披露的特征研究

在已有的关于自愿性信息披露特征的研究中，西方学者研究最多的就是关于公司遵循相关准则进行披露程度的调查，如 Meek（1995），Newson（2002）和 Leventis（2004）等。Gigler 和 Hemmer（1998）的研究结论显示在强制性信息质量不高时，市场监管松弛的情况下，企业的自愿披露数量增加。

国内没有仅针对军工上市公司自愿性信息披露特征的研究，大多数学者通过对样本公司自愿性信息披露现状的研究，总结出了我国自愿性信息披露在内容上的主要特征，包括：①自愿披露项目数量偏少，自愿披露项目信息含量偏低，自愿披露方式较为单一（乔旭东，2003）；②自愿信息披露动力不足，自愿信息披露程度整体上都不高，且各公司披露程度存在一定差异（张巍巍，

2012）；③中国上市公司自愿披露意愿淡漠，自愿披露的总体水平偏低（巫升柱，2007）。郭婧等（2013）认为目前中国上市公司在自愿性信息披露方面的意识较为薄弱，因此促进上市公司自愿性信息披露是十分迫切的。

总之，由于信息偏差，自愿性信息披露存在延迟信息披露、虚假信息披露、选择性信息披露和模糊性信息披露等特征，除此之外，策略性信息披露也将成为一种隐蔽的潜在危险（王雄元，2008）。在具体披露项目上，黄长胤、张天西（2011）结果表明：上市公司自愿性信息披露的程度上，在高技术行业和高信息透明度行业的公司自愿性信息披露的程度相对较高，而高竞争程度行业的公司自愿性信息披露的程度相对较低。李慧云、吕文超（2010）通过研究212家制造业上市公司发现，我国上市公司自愿信息披露具有披露数量少、披露质量不高、披露准确性不够、披露意愿较低等特征。

2.3

自愿性信息披露的影响因素文献回顾

2.3.1 影响自愿性信息披露的内部因素

（1）公司规模。公司规模是影响自愿性披露的重要因素。Elbert 和 Parker（1973）的研究认为，公司规模与自愿性信息披露质量之间存在显著的正相关关系，大公司更愿意通过自愿性信息披露与投资者沟通，增加"信誉资本"，降低治理成本。Davey（1982）研究发现公司规模与自愿信息披露之间存在负相关关系，这种负相关关系是比较微弱的，规模较大的上市公司通常存在着比较严重的公司管理问题。Lang 和 Lundholm（1993）采用 FAF 的评分等级①研究了影响公司自愿性披露的因素，结果发现公司规模越大，其披露的评分等级就越高。Meek、Robert 和 Gray（1995）将信息分为战略性信息、财务信息和

---

① 美国财务分析师协会（Financial Analysts Federation，FAF），每年报告（FAF Report）提供27个行业上市公司详细的披露情况分析。披露事项的信息来源包括年报、季报、报纸杂志、与分析师面谈及回答分析师的询问等。内容包括各项披露信息的时效性、详细程度及清楚与否。评估工作由精通不同产业的分析师所组成的数个小组负责进行，针对从各产业中选取的公司，采用加权方法来衡量不同的披露项目种类，并对各公司的整体披露工作进行评分。

非财务信息三大类，通过研究影响跨国公司年度财务报告自愿性信息披露程度的因素发现：就年度财务报告整体而言，自愿性披露的程度受到公司规模的影响；规模较大的跨国公司倾向于披露更多的非财务信息和财务信息。王咏梅（2003）和范德玲等（2004）同样得出公司规模对自愿性信息披露造成显著影响的结论。

（2）盈利能力。证券市场上存在信息不对称，高质量的公司将通过传递信号将其与较次的企业区分开来，引起股票价格上涨，吸引更多的投资，最后"只有那些最差的企业不再发出信号揭示其价值"（Watts 和 Zimmerman，1986）。Forker（1992）认为业绩因素会促进上市公司自愿披露更多的信息。业绩较好的公司由于信息生产成本相对较低而会增加披露。Singhvi 和 Desai（1971）认为盈利能力与公司披露程度正相关。Bowman 和 Haire（1975）以五年的平均 ROE（净资产收益率）为指标衡量公司财务业绩与自愿性信息披露质量的关系，发现二者呈显著的正相关；Preston（1978）的实证检验以截面数据为对象报告了本期 ROE 与公司自愿性信息披露水平之间的正相关关系。在国内的研究中，涂建明（2009）认为公司财务业绩的变化会驱动公司信息披露质量的变化。封思贤（2005）的研究结果表明，当公司具有好消息或较差的经营业绩时，公司管理层披露预测信息的意愿较高。王豫玲（2011）发现公司的获利能力越强，公司就越愿意披露盈余预测信息。李娇娇（2012）发现上市公司总体自愿性信息披露指数与市净率显著负相关，与股权集中度、净资产收益率显著正相关。

（3）财务杠杆。当公司杠杆水平较高时，公司财务风险增大。与所有者关注公司的营利性角度方面的信息不同，债权人希望得到的是有关公司未来偿债能力和股东及管理层有没有违反或者不尽职履行债务契约的信息。在竞争性的资本市场，公司财务风险越大，竞争力越弱，越难筹集到风险资金，或者只能以较高成本作为融资的代价。这时，公司将愿意披露更多信息，描述公司的未来前景，强化公司的市场形象，加强与债权人的沟通，表明公司没有违反契约或者不尽职履行契约。Hossain（1995）认为财务杠杆与自愿信息披露水准呈显著的正相关关系。国内学者如方方（2011）等亦通过研究得出相同结论。

（4）公司治理结构。Forker（1992）指出，审计委员会的设立能强化内部控制，且被认为是提高披露质量的有效监督工具，他发现英国公司审计委员会的建立与股票期权披露质量之间存在正相关关系。我国上市公司股权结构非常明显的特点是某一股东主导地位明显、股权集中度高。Hossain 等（1995）发现，当公司前十名股东持股比例增加，公司的信息披露水平下降，而 Gazzar（1998）研究发现，股权集中度越高，自愿性信息披露水平越高，自愿性信息披露出现下降的情况上升，即当公司股权集中高时，信息披露会减少。

薛祖云和黄彤（2004）认为，大型监事会拥有具备财务经验的监事，从而在阻止盈余管理、监督财务会计过程及信息披露方面更加有效。陈晓红（2008）研究发现，管理层持股、审计委员会的设立有助于提高中小企业自愿性信息披露水平，规模大的中小企业更加注重自身形象的塑造，通过自愿披露更多的信息在投资者中塑造良好的形象，成长性越佳的公司越倾向于主动披露信息。孙敬东（2010）发现是否设立审计委员会是影响环保信息披露的重要因素。史建梁（2010）认为董事会规模、独立董事比例与上市公司自愿性信息披露正相关；第一大股东委派董事比例、董事长与 CEO 两职合一与上市公司自愿性信息披露负相关。伊志宏等（2010）认为公司治理结构的合理安排能够对信息披露产生积极促进作用。

2.3.2　影响自愿性信息披露的外部因素

由于自愿性信息披露的外部影响因素较难观测，国内外对其研究相对较少。

Adhikari 和 Tondkar（1992）认为五个环境因素对会计信息披露要求的影响，包括经济发展程度、经济类型、产权市场规模、产权市场的活动、股权分散程度。Elsayed 和 Hoque（2010）根据团体的意外事故理论，识别可察觉的国际环境因素，检验这些因素是如何影响公司的自愿性披露水平的。识别的国际环境因素有全球竞争强度、国际社会政治制度、国际会计标准和国际财政制度，研究结果显示公司自愿性披露水平与国际社会政治制度、国际会计标准、国际财政制度显著正相关。

方红星等（2009）发现上市公司是否自愿披露内部控制信息与是否聘请四大会计师事务所进行外部审计显著正相关，与外部审计意见类型显著负相关。曹玉贵、王焕焕（2011）研究结果表明：政府干预程度越小、法制水平越健全的地区，上市公司自愿披露更多信息；股权结构在制度环境较好情况下，对公司自愿性信息披露影响程度更大，并且相对于国有控股公司，非国有控股公司的自愿性信息披露水平较高。李娇娇（2012）认为会计师事务所为"四大"之一对企业自愿性信息披露中的战略性信息披露指数有正的影响。

2.4
自愿性信息披露的市场反应文献回顾

国内外学者对自愿性信息披露的市场反应研究大致可分为三类：①研究自愿性信息披露与财务绩效的关系，检验自愿性信息披露对未来财务绩效的预测作用；②研究自愿性信息披露的短期价值效应，检验自愿性信息披露程度是否能够解释累计超收益率（CAR）的变化；③研究自愿性信息披露的长期价值效应，检验自愿性信息披露水平与股票流动性、资本成本和公司价值的关系。

2.4.1　国外文献研究现状

（1）自愿性信息披露与财务绩效的关系。Hossain 和 Hammami（2009）实证检验了卡塔尔多哈证券市场 25 个公司年度报告中自愿性披露的决定因素，指出样本公司的公司特征与自愿性披露的关系，结果显示公司寿命、规模、复杂性和财务绩效在解释自愿性披露水平上是重要的。Nan Sun 等（2010）研究了企业信息披露与财务状况的关系，选取了 2007 年英国非金融企业的 245 个样本，通过回归模型发现更多的信息披露与更高的财务绩效相联系，说明高质量的信息披露有助于提高企业的财务状况。Pai-Lung Chou 等（2012）采用了"台湾证券交易所"（TSE）等数据，重点分析了财务状况发生巨变的上市公司的信息披露质量对财务绩效存在正面影响，且信息披露与财务绩效的相关性逐年增强。

（2）自愿性信息披露的短期价值效应。Pownall 和 Waymire（1989）检验了 1969～1973 年公开发表在华尔街杂志上的经理人员盈余预测信息，发现样本中自愿披露的信息的可信度并不比强制性披露低，但自愿性信息披露往往与更大的股价反应有关。Healy 等（1999）研究发现对于自愿性信息披露水平不断提高的公司，它的股价会相应上升，并吸引了更多市场中介机构的关注。

Bowen 等（2007）对自愿性信息披露的市场反应进行了实证研究，结果发现自愿性信息披露水平高的样本公司当年和下年的股价会相应提高。Mohammad 和 Tanbir（2010）检验了自愿性信息披露水平与股价信息之间的关系，发现高水平的信息披露会导致高的信息价格，从而说明公司信息披露的决策影响会体现到该公司股票价格的变动上。

（3）自愿性信息披露的长期价值效应。Hail 和 Leuz（2006）对 40 个国家的权益资本成本进行比较研究，结果发现不同国家的权益资本成本是不同的，信息披露证券监管越严格、法律越规范的国家，权益资本成本就越低，相应的其公司价值就越高。Asheq 和 Razaur（2007）实证研究发现，信息技术行业的上市公司自愿性信息披露程度越高，企业的成长性则越好，成长速度也就越快。Ronnie Sadka（2011）证明了信息披露与股票流动性的关系，认为高质量的信息披露可以降低信息不对称程度，增加投资家的需求，提高股票流动性，降低公司资本成本，从而提高公司价值。

2.4.2 国内文献研究现状

（1）自愿性信息披露与财务绩效的关系。陈国辉和王文杰（2011）以 2009 年沪市横截面数据为样本，以 ROE、EPS（每股盈余，Earnings Per Share）作为公司财务绩效的替代变量，自行构建信息披露质量指数分析了内部控制信息披露质量与公司财务绩效之间的关系，研究发现内部控制信息披露质量的提高可以提升公司财务绩效。石晓燕等（2012）选取在沪深两市上市的旅游公司的 80 个样本，采用实证分析方法对自愿性信息披露与公司业绩的相关性进行了研究，研究结果表明：旅游上市公司自愿性信息披露与净资产收益率、总资产周转率、营业收入增长率呈现正相关关系，与资产负债率和詹森指数呈现负相关关系。李翔和张光芝（2013）以 2006~2010 年的深市 A 股上市公司为样本，以每股收益为上市公司财务绩效的替代变量，研究了我国上市公司信息披露质量对其财务绩效的影响。结果表明：上市公司信息披露质量对其财务绩效的影响是非线性的，具体表现为正 U 型；上市公司信息披露质量的变动对其财务绩效的影响是非对称的。

（2）自愿性信息披露的短期价值效应。冯存（2011）选取了 2006~2008 年深圳证券主板市场 A 股上市公司中符合条件的公司作为样本，采用事件研究法①研究信息披露质量对公司股价的影响，结果表明我国深交所的信息披露考评结果具有市场效应，信息披露质量对公司股价存在影响，信息披露质量高的公司，其股价异常报酬率较高。齐萱等（2012）运用事件研究法，以2008～2010年天津上市公司为样本检验上市公司自愿性会计信息披露和股票价格之间的关系。结果表明，自愿性会计信息披露程度的增加向市场传达了"好消息"，而自愿性会计信息披露程度的降低向市场传达了"坏消息"。孟含琪（2013）选取2001～2011年1076家上市公司作为研究对象构建面板数据模型进行回归分析，研究结果表明：信息披露频率的提高可以降低投资者与上市公司之间的信息不对称程度，使公司更容易得到认同，推动股票价格上涨，提高股票市场整体收益率水平。

（3）自愿性信息披露的长期价值效应。喻凯和龙雪晴（2011）以沪深两市2007～2008年A股上市公司为样本，运用描述性统计和两阶最小二乘法分析自愿性信息披露对上市公司股票流动性的影响，结果表明自愿性信息披露会促进上市公司股票的流动性，从而提高公司价值。向锐等（2012）以深交所2004～2007年期间的家族上市公司为样本，研究发现公司信息披露质量对债务资本成本有显著为负的影响，对公司价值有显著为正的影响。郑军（2012）通过实证研究发现，上市公司价值信息披露会引起股价的短期波动，引起资本市场的正向反应，上市公司价值信息披露水平与企业价值存在正相关关系，说明提升企业信息披露的价值信息含量有助于提高企业价值。孔高文、蓟红丹（2013）研究发现：更透明的保险业信息披露制度可以显著提升公司价值，并且该效应可维持较长时间；更透明的保险信息披露体系更趋于吸引机构投资者进入，公司价值的提升主要来源于机构投资者的持有偏好。孟聪（2013）选取2009～2011年深圳证券交易所A股非金融类上市公司为样本，以深交所披露的信息披露质量考评结果衡量上市公司信息披露质量，以买卖价差、换手率和有效流速全面衡量股票流动性，建立回归模型进行检验。实证结果表明：高质量的信息披露有助于增强股票的流动性，降低资本成本，提高公司价值。

---

① 事件研究法（Event Study）由 Ball 和 Brown（1968）以及 Famaetal（1969）开创，其原理是根据研究目的选择某一特定事件，研究事件发生前后样本股票收益率的变化，进而解释特定事件对样本股票价格变化与收益率的影响。主要用于检验事件发生前后价格变化或价格对披露信息的反应程度。在样本股票实际收益中剔除假定某个事件没有发生而估计出来的正常收益（Normal Return）就可以得到异常收益（Abnormal Return），异常收益可以衡量股价对事件发生或信息披露异常反应的程度。

2.5

文献评述

通过梳理文献可以发现，国内外学者对上市公司自愿性信息披露的研究日渐关注和逐渐深入研究，获得了许多阶段性的成果，对不断推进上市公司自愿性信息披露起到了指导作用。但是，现阶段学术界对于自愿性信息披露的研究重点局限在其内容范围、内在动机和影响因素等方面，并且处于研究起步阶段。在我国，仍有如下问题有待进一步继续探索。

（1）目前国内尚无学者对我国上市公司自愿性信息使用者的需求进行深入研究。随着我国上市公司自愿性信息披露的发展，学者对自愿性信息披露的框架内容等进行了研究，但是尚无学者对自愿性信息使用者的需求展开研究。自愿性信息披露与使用者的需求是否一致可反映企业进行自愿性信息披露的意义，与信息使用者需求相匹配的自愿性信息披露内容才能更好地帮助信息使用者进行决策判断。因此在展开对自愿性信息披露的研究之前，应当对自愿性信息使用者的需求情况进行探究。

（2）我国目前还没有类似于美国投资管理与研究协会（AIMR）[①] 的权威机构对上市公司的自愿性信息披露进行评级，所以国内研究者选择自行构建自愿性信息披露评价指标对上市公司的自愿性信息披露水平进行衡量。但是，这种自行构建的自愿性信息披露评价指标体系大多采用 0~1 打分，实际上衡量的只是公司自愿性信息披露的数量，无法衡量其披露水平，并且尚无学者检验其构建的自愿性信息披露评价指标是否符合信息使用者的需求。因此，有必要结合我国现实情况，并基于信息使用者的需求，建立一套与我国新兴市场特征、信息使用者需求相匹配的自愿性信息披露评价体系。

（3）在对自愿性信息披露评价评分方法方面，学者使用的评价方法种类繁多，对评价方法的使用效果及优劣情况并无明确定论。因此，对自愿性信息

[①] 投资管理与研究协会（Association for Investment Management Research，AIMR）由金融分析联盟与特许金融分析师认证机构于 1990 年 1 月合并成立。在其公司信息委员会的公司报告实务年度评价（AIRM 报告）中，按三个类别对公司信息披露水平进行评级，总分为三类得分的加权平均，包括：年度公开信息和其他被要求提供的信息、季度和其他没有被要求公开的信息、其他方面信息（主要是管理者与分析师的沟通）。

披露的评价方法的比较分析，选取评价效果较好、评价效率更高的评价方法有利于自愿性信息披露的进一步研究。

（4）对自愿性信息披露特征的研究不够全面和系统，并且尚无对我国军工上市企业的自愿性信息披露特征研究。国内在自愿性信息披露特征方面的研究多是从文献梳理出发，并没有分年度和分项目的描述性统计分析和特征总结，更没有专门针对军工上市公司自愿性信息披露特征的研究。

（5）自愿性信息披露影响因素的研究不全面，由于所选取的样本数量、时间、地域以及研究方法的差异，学者们的研究结论不尽相同，就我国上市公司自愿性信息披露影响因素的研究而言，还应加强结合我国的具体情况予以分析，将制度背景等外部因素考虑进来。

（6）对自愿性信息披露市场反应的研究，在自愿性信息披露的财务绩效和短期市场反应中，国内外大部分学者都将重点放在检验自愿性信息披露对未来财务绩效的预测作用，然而投资者在做出决策时，不仅会考虑公司未来的发展，还会考虑公司当前的情况；自愿性信息披露的长期市场反应中，国内现有文献中的自愿性信息披露水平、股票流动性、资本成本和公司价值等指标大多归属于同一年度，而国外学者 Sengupta[①] 研究公司信息披露水平对债务资本成本的影响时，采用的是第 t 年的 AIMR 评级数据和第 t + 1 年的债务资本成本数据，这说明国内的研究缺乏强调事前观念。

上述问题的发现，为本研究指明了方向和突破点：

（1）对自愿性信息使用者需求进行研究，根据信息使用者的需求情况，结合证监会在 2012 年 9 月 21 日最新发布的《公开发行证券的公司信息披露内容与格式准则第 2 号——年度报告的内容与格式（2012 年修订）》[②]，采用细化打分准则构建军工上市公司自愿性信息披露评价指标体系，用自愿性信息披露指数来衡量我国军工上市公司自愿性信息披露的水平。

（2）对自愿性信息披露的评价方法进行比较分析，选取恰当的评价方法，并结合所构建的自愿性信息披露指标体系，对我国军工上市公司的自愿性信息披露的特征及影响因素、市场反应情况进行深入研究。

---

① 引自：Sengupta P. Corporate disclosure quality and the cost of debt [J]. Accounting review, 1998：459 – 474.

② 证监会已于 2015 年 11 月 9 日公布了最新相关准则《公开发行证券的公司信息披露内容与格式准则第 2 号——年度报告的内容与格式（2015 年修订）》。

（3）对我国军工上市公司的自愿性信息披露特征进行全面系统的研究，结合军工上市企业的特征，分年度、分项目地对军工上市公司的自愿性信息披露特征进行研究。

（4）对我国军工上市公司的自愿性信息披露的内外部影响因素进行深入研究，结合我国军工上市企业的特征、理论分析及文献基础，选取恰当的影响军工上市公司的自愿性信息披露的内外部因素变量指标，进行合理的、全面的影响因素研究分析。

（5）在对军工上市公司自愿性信息披露的市场反应中，研究短期市场反应时，不仅验证自愿性信息披露对未来财务绩效的预测作用，还研究其与当期财务绩效的关系，从而来确定军工上市公司自愿性信息披露能否为投资者了解公司现状提供参考；研究长期市场反应时，强调事前观念，关注第 t 年公司自愿性信息披露水平对第 t+1 年公司价值的影响。

第 3 章

自愿性信息披露的满意度研究

3.1
引 言

3.1.1 研究背景

2012 年 9 月 21 日，中国证监会通过专题会、座谈会、问卷调查等多种形式公开征求意见，秉着满足投资者信息需求重要性的原则，发布了经修改完善后的《公开发行证券的公司信息披露内容与格式准则第 2 号——年度报告的内容与格式（2012 年修订）》。征求意见期间，共收到社会各界 296 份反馈材料，累计反馈意见 364 条，采纳了 292 条，约占意见总数的 80%，其余意见因不符合满足投资者信息需求重要性原则，未予采纳。由此可见，在信息披露领域，证监会对投资者需求的重视程度，对信息披露的内容、形式、质量及其规范的重视日益增加，而国内外学者大多致力于自建指标体系、运用回归方程等对自愿性信息披露的动机、质量、影响因素、有效性和市场反应进行研究，基本都是从研究者自身认识的角度出发对自愿性信息披露进行研究，而从投资者角度出发对自愿性信息披露的研究较少，基于这种现状，本章从机构投资者感知的角度出发，研究机构投资者对自愿性信息披露的满意度，以期发现机构投资者的需求，进而帮助上市公司和监管机构出谋划策。

Paul 和 Krishna（2011）研究发现信息披露能降低资本市场的信息不对称。

Kiridaran 等（2007）研究发现良好的公司治理制度能降低季度盈利公告的信息不对称。Angela 和 Isho（2012）发现企业的 MD&A① 披露越乐观，盈利的悲观的描述越少。Deqing Zhou（2012）和 Yan Sun（2010）研究表明 MD&A 信息中披露存货能帮助投资者预测公司未来的业绩。

Mark 和 Russel（2010）发现公司披露政策和分析师的行为之间有一定的关系。Ajinkya 等（2005）研究发现机构投资者持股比例越高，管理层越倾向于发布预测信息并且预测信息越频繁，信息内容更具体、准确，并且乐观高估的偏差减小。Gilbert 和 Katie（2012）研究发现机构投资者要求企业对政治支出做出详细的披露，机构投资者认为企业政治支出会影响企业价值、损害股东利益，机构投资者希望能够通过信息披露来做出风险判断。Chen-Wen 和 Victor（2008）研究发现自愿性信息披露准则不会降低信息披露的真实性水平。Lee 和 Peter（2012）研究发现加强披露专责小组在通过对投资者需求进行调查之后发现投资者对银行的长篇披露极度不满，他们更希望看到清晰的、准确的、相关的和全面的数据披露。Pernilla 等（2010）发现，外资持股和跨国上市在一定程度上促进自愿性信息披露的工作，此外，监管在一定程度上可以刺激自愿性信息披露。

刘昱熙（2007）在运用调查问卷对"管理层讨论与分析"信息披露的研究中发现，公司再融资期望水平越高，为了树立良好公司形象与降低公司资本成本，其相应的 MD&A 披露水平也越高。李常青和王毅辉（2008）在运用调查问卷对中国机构投资者关于"'管理层讨论与分析'信息披露研究"中发现，MD&A 报喜不报忧、前瞻性信息披露不足、可理解性差，机构投资者普遍认为 MD&A 信息具有决策有用性，但是整体披露水平不高，关键子项目信息披露质量也不高，并且机构投资者还希望上市公司在 MD&A 中披露某些威胁到上市公司的竞争优势信息。刘利（2011）的研究表明，员工总是非常关注反映自己利益要求和实现方式信息的非财务指标的披露。详尽必要的信息披露更能取得员工对企业的理解和支持。对企业非财务指标信息，企业除按相关规定进行法定性披露和习惯性披露外，还应当根据本企

---

① MD&A（Management Discussion and Analysis），即管理层讨论与分析，是上市公司年报第八节——董事会报告的重要组成部分，要求管理层进一步解释和分析公司当期财务报表及附注中的重要历史信息，并从公司管理层的角度对下一年度的经营计划以及公司未来发展所面临的机遇、挑战和各种风险进行说明。

业员工特点和本企业员工对非财务信息关注的需要以及关注程度的差异对员工所关注的非财务信息进行详细披露，以满足本企业员工关注相关信息的需要。

陈芳徽（2009）和杨海燕（2012）在研究中发现我国自愿性信息披露水平整体偏低，披露质量不高，上市公司自愿性信息披露程度会随着机构投资者持股比例的增加而有所提高，机构投资者持股比例却与自愿性信息披露程度的变化没有显著的相关性。丁方飞和范丽（2009）发现机构投资者持股、持股规模和参与持股家数与信息披露质量正相关。薛爽、肖泽忠和潘妙丽（2010）专门研究了亏损上市公司的 MD&A 信息披露的质量，研究发现，MD&A 中针对亏损原因的分析和下一年度的战略部署可以为投资者提供关于企业未来经营业绩的增量信息。李枫（2010）在研究中发现信息披露能够通过正向影响公共关系或治理结构来正向影响机构投资者的投资满意度。杨海燕等（2012）的研究表明，机构投资者通过其本身的信息收集和处理优势以信号传递的方式影响公司信息披露质量，使得披露的信息更易于被外部投资者接受，透明度更高。牛建波等（2013）的研究表明，稳定型机构投资者持股比例能显著提升自愿性信息披露程度，在股权较为集中时，机构投资者更倾向于对自愿性信息披露程度产生正面影响，股权集中且机构投资者为稳定型时，机构投资者持股比例对自愿性信息披露的正面影响更大。

国内外研究认为经理人基于实现自身价值、降低诉讼风险、提高股票流动性、提高被兼并成本、提升公司价值和核心竞争力等动机进行自愿性信息披露。机构投资者持股能够提高自愿性信息披露质量和透明度，但是，上市公司自愿性信息披露仍然不能满足利益相关者的需求，机构投资者希望看到更多能预测公司风险或能影响股票价值的信息。但是，以上关于自愿性信息披露影响因素的研究尚存在一些问题：

（1）从研究内容上看，国内外大多数文献致力于对自愿性信息披露的动机、质量、影响因素、有效性和市场反应进行研究，基本都是从研究者自身认识的角度出发对自愿性信息披露进行研究。关于机构投资者对信息披露需求的研究，只有少数学者涉及，对其满意度的研究是在需求的基础上有所提及，而对自愿性信息披露满意度的研究基本没有。

（2）从研究模型上看，顾客满意度模型①已被国内外学者多次证实和应用，近年来将顾客满意度模型引入行业或企业测评中先例很多，多集中在物流、旅游等行业。李枫尝试把顾客满意度模型用于投资者关系管理的研究中，并用数据检验了模型的稳健性，但是，没有学者将顾客满意度模型应用到自愿性信息披露的研究领域。

（3）从研究方法上看，大部分文献通过自建指标体系获取数据、运用单纯的回归分析来进行自愿性信息披露某个方面的研究，研究方法过于单一。刘昱熙和李常青有用到问卷来研究管理层讨论与分析，李枫用到量表和结构方程来研究投资者关系管理，就自愿性信息披露领域，还没有学者用量表进行过研究。

综上，国内外学者大多致力于自建指标体系、运用回归方程等对自愿性信息披露的动机、质量、影响因素、有效性和市场反应进行研究，基本都是从研究者自身认识的角度出发对自愿性信息披露进行研究，而从投资者角度出发对自愿性信息披露的研究较少，对自愿性信息披露满意度的研究基本没有，更没有运用量表来研究自愿性信息披露的先例。但是，自愿性信息作为投资者的消费对象，根据委托代理理论上市公司更关注投资者的信息需求与满意度，所以，投资者的信息需求与满意度应该是自愿性信息披露研究领域的基础性研究。

本章首先从机构投资者感知的角度，借鉴顾客满意度理论中的相关概念定义并结合会计信息质量要求的具体内容明确地提出了自愿性信息披露满意度的概念，同时提出对自愿性信息披露的满意度产生影响的自愿性信息披露的期望、质量和有用性的定义；然后将市场营销学领域的顾客满意度模型引用到会计学领域的自愿性信息披露研究领域，构建了自愿性信息披露满意度理论模型；最后根据顾客满意度模型设计并利用量表对自愿性信息满意度展开研究。基于定量分析的自愿性信息披露满意度模型对于公司快速发现客户需求、及时调整披露策略具有重大的意义。本研究为今后学者进行相关研究提供有益借鉴，为上市公司诊断其与机构投资者的关系提供了可使用的工具，丰富了自愿性信息披露的研究内容。

---

① 顾客满意度模型共有6个结构变量，顾客满意度是最终所求的目标变量，预期质量、感知质量和感知价值是顾客满意度的原因变量，顾客抱怨和顾客忠诚则是顾客满意度的结果变量。模型中6个结构变量的选取以顾客行为理论为基础，每个结构变量又包含一个或多个观测变量，而观测变量则通过实际调查收集数据得到。

3.1.2　研究框架

本章的研究逻辑框架图见图 3 - 1。

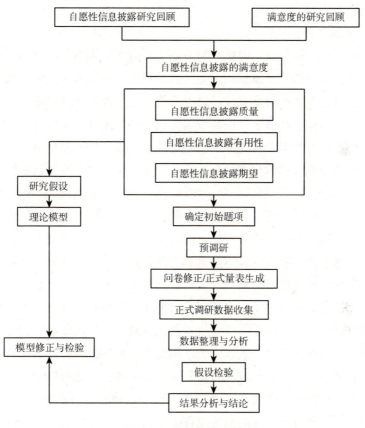

图 3 - 1　研究结构框架

3.1.3　研究意义

（1）理论意义。构建了自愿性信息披露的满意度模型。对自愿性信息披露的研究，国内外学者大多致力于自建指标体系、运用回归方程等对自愿性信息披露的动机、质量、影响因素、有效性和市场反应进行研究，基本都是从研究者自身认识的角度出发对自愿性信息披露进行研究，而从机构投资者角度出发对自愿性信息披露的研究较少，对自愿性信息披露满意度的研究基本没有，更没有运用量表来研究自愿性信息披露的例子。本研究通过设计量表来测量自愿性信息披露的质量和机构投资者满意度，并根据顾客满意度模型来构建机构投资者对自愿性信息披露的满意度理论模型，这丰富了自愿性信息披露的研究内容和研究方法。

（2）实践意义。

①可以帮助上市公司了解机构投资者对自愿性信息披露的质量和满意度。上市公司进行自愿性信息披露的主要目的是突出本公司的比较优势来吸引投资者关注、获取投资者的资金支持与口碑支持。出于再融资目的或者提升公司价值的目的，上市公司在自愿性信息披露过程中会更注重机构投资者的评价与满意度。上市公司可根据本研究开发的自愿性信息披露质量测量量表和满意度量表来获取机构投资者的满意信息和不满意程度，并据此来改善自愿性信息披露质量；通过自愿性信息披露及时有效地与机构投资者沟通，化解不必要的误会，显示公司诚信的态度，满足机构投资者的信息期望，方可赢得机构投资者的长期信任、建立与机构投资者的友好合作关系。从这个角度来说，研究机构投资者对自愿性信息披露的满意度是具有意义的，并且从机构投资者满意度的角度出发来研究自愿性信息披露的质量、有用性、期望等更具有实用价值。

②可以帮助监管机构发现投资者对自愿性信息披露不满意之处，挖掘投资者的需求以进一步完善监管制度。机构投资者对上市公司自愿性信息披露的满意度能在一定程度上代表个人投资者的满意度。监管机构可以根据有代表性的机构投资者的不满意之处挖掘出投资者的潜在需求，据此可以较低成本、较短时间来完善监管制度，通过出台新的准则法规或修订已有的准则法规来引导、规范上市公司完善自愿性信息披露工作，来提高中国证券市场自愿性信息披露的整体质量和满意度。

3.1.4　研究创新点

（1）定义了自愿性信息披露满意度及相关概念。本章从机构投资者感知的角度，借鉴顾客满意度理论中的相关概念定义并结合会计信息质量要求的具体内容明确地提出了自愿性信息披露满意度的概念，同时提出对自愿性信息披露的满意度产生影响的自愿性信息披露的期望、质量和有用性的定义，拓宽了自愿性信息披露相关的概念范围。

（2）首次利用量表对自愿性信息满意度展开研究。国内外学者在进行自愿性信息披露的相关研究中一般是自建自愿性信息披露质量指数来获取数据，或者在信息披露的相关研究中运用调查问卷来测量信息披露的质量，尚没有利用量表对自愿性信息披露满意度进行测量的相关研究。本章所开发的测量量表也为上市公司诊断其自愿性信息披露状况提供了有效工具。

（3）首次将顾客满意度模型引入自愿性信息披露的研究领域。将顾客满意度模型引入行业或企业测评中先例很多，近年来多集中在物流、旅游等行业，但将此类模型改进后引入自愿性信息披露研究的案例非常之少。本研究首次将市场营销学领域的顾客满意度模型引用到会计学领域的自愿性信息披露研究领域，构建了自愿性信息披露满意度与自愿性信息披露质量、自愿性信息披露有用性和自愿性信息披露期望的理论模型，并对该模型进行了实证检验。基于定量分析的顾客满意度引入自愿性信息披露研究领域，对于披露公司快速发现客户需求，并及时调整披露策略具有重大的意义。本章为今后学者进行相关研究提供有益借鉴，为上市公司诊断其与机构投资者的关系提供了可使用的工具，丰富了自愿性信息披露的研究内容。

3.2

理论基础与文献综述

3.2.1　相关概念定义

通过文献梳理与理论回顾，参照顾客满意度的定义，本章将自愿性信息披露的满意度定义为投资者基于对自己所投资的公司的自愿性信息披露质量的评价以及未来的积极预期而产生的正向情感状态，是投资者对自愿性信息披露的感知质量与投资者对自愿性信息披露期望相比较的结果。

结合相关理论和前人相关研究，对本章中涉及的潜变量作如下定义：

（1）自愿性信息披露的满意度（满意）：投资者基于对自己所投资的公司的自愿性信息披露质量的评价以及未来的积极预期而产生的正向情感状态，是投资者对自愿性信息披露的感知质量与投资者对自愿性信息披露期望相比较的结果。即：

$$自愿性信息披露的满意度 = 投资者的感知质量 - 投资者的期望$$

（2）自愿性信息披露的期望（期望）：投资者在投资决策过程前期对公司自愿披露的信息寄予的期待与希望，包括投资者对信息质量和信息有用性的期望。

（3）自愿性信息披露的质量（质量）：上市公司自愿性披露的信息符合会计信息质量的及时性、可靠性、真实性、准确性、完整性等要求的程度。上市公司自愿披露信息的质量，直接关系到投资者能否获得最相关和可靠的信息。投资者对自愿性信息披露质量的判断取决于其对会计信息质量要求的期望以及其阅读的同类会计信息的披露质量的对比。

（4）自愿性信息披露的有用性（有用性）：投资者在投资决策过程中，通过对信息的可感知效果与他的期望值相比较后所形成的对信息是否有用、是否有参考价值的主观评价。自愿性信息披露有用性基于投资者期望与所获取的信息质量，其实质是投资者在投资决策过程中对获取的自愿披露信息价值大小的判断。

按照投资主体大小对投资者进行分类，投资者分为个人投资者和机构投资者。投资主体大小主要是通过看投资者是否拥有某种程度的对于证券价格的影响力，以及通过对于市场中交易主体的信息分布、信念形成等所拥有的影响力。

（1）个人投资者：指以个人独立身份进入证券市场进行投资交易和投资决策的投资者，他们多数资金较少，基本上没有单独影响股票价格的能力。

（2）机构投资者：所谓机构，在计划体制下即单位，在公司制度下即法人。机构投资者是指从事证券意义上的非个人化投资行为的、职业化、社会化的团体或机构，它包括用自有资金直接或借助各种金融工具间接在证券市场进行投资的非个人化机构，一般具有法人资格。机构投资者具有专业水平高，交易费用低廉等特点，是市场上重要的专业投资力量。目前，我国主要的机构投资者有证券投资基金、证券公司、合格境外机构投资者、保险类机构、各类企业法人。

中国的证券市场是半强势有效市场，个人投资者能够获取的信息渠道有限，机构投资者相对于个人投资者有更多的信息来源、更明显的专业优势和更强大的资金支持，个人投资者为了投资或投机的目的会选择相信信息渠道广的机构投资者，即个人投资者具有盲目跟风的动机和行为，而机构投资者则可以做出相对理性的投资决策。上市公司在实践选择上，倾向于吸引机构投资者。

因此，机构投资者对上市公司自愿性信息披露的满意度能在一定程度上代表个人投资者的满意度，本章的研究以机构投资者为调查对象。

3.2.2　理论基础

（1）委托代理理论。现代企业所有权和经营权相分离，所有者与经营者各自有着不同的利益追求：所有者追求高剩余收益和高股价，而经营者则有更广泛的物质和心理需求，包括较高的报酬、低风险、闲暇时间。由于两者利益不尽相同，一旦经营者利益与企业利益发生冲突，经营者可能会利用其信息优势做出损害所有者利益的行为，产生代理冲突。所有者为了最大限度地降低了冲突发生的可能性，就需要与经营者签订契约，如对经营者实施股权激励、将其报酬与企业收入相挂钩等，契约的设计能够帮助经营者利益与股东利益实现最大程度的统一，但是契约的有效执行还需要花费监督成本，这会减少经营者的报酬。为了避免报酬被降低，经营者就会产生多披露质量较高信息以获取所有者信任的动机。经营者作为公司信息的披露者，想要赢取作为投资者的所有者的信任，首先要让投资者感到满意。因此自愿披露强制要求披露的信息以外的信息，成为经营者的良好选择。

（2）超额披露收益理论。企业将决策有关信息传递给主要利益相关者可以获得两个方面的收益，一方面引起有效的外部市场反应，例如企业声誉上升、股价上升、融资成本下降等，另一方面引起有效的内部管理效应，例如监督成本降低、管理决策的有效制定等，以上收益可被称为"披露收益"。强制性信息披露由于披露内容、形式、时间单一，企业之间不能有效区别，因此只能使行业内企业获得"平均披露收益"，企业想获得"超额披露收益"则需要通过自愿性信息披露。当然，上述各种"披露收益"可能是负值，例如企业披露虚假不实信息引发不良的市场反应，或者是企业披露的信息没有引起足够的市场关注而导致收益小于披露成本。从经济学角度来说，企业进行生产经营的目的是获取"超额收益"，因此企业有动机进行自愿性信息披露以获得"超额披露收益"，那么"超额披露收益"则是公司提高信息含量、降低信息不对称性以提高信息披露质量的有效途径。

（3）顾客满意度理论。顾客满意理论所持的基本观点是：顾客满意是预测顾客忠诚的唯一重要因素，顾客满意度越高，则该顾客的购买次数和购买量也会越多，对企业及其品牌忠诚越持久。顾客满意或不满意的形成过程始于产品的使用，包括对其他品牌的同类产品的使用。由于这种使用行为，包括与公司以及其他人的交流，消费者对该类产品有怎样的性能有了一定的期望值。这些性能预期会和产品实际性能（即对产品质量的认知）进行比较。如果质量不如期望的那样，不满情绪产生。如果超过预期，顾客产生满意情绪。如果性能与期望相符，顾客体验到期望证实。

自 Cardozo（1965）的研究以来，有关日用消费品和服务产品的顾客满意模型已经成为许多理论和实证研究的焦点。尽管许多顾客满意模型已经被用来解释厂商顾客满意的形成机理，但是主导顾客满意理论研究的模型还是个人消费层面的期望不一致性模型（见图 3-2）。该模型认为顾客满意与不一致性的大小和方向有关，不一致性是指顾客购买前产品质量期望和购买后产品质量感知之间的差距（Danaher，1994）。

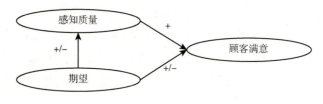

图 3-2 "期望不一致"模型

根据委托代理理论，对于上市公司而言，经营者是企业信息的披露者，投资者是使用企业披露信息的顾客，购买的是企业的股票。因此，顾客满意的形成机理也同样适用于投资者。投资者能够感知到的信息质量包括了上市公司自愿披露信息的内容、及时性、准确性、清晰性等。如果感知质量与期望一致，便会产生投资满意；若不一致，则产生投资不满意。根据超额披露收益理论，投资者满意时，自愿披露信息产生的超额披露收益极有可能是正的；投资者不满意时，自愿披露信息产生的超额披露收益极有可能是负的。所以，企业为了实现正的超额收益，应做出令投资者满意的自愿性信息披露。

3.2.3 文献综述

（1）自愿性信息披露文献回顾。

自愿性信息披露是相对于强制性信息披露而言的，强制性信息披露是指上市公司按照公认会计准则和证券监管部门的要求披露公司的基本财务信息。而自愿性信息披露是企业自愿地披露除强制披露的财务信息以外，上市公司基于公司形象、投资者关系、回避诉讼风险等动机主动披露的信息。自愿性信息披露的作用有：①有利于提高公司股票流动性和股票价格的合理性。②有利于降低公司的融资成本。③有助于树立良好的公司形象。

①国外文献回顾。Paul 和 Krishna（2011）研究发现信息披露能降低资本市场的信息不对称。Kiridaran 等（2007）研究发现良好的公司治理制度能降低季度盈利公告的信息不对称。Trueman（1986）认为，有才能的经理人员会有动机进行自愿性盈余预测以展现他们的风格，显示他们不同于一般的管理能力。Skinner（1994）发现，经理人员对坏消息提前进行自愿性信息披露可以降低诉讼成本。Angela 和 Isho（2012）发现企业的 MD&A 披露越乐观，盈利的悲观的描述越少。Deqing Zhou（2012）和 Yan Sun（2010）研究表明 MD&A 信息中披露存货能帮助投资者预测公司未来的业绩。Healy 和 Palepu（1995）认为，有关公司前景信息的自愿披露有助于经营者发行证券或进行股票交易。Lang 和 Lundholm（1996）的研究表明，准备发行证券的公司，早在发行前 6 个月就开始显著增加自愿性信息披露。Bernnan（1999）指出，遇到控制权争夺时，目标公司更有动机进行盈利预测等自愿性信息披露，从而提高被兼并成本。Noe（1999）发现，经理人员预测信息的发布肯定是与对公司股票的内容交易联系在一起的，也就是说持有本公司股票的经理人员有动机进行自愿性披露，以提高股票流动性，进而有利于内部股票交易的实现。Newson 和 Deegan（2002）通过对欧美公司调查显示：上市公司自愿性信息披露的主要目的在于体现公司"核心能力"和"全球竞争化策略"。

Healy 等（1999）研究显示，在事件前期，公司随着信息披露评级的增加，分析师覆盖范围较同行业领先者有所下降。然而，在增加披露之后，样本公司的分析师覆盖率恢复到同行业的其他企业的相同水平。William. R. Scott（2000）认为自愿性信息披露有助于信息使用者更好地评估及预测企业未来获利能力、现金流量和投资分红的可能性。Mark 和 Russel（2010）发现公司披露政策和分析师的行为之间有一定的关系。Jari 和 Hannu（2001）等研究发现自愿性信息披露是投资者作出决策过程中的重要参考依据。Ajinkya 等（2005）研究发现机构投资者持股比例越高，管理层越倾向于发布预测信息并且预测信息越频繁，信息内容更具体、准确，并且乐观高估的偏差减小。Gilbert 和 Katie（2012）研究发现机构投资者要求企业对政治支出做出详细的披露，机构投资者认为企业政治支出会影响企业价值、损害股东利益，机构投资者希望能够通过信息披露来做出风险判断。Chen-Wen Chen 和 Victor W. Liu（2008）研究发现自愿性信息披露准则不会降低信息披露的真实性水平。Lee 和 Peter（2012）研究发现加强披露专责小组在通过对投资者需求进行调查之后发现其对银行的长篇披露极度不满，清晰的、准确的、相关的和全面的数据披露是投资者希望看的披露形式。Pernilla 等（2010）发现，外资持股和跨国上市在一定程度上促进自愿性信息披露的工作，此外，监管在一定程度上可以刺激自愿性信息披露。

②国内文献回顾。刘昱熙（2007）在运用调查问卷对"管理层讨论与分析"信息披露的研究中发现，公司再融资期望水平越高，为了树立良好公司形象与降低公司资本成本，其相应的 MD&A 披露水平也越高。李常青和王毅辉（2008）在运用调查问卷对中国机构投资者关于"'管理层讨论与分析'信息披露研究"中发现，MD&A 报喜不报忧、前瞻性信息披露不足、可理解性差，机构投资者普遍认为 MD&A 信息具有决策有用性，但是整体披露水平不高，关键子项目信息披露质量也不高，并且机构投资者还希望上市公司在MD&A 中披露某些威胁到上市公司的竞争优势信息。刘利（2011）的研究表明，员工总是非常关注反映自己利益要求和实现方式的非财务信息披露。详尽必要的信息披露更能取得员工对企业的理解和支持。对企业非财务指标信息，企业除按相关规定进行法定性披露和习惯性披露外，还应当根据本企业员工特点和本企业员工对非财务指标关注的需要以及关注程度的差异对员工所关注的非财务指标信息进行详细披露，以满足本企业员工关注相关信息的需要。

陈芳徽（2009）、杨海燕（2012）在研究中发现我国自愿性信息披露水平整体偏低，披露质量不高，上市公司自愿性信息披露程度会随着机构投资者持股比例的增加而有所提高，机构投资者持股比例却与自愿性信息披露程度的变化没有显著的相关性。丁方飞和范丽（2009）发现机构投资者持股、持股规模和参与持股家数与信息披露质量正相关。薛爽等（2010）专门研究了亏损上市公司的 MD&A 信息披露的质量，研究发现，MD&A 中针对亏损原因的分析和下一年度的战略部署可以为投资者提供关于企业未来经营业绩的增量信息。李枫（2010）在研究中发现信息披露能够通过正向影响公共关系或治理结构来正向影响机构投资者的投资满意度。杨海燕等（2012）的研究表明，机构投资者通过其本身的信息收集和处理优势以信号传递的方式影响公司信息披露质量，使得披露的信息更易于被外部投资者接受，透明度更高。牛建波等（2013）的研究表明，稳定型机构投资者持股比例能显著提升自愿性信息披露程度，在股权较为集中时，机构投资者更倾向于对自愿性信息披露程度产生正面影响，股权集中且机构投资者为稳定型时，机构投资者持股比例对自愿性信息披露的正面影响更大。

③小结。国内外研究认为经理人基于实现自身价值、降低诉讼风险、提高股票流动性、提高被兼并成本、提升公司价值和核心竞争力等动机进行自愿性信息披露。机构投资者持股能够提高自愿性信息披露质量和透明度，但是，上市公司自愿性信息披露仍然不能满足利益相关者的需求，机构投资者希望看到更多能预测公司风险或能影响股票价值的信息。

（2）顾客满意度文献回顾。

自 1965 年 Dardozo① 首次将顾客满意度引入营销学后，顾客满意度问题即受到极大重视，学者们从不同研究角度对其内涵进行了不同的阐述，Folkes（1984）认为满意度是顾客在购买后，评价其购买前预期与购买后产品实际表现产生差距时的一种反应；Bolton 和 Derw（1991）认为满意度是顾客综合购买后的所有经验而产生的情感性因素，可能会对服务品质、购后意愿和行为意向的评估产生影响；Kotler（1997）认为满意度是顾客对产品的可感知效果（或结果）与预期比较后形成的愉悦或失望的感觉状态。在 2000 年版的 ISO/DIS9000《质量管理体系基础和术语》② 中，顾客满意度被定义为：顾客对某一事项已满足其需求和期望的程度的意见。并附注：某一事项是指，在彼此需求和期望及有关各方对此沟通的基础上的特定时间的特定事件。

①国外文献回顾。企业公开自身知名度、美誉度、环境、服务承诺、信任度、产品、服务等信息，力求激发顾客需求欲望，驱动顾客重复购买、向他人推荐产品、服务，为企业带来更多的利润机会。Blawatt Ken（1995）研究发现企业利用公开的顾客满意度信息，能发现自身需要解决的关键问题和面临的竞争对手，挖掘潜在的顾客。LaBarbera Priscilla（1983）发现顾客满意水平对顾

① 引自：Cardozo R N. An experimental study of customer effort, expectation, and satisfaction [J]. Journal of marketing research, 1965: 244–249.

② ISO/DIS9000《质量管理体系基础和术语》包含三部分：八项质量管理原则、十二条质量管理体系的基础说明、十个方面共八十个的术语概念。

客重复购买具有相当强的影响力，不满意顾客比满意顾客更倾向于宣传。满意且忠诚的顾客更易于重复购买、承受更高的价格、向他人推荐产品或服务。

Woodruff（1997）发现顾客的价值来源于产品的属性、性能及使用结果。McDougall Levesque（2000）发现顾客对满意的判断是基于顾客在购前建立的期望价值，顾客价值是由顾客而不是由企业决定的，顾客感知价值与顾客满意之间存在正向相关性。

Valone，Templeton（2002）发现信息可以改变顾客对企业的看法、质量评价，顾客使用多样化的信息来源作为产品的评价标准。Morgan，Anderson（2005）等从信息处理的角度，得出企业/品牌形象是消费者处理信息的重要组成部分。

②国内文献回顾。刘金兰和康键（2005）研究中发现顾客期望具有重要的预测功能，顾客期望对顾客满意度有正向影响，期望既能准确地反映企业的声望，同时也反映了企业未来的生存能力。大量实际消费经验表明，感知质量是决定顾客是否满意的一个重要前期因素。刘金兰和康键（2005）发现，感知质量对整体的顾客满意度有正向影响，这种观点在所有的经济活动中都是成立的。望海军、汪涛（2007）从实证上得出顾客参与对顾客感知的正向影响，顾客参与为顾客感知和顾客满意关系的调节因素。

清华大学中国企业研究中心（2003）在构建顾客满意度指数模型时发现，预期质量、质量感知、价值感知、顾客忠诚这四个指标都能测量顾客满意度，并发现此模型在耐用消费品行业、非耐用消费品行业、服务行业、特殊行业均适用。梁燕（2004）构建顾客满意度指数模型时发现，产品质量感知、服务质量感知、总体质量感知、价值感知、顾客满意度这五个指标均能测量顾客满意度。王帆（2013）在对网络购物群体在顾客感知的研究中，通过与顾客期望研究的结合分析，找出了一些实际与顾客期望形成一定反差的一些指标，成功地将理论模型应用的实践中。

③小结。国内外学者和研究机构都对顾客满意度理论模型进行了验证和完善，顾客期望和感知质量对满意度的正向影响在所有模型中都是成立的，并且可以应用到实践中。此外，国外学者还发现信息可以改变顾客的看法，进而对顾客满意度产生影响。

（3）文献述评及问题提出。

2012年9月21日，中国证监会通过专题会、座谈会、问卷调查等多种形式公开征求意见，秉着满足投资者信息需求重要性的原则，发布了经修改完善后的《公开发行证券的公司信息披露内容与格式准则第 2 号——年度报告的内容与格式（2012 年修订）》。由此可见，在信息披露领域，证监会对投资者需求的重视程度，对信息披露的内容、形式、质量及其规范的重视日益增加。但是，以上关于自愿性信息披露影响因素的研究尚存在一些问题：

①从研究内容上看，国内外大多数文献致力于对自愿性信息披露的动机、质量、影响因素、有效性和市场反应进行研究，基本都是从研究者自身认识的角度出发对自愿性信息披露进行研究。关于机构投资者对信息披露需求的研究，有少数几个学者涉及，对其满意度的研究是在需求的基础上有所提及，而对自愿性信息披露满意度的研究基本没有。在顾客满意度的相关研究中，顾客满意度模型已被国内外学者多次证实和应用，只有李枫尝试把顾客满意度模型用于投资者关系管理的研究中，并用数据检验了模型的稳健性，但是，没有学者将顾客满意度模型应用到自愿性信息披露研究领域。

②从研究方法上看，大部分文献只是自建指标体系、单纯地运用回归分析来进行自愿性信息披露某个方面的研究，研究方法过于单一。刘昱熙和李常青有用到问卷来研究管理层讨论与分析，李枫用到量表和结构方程来研究投资者关系管理，就自愿性信息披露领域，还没有学者用量表进行过研究。

综上，国内外学者大多致力于自建指标体系、运用回归方程等对自愿性信息披露的动机、质量、影响因素、有效性和市场反应进行研究，基本都是从研究者自身认识的角度出发对自愿性信息披露进行研究，而从投资者角度出发对自愿性信息披露的研究较少，对自愿性信息披露满意度的研究基本没有，更没有运用量表来研究自愿性信息披露的先例。但是，自愿性信息作为投资者的消费对象，根据委托代理理论，上市公司更关注投资者的信息需求与满意度，所以，投资者的信息需求与满意度应该是自愿性信息披露研究领域的基础性研究。本研究通过设计量表来测量自愿性信息披露的质量和机构投资者满意度，并根据顾客满意度模型来构建投资者对自愿性信息披露的满意度理论模型。

3. 3

模型构建与研究假设

根据委托代理理论，对于上市公司而言，经营者是企业信息的披露者，投资者是使用企业披露信息的顾客，购买的是企业的股票。因此，顾客满意的形成机理也同样适用于投资者。投资者能够感知到的信息质量包括了上市公司自愿披露信息的内容、及时性、准确性、清晰性等。如果感知质量与期望一致，便会产生投资满意；若不一致，则产生投资不满意。根据超额披露收益理论，投资者满意时，自愿披露信息产生的超额披露收益极有可能是正的；投资者不满意时，自愿披露信息产生的超额披露收益极有可能是负的。所以，企业为了实现正的超额收益，应做出令投资者满意的自愿性信息披露。

3.3.1 自愿性信息披露满意度模型的构建

机构投资者作为上市公司自愿披露信息的使用者，其选择并使用信息的过程与顾客购买商品或服务的过程类似。机构投资者在产生投资需求之后，会收集公司的各方面信息，对信息内容质量做出评价、提取出有用的信息、与自身期望作对比分析之后做出投资决策。顾客在购买商品后获得使用价值，机构投资者在使用信息后获得投资价值。为探索机构投资者对自愿性信息披露的满意度，本章参照顾客满意度模型构建自愿性信息披露的满意度模型。

（1）顾客满意度模型回顾。根据市场营销学理论，顾客的购买决策过程①一般可概括为5个阶段：认识需求、信息收集、信息评估、购买决策与购后行为。顾客的消费行为与购买决策受顾客对企业总体形象、信任度、知名度、美誉度等公开信息的获取与识别程度的影响；顾客经常使用多样化的信息来源作为产品的评价标准，顾客"需要不一致"较"期望不一致"更能体现整体满意度；顾客感知质量更能体现顾客对期望与实际绩效之间的比较；顾客忠诚惠顾行为受顾客对企业公开信息认知是否一致和顾客购物正面体验的影响。顾客如果能及时、完整地掌握企业公开的正面信息，无疑期望也会越高，并在心理上产生不同的满足感和忠诚行为。然而，由于信息的不对称性，顾客所能获取的信息往往不完整、不及时，这在很大程度上影响到顾客的需求欲望和行为决策。据此，Fornell（1989）等学者构建了顾客满意度模型见图3－3。

---

① 消费者购买决策是指消费者谨慎地评价某一产品、品牌或服务的属性并进行选择、购买能满足某一特定需要的产品的过程。广义的消费者购买决策是指消费者为了满足某种需求，在一定的购买动机的支配下，在可供选择的两个或者两个以上的购买方案中，经过分析、评价、选择并且实施最佳的购买方案，以及购后评价的活动过程。

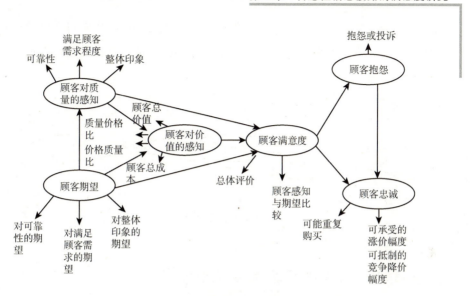

图 3 - 3　顾客满意度模型

（2）自愿性信息披露满意度模型。信息可以改变市场参与者对市场风险的看法，对市场具有直接作用和决定性意义。信息作为公共产品，处于开放状态，理应"普遍共享，人人受益"。然而现实生活中，由于信息的不对称，个体的心理因素和行为特征不同，信息使用者对信息的认知所产生的行为决策与效率存在差异，因而使信息的公共价值无法得到有效的实现。上市公司通过自愿性信息披露突出自身竞争优势、展示公司的核心竞争力、描绘公司的未来以期提高信息披露质量，为机构投资者决策提供参考，增强机构投资者对公司未来成长的信心。

信息与个体行为的关系依赖于信息的流向，个体行为受其准则、知识、生理、心理因素的影响。不同的信息披露机制能够使市场成员获得不同的知识、产生不同的行为决策与效率。在不同的供求关系下，信息披露制度对市场均衡状态的影响力度不同。证券市场行情公告提供的强制信息与自愿性信息对投资者产生不同的行为决策。企业公开自身愿景、品牌、社会责任、服务承诺、预期收益等信息，力求激发投资者的需求，驱动投资者关注公司的产品及服务，为企业带来更多的筹资及获取利润的机会。对所获取的信息满意的投资者更易于关注公司并向他人推荐公司。

机构投资者作为上市公司自愿披露信息的使用者，其使用信息做投资决策的过程与顾客购买商品或服务的过程类似。为探索机构投资者对自愿性信息披露的满意度，本章参照顾客满意度模型构建自愿性信息披露的满意度模型，见图3-4。

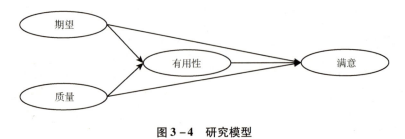

图3-4　研究模型

3.3.2　潜变量间结构关系的构建

选定潜变量之后，还需构建各潜变量之间的关系才能建立完整的结构模型。自愿性信息披露的满意度受多方面的影响，既有信息使用者自身的因素，也有上市公司自身披露的因素。信息使用者自身对自愿性信息披露的期望在一定程度上决定了其对自愿性信息披露满意度的衡量，上市公司自身披露的质量以及披露信息的有用性亦影响了投资者对自愿性信息披露满意度的度量，本章从期望、质量与有用性三个方面来搭建其与自愿性信息披露的满意度的关系。

（1）期望与满意。Muth（1961）最早对期望理论进行了研究，提出了理性预期假说。弗雷姆（Vroom）的偏好——期望理论认为一个人在选择时，都会给每个可供选择的行动方案的结果分配一个价值（称为效价），效价反映了人们的期望以及对不同被选方案及其结果的偏好程度。Aderson（1973）指出顾客期望是评价顾客满意的标准，当绩效高于期望时就满意，低于期望就不满意。2000版ISO9000族标准中对顾客期望给出了一个较为完整的定义，即顾客在购买决策过程前期即购买前对其需求的产品和服务寄予的期待和希望。主要表现在三个方面：顾客对产品或服务质量在整体印象上的期望；顾客对产品或服务在可靠性方面的期望；顾客对产品或服务可以满足自己要求的程度的期望。

同样地，根据本章对自愿性信息披露的满意度的定义：投资者基于对自己所投资的公司的自愿性信息披露质量的评价以及未来的积极预期而产生的正向情感状态，是投资者对自愿性信息披露的感知质量与投资者对自愿性信息披露期望相比较的结果。根据满意度的公式，当公司自愿披露的内容及质量高于机构投资者的期望时，机构投资者会感到满意，低于期望时，机构投资者会感到不满意。对同一公司自愿披露的信息，不同的机构投资者会产生不同的期望和满意度，即机构投资者的期望越高，满意度就越低。据此，本章提出：

假设 3 − 1 − 1：机构投资者对自愿性信息披露的期望对投资满意度有负向影响。

根据本章对自愿性信息披露信息有用性的定义：投资者在投资决策过程中，通过对信息的可感知效果与他的期望值相比较后所形成的对信息是否有用、是否有参考价值的主观评价。机构投资者赋予自愿披露信息的期望有用性越高，机构投资者实际阅读信息时，感觉到的落差会越大，也就是机构投资者感知到的有用性越低。据此，本章提出：

假设 3 − 1 − 2：机构投资者对自愿性信息披露的期望对感知有用性有负向影响。

（2）质量与满意。日本全面质量管理专家 Kano[①] 指出企业的产品质量和顾客满意程度密切相关。据此 Kano 将产品的质量分为当然质量、期望质量和惊喜质量三个等级，并指出了在每个等级下，产品的质量水平对顾客满意程度的影响，见图 3 − 5。

机构投资者在获取到公司自愿披露的信息后，首先会对信息质量高低做出判断。自愿性信息披露的质量高，即符合会计信息质量的及时性、可靠性、真实性、准确性、完整性等要求。机构投资者才会在此基础上提取有用的信息作为投资决策的参考信息。相反，如果自愿性披露的信息质量低，即存在真实性、完整性等问题，机构投资者不会愿意相信此类信息，更不会觉得其有用。因此，本章提出：

假设 3 − 2 − 1：自愿性信息披露的质量对信息有用性有正向影响。

真实透明的信息会减少信息提供者与信息使用者之间的信息不对称。当公司自愿披露的信息质量较高时，投资者会花费更少成本搜集其他信息或证实此

---

① 引自：1982 年，日本质量专家 Kano 博士在日本质量控制协会上发表的《魅力质量和基本质量》的演讲。

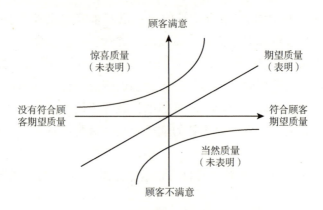

图 3 - 5　产品质量与顾客满意的关系

信息真实性，因此，投资者对所使用的高质量信息的满意度会更高。根据Kano的模型，如果自愿披露的信息在满足如上当然质量的要求之外满足了投资者期望的质量要求甚至是惊喜质量，投资者会获得更高的投资满意度。据此，本章提出：

假设 3 - 2 - 2：自愿性信息披露质量对机构投资者的满意度有正向影响。

（3）有用性与满意。信息有用性是投资者在投资决策过程中，通过对信息的可感知效果与他的期望值相比较后所形成的对信息是否有用、是否有参考价值的主观评价。投资者对信息的实际主观评价，依赖于掌握信息的程度与使用经验，并以此评价信息的有用性。假如感觉到有用性很好地满足了要求（如对未来经营收入预测有明确可靠的文字说明和数字描述，根据该信息可以预测公司未来业绩并做出投资决策），值得参考，进而对信息产生较高的满意度。同理，如果信息不具有决策有用性，投资者会产生不满意情绪。据此，本章提出：

假设 3 - 3：自愿性信息披露有用性对机构投资者的满意度有正向影响。

3.3.3　自愿性信息披露满意度的结构方程模型

经过上述过程，我们建立了完整的自愿性信息披露满意度的结构方程模型，见图 3 - 5。在图中，潜变量用椭圆来表示，箭头表示各变量之间的关系。根据温忠麟等（2005）对中介变量的定义：考虑自变量 X 对因变量 Y 的影响，如果 X 通过影响变量 M 来影响 Y，则称 M 为中介变量。图 3 - 4 中的质量作为自变量对因变量满意的影响中有一部分是通过变量有用性来影响满意，所以，推断有用性既是影响满意的自变量也是在质量对满意影响过程中产生间接影响的中介变量。同理，也可推断有用性是在期望对满意影响过程中产生间接影响的中介变量。后续实证分析中将对图 3 - 6 中结构方程模型的各项结构关系以及有用性的中介效应进行验证。

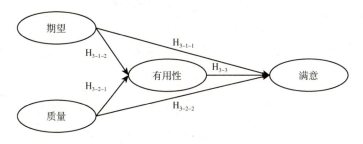

图 3 - 6　理论假设模型

3.4

自愿性信息披露质量测量量表的开发

3.4.1　测量题项的生成

自愿性信息披露满意度量表的初始测量题项主要来自于对现有文献的整理和深度访谈的结果。本研究对自愿性信息披露相关知识的实证研究文献进行了总结与归纳，借鉴了相关研究的测量题项，并对部分文章的研究发现进行适当的修改变成本研究的测量题项；为了使自愿性信息披露满意度的测量题项更有针对性和更加全面，另外一部分题项主要来自于深度访谈中提取出来的题项，访谈记录中提及率较高的关键语句进行适当的修改与拓展形成了自愿性信息披露满意度的初始测量题项。

（1）自愿性信息披露的相关测量。已有的西方学者对自愿性信息披露的满意度进行实证研究并不多见，他们更多的是采用内容分析法研究自愿性信息披露的质量。国内相关研究暂时没有，但是有学者利用调查问卷以及量表研究社会责任信息、管理层讨论与分析信息、环境信息披露的决策有用性、需求、披露质量等。已有的问卷难以完全适用于本书的研究，因此，本研究有选择地对前人研究进行吸收，汲取这些经过实证检验的测量量表的内涵，再置于本研究的背景下，在接下来的定性研究中确定采用、修改其中的测量题项并进行相应的补充，见表3-1，共50个题项。

表3-1   相关研究中提取的测量题项

维度	测量题项	题项来源
期望	措辞和行文表达不流于形式，客套话太少，形式灵活多变	李常青（2008）
	简单列举、空泛的文字较少，深入、有实质性的讨论与分析较多	李 翔（2006） 李常青（2008） 刘昱熙（2009）
	自愿披露了销售收入预测、盈利预测或其他预测性信息	李常青（2008）
	披露了公司管理层已知的、财务报告难以显示的、但又有重大影响的事项	刘昱熙（2009）
	自愿性信息披露内容报喜亦报忧	李常青（2008） 刘昱熙（2009） 吉 利（2013）
	自愿性信息披露内容重要性突出	李 翔（2006） 刘昱熙（2009）
	自愿性信息披露内容篇幅适当	李常青（2008）
	自愿性信息披露内容能突出公司个性	李常青（2008） 刘昱熙（2009）
	自愿性信息披露内容可理解性好	李常青（2008） 刘昱熙（2009）
	自愿性信息披露内容充分	刘昱熙（2009）
有用性	在对公司进行分析时，自愿信息披露有用	李 翔（2006） 李常青（2008） 刘昱熙（2009）
	自愿性信息披露提供了年报以外其他渠道所无法获得的新的有用信息	刘昱熙（2009）
	自愿性信息披露提供了财务报表及其附注所无法获得的新的有用信息	刘昱熙（2009）
	定量分析除了计算财务数据的增减百分比外提供其他有用的新信息	李常青（2008）
	披露未来经营计划且计划详细，提供了有用的信息	潘 琰（2004） 李常青（2008）
	能够根据自愿性信息披露内容作出决策	刘昱熙（2009）
	自愿性信息披露提供了增量信息	李常青（2008）

续表

维度		测量题项	题项来源
满意		根据自愿性信息披露的内容对公司很有信心	李 翔（2006）
		自愿性信息披露内容基本能满足我的期望	刘昱熙（2009）
质量	及时性	社会责任报告及时披露	潘 琰（2004）李 枫（2010）
		年度报告及时披露	潘 琰（2004）李心丹（2006）熊曙初（2008）宋 常（2010）李 枫（2010）
		其他重大事项公告及时披露	熊曙初（2008）宋 常（2010）
	完整性	全面披露公司相关信息	李常青（2008）宋 常（2010）
		披露了投资者关心的重大事项	吉利（2013）
		自愿性信息披露内容完整	李心丹（2006）熊曙初（2008）宋 常（2010）李 枫（2010）
		自愿性信息披露内容无重大遗漏	吉 利（2013）《年报准则》（2013）
		自愿性信息披露的格式符合完整性要求	《年报准则》（2013）
		数据齐全，不存在需单独列示的数据合并列示或不列示的情况	吉 利（2013）《年报准则》（2013）
	准确性	文字说明充分完备，解释说明原因文字充分	李常青（2008）吉 利（2013）《年报准则》（2013）
		数据准确度较高	宋 常（2010）
		年报中使用的措辞恰当准确	宋 常（2010）
		披露的信息客观，无夸大其词、歧义、误导性陈述情况	《年报准则》（2013）
		披露预测性信息及其他涉及公司未来经营和财务状况等信息合理、谨慎、客观	《年报准则》（2013）
		披露的信息无关键文字或重要数据错误	《年报准则》（2013）
	真实性	报告内容符合客观事实	潘 琰（2004）李心丹（2006）宋 常（2010）李 枫（2010）
		不存在隐瞒事实真相的情况	宋 常（2010）吉 利（2013）
		不存在避重就轻的情况	宋 常（2010）
		相信自愿性信息披露内容	李 翔（2006）
		披露事项忠于事实	宋 常（2010）

续表

维度		测量题项	题项来源
质量	真实性	披露的信息以客观事实或具有事实基础的判断和意见为依据	宋　常（2010）《年报准则》（2013）
		披露的信息如实反映实际情况，无虚假记载	《年报准则》（2013）
	清晰性	表达清晰明了、易于理解	李　翔（2006）潘　琰（2004）宋　常（2010）吉　利（2013）
		分类公告、直观形象、便于阅读	宋　常（2010）吉　利（2013）
		形式多样	宋　常（2010）
		格式规范严谨	宋　常（2010）
	公平性	同时向所有投资者公开披露重大信息	《年报准则》（2013）
		确保所有投资者可以平等地获取同一信息	《年报准则》（2013）
		不存在向单个或部分投资者透露或泄露其他投资者无法从公开渠道获得的信息的情况	《年报准则》（2013）
		信息披露前公司股票或衍生品种交易不存在因信息泄密而出现异常的情况	《年报准则》（2013）
		信息披露前公共媒体未出现相关报道或传闻	刘昱熙（2009）《年报准则》（2013）

（2）深度访谈结果提炼。访谈，就是研究性交谈，是以口头形式，根据被询问者的答复搜集客观的、不带偏见的事实材料，以准确地说明样本所要代表的总体的一种方式，尤其是在研究比较复杂的问题时需要向不同类型的人了解不同类型的材料。访谈法收集信息资料是通过研究者与被调查对象面对面直接交谈的方式实现的，具有较好的灵活性和适应性。

访谈研究法的优点在于非常容易和方便可行，引导深入交谈可获得可靠有效的资料。访谈研究法的缺点，如样本小，需要较多的人力、物力和时间，导致应用上受到一定限制。为了进一步探查具体的自愿性信息披露满意度的题项，对自愿性披露信息的资深使用者进行了深入访谈，这么做主要出于两个方面的考虑：第一，深度访谈的方法①已经被证明是行为研究领域中发展新理论的有效方法，它将有助于揭示过去研究中从未出现的新概念；第二，这种方法

---

① 深度访谈法又名深层访谈法。深层访谈法是一种无结构的、直接的、个人的访问，在访问过程中，一个掌握高级技巧的调查员深入地访谈一个被调查者，以揭示对某一问题的潜在动机、信念、态度和感情。

能够更深入的从被访者的视角理解其满意度，从信息使用者自己的语言中提炼出的测量题项，将在最大限度内保证量表的有效性。

表 3 - 2　　　　　　　　　　　深度访谈提取的测量题项

维度		测量题项
期望		希望企业重点披露了公司差异于同行业其他公司的个性
		希望企业如实披露报告期内发生的实质性负面信息
		希望深入、有实质性的讨论与分析多，简单列举、空泛的文字少
		希望披露管理层已知的、财务报表难以显示的、但又有重大影响的事项
有用性		披露的内容有利于对公司当前业绩进行分析
		披露的未来经营计划对预测公司未来业绩有用
		披露的公司风险及应对措施对预测公司风险有用
		提供了董事会报告及社会责任报告以外其他渠道所无法获得的有用信息
满意		愿意根据自愿性信息披露内容作出决策
		根据披露的内容会关注这家公司
		根据披露的内容会长期关注这家公司
		披露内容能满足我的期望
		从自愿性信息披露中获得想知道的东西
		对披露内容完整、充分性比较满意
		对披露内容清晰、准确性比较满意
		对披露内容真实、可靠性比较满意
质量	完整性	信息披露前公共媒体没有出现相关报道或传闻
		涵盖报告期内所有受企业控制或影响的实质信息
		数据齐全，不存在需单独列示的数据合并列示或不列示的情况
		没有遗漏会影响或有助于利益相关者决策的信息
		涵盖报告期所有重大事件及对未来影响的预测
	准确性	文字说明充分完备，有必要的解释说明
		预测性信息及其他涉及公司未来经营等信息合理、谨慎、客观
		披露的信息准确，无夸大其词、歧义、误导性陈述情况
		不存在避重就轻的情况
	真实性	披露的信息如实反映实际情况，无虚假记载
		披露的信息以客观事实或具有事实基础的判断和意见为依据
		不存在隐瞒事实真相的情况

维度		测量题项
质量	清晰性	定性化信息直观形象、易于理解
		数量化信息简洁、清晰、易读

本研究对 18 名自愿性信息使用者进行了一对一的深度访谈。被访者的选取主要采用的是方便样本原则，这 18 名被访谈者包括机构投资者 14 名和高校研究员 4 名，性别比例大约为 1∶1。为了保证访谈法进行过程及提炼结果的客观性与独立性，避免提问者在提问过程中的主观情感倾向，对本研究很熟悉的人员在参与访谈时不发言不提问除非听到可挖掘的信息或者需要应答被访者的问题。

首先，向每位被访者介绍此次研究的主要目的，告知被访者，访谈结果将会绝对保密，且只作研究之用，让被访者安心地将真实情况予以描述即可，并介绍自愿性信息披露的范围。然后按照事先拟定好的提纲，让被访者详细描述他们在阅读上市公司自愿披露的信息过程中的一些感受。在访谈过程中，我们尽量营造轻松、融洽的氛围，注重询问的技巧与方式，所有访谈的持续时间平均为 40 分钟，大多数被访者都非常配合地接受了访谈，达到了预期的效果。

其次，为了提取自愿性信息披露的测量题项，按照内容分析法，对定性访谈数据进行分析。具体做法是在访谈结束以后，根据访谈记录，找出其中出现频率较高的关键语句，再把具有相似含义的语句归为同一题项。依据上述方法对深度访谈结果进行分析，对那些文献中未曾涉及的题项进行汇总，可以得到表 3-2，共 30 个题项。我们发现机构投资者比较关注上市公司能否完整、准确、真实、清晰地披露公司的自愿性信息。

（3）初始测量题项。在对文献中已有的测量题项和定性访谈结果提炼的题项进行汇总的基础上，本研究又对这些题项的内容效度进行了定性的考核，并对汇总的初始题项进行了修改，具体做法如下：

第一步，邀请了 3 名拥有硕士以上学历背景的机构投资者、2 名研究自愿性信息披露 5 年经验以上的高校研究员以及 1 名问卷设计的专家作为判断者，首先让他们对初始题项进行详细阅读与理解，找出其中表达含糊不清或难于做出判断的题项。根据他们的意见，删除了初始题项中不具有普遍性、表达抽象、不好作答的题项。

第二步，告知这 6 名判断者本研究中自愿性信息披露范围，以及各个构成维度的定义，让他们根据各自的经验和知识把每一个初始题项分别归入相应的四个维度类别中，如果认为某一题项不属于任何维度或同时属于两个维度，则做出标记。根据他们的意见，删除作答者普遍产生怀疑或认为同时属于两个维度的题项。

第三步，针对上述保留的题项，再邀请 3 位高校研究员作为新一轮的判断者。在向其解释清楚每一个维度的定义后，首先让他们判断这样划分维度的合理性，接下来让他们了解每个维度下保留下来的题项的含义，请他们判断每个题项能够说明该维度的程度。本研究选择的标准是至少有 2 个判断者认为某一题项能够完全说明该维度，并且没有人认为不能说明，只有这样的题项才能予以保留，否则删除。根据他们的意见，最终得以保留的总共有 37 项，其中期望 7 项，有用性 6 项，满意 8 项，完整性 6 项，准确性 3 项，真实性 3 项，清晰性 4 项，见表 3 - 3。

表 3 - 3　　　　　　　　　　　　　初始测量题项

维度	编码	测量题项
期望	期望 1	希望企业如实披露报告期内发生的实质性负面信息
	期望 2	希望企业重点披露了公司差异于同行业其他公司的个性
	期望 3	希望披露的信息直观、简洁、清晰、易于理解
	期望 4	希望披露的内容全面、完整、充分
	期望 5	希望披露内容真实、可靠
	期望 6	希望深入、有实质性的讨论与分析多，简单列举、空泛的文字少
	期望 7	希望披露管理层已知的、财务报表难以显示的、但又有重大影响的事项
有用性	有用 1	披露的内容有利于对公司当前业绩进行分析
	有用 2	披露的未来经营计划对预测公司未来业绩有用
	有用 3	披露的公司风险及应对措施对预测公司风险有用
	有用 4	披露的社会责任信息对了解公司的社会责任履行情况有用
	有用 5	能够根据自愿性信息披露内容作出投资决策
	有用 6	提供了董事会报告及社会责任报告以外其他渠道所无法获得的有用信息

续表

维度	编码	测量题项
满意	满意1	愿意根据自愿性信息披露内容作出决策
	满意2	根据披露的内容会关注这家公司
	满意3	根据披露的内容会长期关注这家公司
	满意4	披露内容能满足我的期望
	满意5	从自愿性信息披露中获得想知道的东西
	满意6	对披露内容完整、充分性比较满意
	满意7	对披露内容清晰、准确性比较满意
	满意8	对披露内容真实、可靠性比较满意
质量	完整性 完整性1	信息披露前公共媒体没有出现相关报道或传闻
	完整性2	涵盖报告期内所有受企业控制或影响的实质信息
	完整性3	数据齐全，不存在需单独列示的数据合并列示或不列示的情况
	完整性4	没有遗漏会影响或有助于利益相关者决策的信息
	完整性5	涵盖报告期所有重大事件及对未来影响的预测
	准确性 准确性1	文字说明充分完备，有必要的解释说明
	准确性2	预测性信息及其他涉及公司未来经营等信息合理、谨慎、客观
	准确性3	披露的信息准确，无夸大其词、歧义、误导性陈述情况
	准确性4	不存在避重就轻的情况
	真实性 真实性1	披露的信息如实反映实际情况，无虚假记载
	真实性2	披露的信息以客观事实或具有事实基础的判断和意见为依据
	真实性3	不存在隐瞒事实真相的情况
	清晰性 清晰性1	定性化信息直观形象、易于理解
	清晰性2	数量化信息简洁、清晰、易读
	清晰性3	分类公告、便于阅读
	清晰性4	图表结合、形式清晰

　　(4) 预调研问卷设计。在本研究中测量采用李克特七级量表形式,具体做法是将问卷每一个问题的评分等级划分为 7 等:非常不同意、不同意、稍不同意、既不同意也不反对、一般同意、同意、非常同意,同时赋予每一个评分等级相应的分值 1～7 分。被调查者根据对每个问题题干部分的描述做出是否同意的判断,并标记相应的分值。我们将上述经过内容效度分析后保留的 37 个题项,进行适当的语义拓展与修辞润色,以恰当的方式呈现在问卷中,形成了本研究的预调研问卷。问卷中机构投资者满意度的相关测量题项的问句设计见表 3 - 4。

表 3 - 4　　　　　　　　　自愿性信息披露满意度测量题项的问句设计

请您回顾一下该公司的年报和企业社会责任报告并评价下列描述是否符合实际情况并勾选您的答案:		非常不同意	不同意	稍不同意	既不同意也不反对	一般同意	同意	非常同意
期望	希望企业如实披露报告期内发生的实质性负面信息	1	2	3	4	5	6	7
	希望企业重点披露了公司差异于同行业其他公司的个性	1	2	3	4	5	6	7
	希望披露的信息直观、简洁、清晰、易于理解	1	2	3	4	5	6	7
	希望披露的内容全面、完整、充分	1	2	3	4	5	6	7
	希望披露内容真实、可靠	1	2	3	4	5	6	7
	希望深入、有实质的讨论与分析多,简单列举、空泛的文字少	1	2	3	4	5	6	7
	希望披露管理层已知的、财务报表难以显示的、但又有重大影响的事项	1	2	3	4	5	6	7

3.4.2　预调研与量表检验

　　本书采用方便原则将预调研问卷发放到北京理工大学、北京交通大学、北京师范大学、天津财经大学 MBA 学生及校友中的目标群体（机构投资者）,从回收的问卷中剔除非目标群体问卷,得到有效问卷 117 份。用这些数据对自愿性信息披露的期望、有用性、满意度和质量四个构念的测量量表进行检验。

　　(1) 信度分析。分别计算出相应的 Cronbach α 系数和 CITC 系数,结果如表 3-5 所示。发现期望的两个题项"期望 4"的 CITC 小于 0.5 的标准，"期望 5"的 CITC 明显低于其他几个题项，并且删除之后都会明显提高 Cronbach α 系数，所以，删除这两个指标；同理删除"有用 6""满意 4"和"完整性 1"。在删除这五个题项后，该量表的 Cronbach α 系数在 0.899 ~ 0.950 之间，都远远超过了 0.70 的最低标准，每一个题项的 CITC 值也都远远超过了 0.50 的标准，而且再删除其中的某一项之后都会造成相应构念 α 系数的降低。说明上述概念的测量量表具有良好的内部一致性信度，应保留剩余所有题项。

表 3-5 测量量表的信度分析结果

构念	Item	CITC	Alpha if Item Deleted	Cronbach α
期望	期望 1	0.809	0.849	0.883
	期望 2	0.743	0.856	
	期望 3	0.837	0.846	
	期望 4	0.324	0.912	
	期望 5	0.508	0.888	
	期望 6	0.804	0.850	
	期望 7	0.792	0.852	
有用性	有用 1	0.790	0.917	0.929
	有用 2	0.849	0.909	
	有用 3	0.880	0.905	
	有用 4	0.813	0.914	
	有用 5	0.762	0.920	
	有用 6	0.687	0.932	
满意	满意 1	0.654	0.846	0.865
	满意 2	0.564	0.854	
	满意 3	0.673	0.846	
	满意 4	0.024	0.899	
	满意 5	0.731	0.834	
	满意 6	0.784	0.828	
	满意 7	0.764	0.830	
	满意 8	0.741	0.833	

续表

构念	Item	CITC	Alpha if Item Deleted	Cronbach α
	完整性 1	0.217	0.950	
	完整性 2	0.590	0.943	
	完整性 3	0.707	0.941	0.944
	完整性 4	0.671	0.941	
	完整性 5	0.750	0.940	
质量	准确性 1	0.799	0.939	
	准确性 2	0.672	0.941	
	准确性 3	0.799	0.938	
	准确性 4	0.781	0.939	
	真实性 1	0.824	0.938	
	真实性 2	0.691	0.941	0.944
	真实性 3	0.743	0.940	
	清晰性 1	0.789	0.939	
	清晰性 2	0.793	0.939	
	清晰性 3	0.665	0.941	
	清晰性 4	0.675	0.941	

表 3 − 6　　　　　　　　　　第一次探索性因子分析结果

题项	因子					
	1	2	3	4	5	6
满意 7	0.844	0.166	− 0.004	0.095	0.233	0.154
满意 6	0.841	0.167	− 0.180	0.221	0.102	0.148
满意 8	0.828	0.206	− 0.054	0.267	0.119	0.159
清晰性 1	0.690	0.454	0.051	0.242	0.106	0.223
满意 5	0.610	0.056	− 0.111	0.354	0.467	0.053
准确性 3	0.604	0.259	− 0.121	0.367	0.253	0.343
完整性 5	0.598	0.363	− 0.080	0.035	0.272	0.415
真实性 3	0.589	0.279	− 0.014	0.294	0.353	0.181
有用性 3	0.148	0.781	0.286	0.196	0.181	0.183
有用性 4	0.231	0.718	0.308	0.148	0.255	0.137

续表

题项	因子					
	1	2	3	4	5	6
有用性2	0.314	0.716	0.391	0.233	0.086	− 0.035
有用性1	0.309	0.695	0.408	0.120	0.228	− 0.006
有用性5	0.116	0.625	0.159	0.386	0.319	0.082
清晰性4	0.455	0.613	0.011	− 0.045	0.106	0.423
清晰性3	0.555	0.590	− 0.232	− 0.083	0.170	0.291
完整性4	0.152	0.524	− 0.254	0.447	0.037	0.415
期望6	− 0.099	0.075	0.910	− 0.017	− 0.016	0.076
期望3	− 0.066	0.154	0.906	0.083	− 0.147	− 0.064
期望2	− 0.072	0.059	0.893	0.002	− 0.132	− 0.024
期望7	− 0.089	0.117	0.890	− 0.103	− 0.041	− 0.074
期望1	0.010	0.149	0.880	− 0.027	− 0.014	0.083
完整性2	0.111	0.210	0.013	0.838	0.038	0.148
完整性3	0.422	0.157	− 0.037	0.769	0.040	0.151
清晰性2	0.409	0.249	0.013	0.655	0.213	0.252
真实性2	0.328	− 0.106	− 0.002	0.550	0.345	0.515
满意1	0.191	0.342	− 0.118	0.127	0.769	0.230
满意2	0.287	0.353	− 0.196	0.049	0.643	0.035
准确性2	0.256	0.164	0.058	0.302	0.009	0.780
准确性4	0.533	0.105	0.017	0.232	0.337	0.583
准确性1	0.477	0.372	0.046	0.195	0.193	0.572
真实性1	0.469	0.243	0.006	0.393	0.240	0.504

（2）效度分析。

效度是指题项能够真正衡量出所要测量构念的程度，它揭示了构念和它的测量题项之间的关系。本部分将主要检验测量量表的内容效度和结构效度。

①内容效度。在内容效度检验方面，本研究通过相关文献提供的方法来确保期望、满意等几个构念的内容效度。首先通过文献研读提炼出前人研究中用到过的题项，并通过访谈法收集其他的题项，然后将汇总测量题项通过与基金、证券方面的专家和高校学者进行讨论和沟通，检验这些题项能否真正测量相应概念。结果表明本研究对这些题项的测量量表具有较高的内容效度。

②结构效度。本研究采用探索性因子分析来检验结构效度。把测量期望、有用性、满意和质量构念 4 个维度的题项放在一起进行探索性因子分析，结果见表 3 - 6。

表 3 - 6 探索性因子分析的结果表明，共提取 6 个特征值大于 1 的因子。首先，处理存在交叉负荷的题项，即在其对应的因子上有较高的负荷，同时在其他因子上负荷高于 0.5，即删除"清晰性 3""真实性 2""准确性 4"三个题项。然后，结合问卷对每个因子及其题项进行分析，因子 1 中的"满意 6""满意 7""满意 8"三个题项和质量构念中的题项在语义上容易混淆，所以删除这三个题项，"满意 5"题项的问题在作答时不好界定，导致收集到的数据不能用，做删除处理；因子 3 比较集中的解释了有用性的构念，删除"清晰性 4""完整性 4"这两个构念。剩余题项暂且保留进行进一步的探索性分析，结果见表 3 - 7。

表 3 - 7　　　　　　　　　　第二次探索性因子分析结果

题项	因子			
	1	2	3	4
完整性 3	0.836	- 0.051	0.141	0.072
清晰性 2	0.798	- 0.030	0.255	0.221
完整性 2	0.763	0.020	0.143	- 0.044
真实性 1	0.737	0.010	0.177	0.396
准确性 2	0.715	0.043	0.134	0.120
准确性 3	0.687	- 0.202	0.340	0.346
清晰性 1	0.653	0.058	0.346	0.413
准确性 1	0.635	0.048	0.300	0.418
真实性 3	0.569	- 0.039	0.263	0.518
期望 1	0.062	0.912	0.120	0.040
期望 7	- 0.145	0.895	0.161	- 0.052
期望 3	0.030	0.892	0.220	- 0.183
期望 6	- 0.022	0.887	0.170	- 0.076
有用性 3	0.291	0.208	0.829	0.183
有用性 2	0.299	0.314	0.790	0.140
有用性 1	0.212	0.320	0.787	0.281

题项	因子			
	1	2	3	4
有用性4	0.278	0.252	0.733	0.316
有用性5	0.321	0.068	0.731	0.219
满意3	0.153	− 0.119	0.154	0.816
满意1	0.225	− 0.107	0.265	0.797
满意2	0.180	− 0.150	0.192	0.778
完整性5	0.525	− 0.050	0.221	0.586

从表3−7中可以看到题项"真实性3"和"完整性5"出现交叉负荷的现象，对其进行删除处理，对剩余题项进行进一步的探索性因子分析，结果见表3−8，所有题项都在其理论构念上，负荷均大于0.5，对剩余题项进行保留，最终得到21个题项。

表3−8 第三次探索性因子分析结果

题项	因子			
	1	2	3	4
完整性3	0.845	− 0.025	0.118	0.095
清晰性2	0.813	− 0.006	0.240	0.244
完整性2	0.804	0.094	0.024	0.094
真实性1	0.731	− 0.029	0.282	0.301
准确性2	0.690	− 0.023	0.276	− 0.016
准确性3	0.668	− 0.242	0.441	0.242
清晰性1	0.626	0.007	0.471	0.276
准确性1	0.601	− 0.029	0.470	0.243
期望3	0.025	0.900	0.200	− 0.169
期望7	− 0.148	0.897	0.154	− 0.049
期望2	− 0.017	0.895	0.102	− 0.136
期望6	− 0.024	0.883	0.176	− 0.080
有用性3	0.269	0.210	0.835	0.146
有用性1	0.188	0.314	0.810	0.227
有用性2	0.268	0.313	0.802	0.086

续表

题项	因子			
	1	2	3	4
有用性 4	0.255	0.248	0.757	0.259
有用性 5	0.318	0.094	0.694	0.239
满意 3	0.193	−0.112	0.172	0.856
满意 1	0.259	−0.106	0.295	0.814
满意 2	0.205	−0.153	0.230	0.778

3.4.3　正式调查问卷的生成

在本节中，首先讨论了模型中各变量测量题项的来源，然后结合相关专家学者的访谈结果，形成初始的测量题项。为了检验测量题项的信度和效度，进行了小样本预调研，通过对预调研数据的分析，删除了不合适的题项，加入有关答卷者年龄、性别、学历、行业等基本情况的问题，最终形成了用于正式调查的问卷。

3.4.4　数据收集

将正式问卷通过纸质版与电子版的形式进行发放，共收获有效问卷220份。其中，通过问卷星发放将链接推广到机构投资者的目标群体中，收获问卷111份；通过电子邮件形式发放问卷并推广，共回收问卷34份；前往各证券营业部发放纸质版问卷300份，回收117份；共回收问卷262份，删除数据缺失问卷、重复问卷、非目标群体问卷，剩余有效问卷220份。本章的数据处理采用 Amos 16.0、SPSS 20.0 和 Excel 2007 软件。

表 3 – 9　　　　　　　　　问卷填答者基本情况统计

（a）就职单位情况统计表

就职单位	证券公司	基金公司	保险公司	信托公司	其他
样本数	95	48	34	23	20
比例	0.432	0.218	0.155	0.105	0.090

（b）性别情况统计表

性别	男	女
样本数	154	66
比例	0.7	0.3

（c）年龄情况统计表

年龄	25 岁及以下	26~35 岁	36~45 岁	46 岁及以上
样本数	21	171	27	2
比例	0.095	0.777	0.123	0.009

（d）学历情况统计表

最高学历	专科及以下	本科	研究生	博士及以上
样本数	2	54	161	3
比例	0.009	0.245	0.732	0.014

（e）相关工作年限统计表

相关工作经验	5 年以内	6~10 年	11~20 年	21~30 年	30 年以上
样本数	127	63	28	2	0
比例	0.577	0.286	0.127	0.009	0

3.5

问卷的信度与效度检验

3.5.1 样本概况

本章对问卷答卷者的基本情况做了简单汇总，结果见表 3-9。其中，证券从业人员最多，占比达 43.2%；性别以男性为主；主要年龄段在 26~35 岁，占比 77.7%；学历以研究生为主，占比达 73.2%；从事相关工作的年限主要在 10 年以内。

本章对样本数据的均值和标准差进行描述性统计，见表 3-10。可以看到期望的各题项的得分均值普遍偏高，均值在 6.2 左右；其次是有用性的得分，均值在 5 左右；满意度与质量各题项的得分相差不多，均值均在 4.5 左右。

表 3 - 10　　　　　　　　样本均值和标准差的描述性统计

题项	均值	标准差	题项	均值	标准差
QW1	6.36	1.061	MY1	4.75	1.284
QW2	6.32	1.142	MY2	4.6	1.28
QW3	6.17	1.108	MY3	4.44	1.025
QW4	6.15	1.128	WZX	4.67	1.276
QW5	6.31	1.071	ZQX1	4.45	1.328
YYX1	5.1	1.388	ZQX2	4.53	1.422
YYX2	5.15	1.44	ZSX1	4.17	1.301
YYX3	5.04	1.332	QXX1	4.51	1.488
YYX4	4.96	1.378	QXX2	4.24	1.313

3.5.2　内部一致性信度分析

此处主要通过项目——总体相关系数（CITC）以及 Cronbach α 系数两个指标来进行内部一致性信度的检验。利用 SPSS 20.0 对各变量测量量表的这两个系数进行计算的结果见表 3 - 11。

首先，检验项目——总体相关系数，它是用来检验每一个题项与其所在构念相关性，以及这种相关性是否具有理论意义。从上表中可以看出每一个题项与其所在构念的项目——总体相关系数（CITC）在 0.748 ~ 0.886 之间，都大于相关文献要求的不小于 0.50 的最低标准，没有发现需要删除的题项。

其次，检验 Cronbach α 系数。从下表中可以看出各变量的 Cronbach α 系数在 0.875 ~ 0.947 之间，超过了 0.70 的标准。对于量表中的题项，删除某一项之后，相应量表的 α 系数都会降低，这说明应该保留所有的题项。

表 3 - 11　　　　　　　　测量量表的内部一致性信度分析

构念	题项	CITC	Alpha if Item Deleted	Cronbach α
QW（期望）	QW1	0.871	0.932	0.947
	QW2	0.848	0.936	
	QW3	0.886	0.929	
	QW4	0.809	0.943	
	QW5	0.864	0.933	

构念	题项	CITC	Alpha if Item Deleted	Cronbach α
YYX（有用性）	YYX1	0.832	0.905	0.927
	YYX2	0.842	0.902	
	YYX3	0.845	0.901	
	YYX4	0.805	0.914	
MY（满意）	MY1	0.792	0.795	0.875
	MY2	0.755	0.831	
	MY3	0.757	0.839	
ZL（质量）	ZQX1	0.812	0.919	0.933
	WZX	0.748	0.927	
	ZQX2	0.832	0.916	
	ZSX1	0.847	0.915	
	QXX1	0.764	0.926	
	QXX2	0.818	0.918	

3.5.3 探索性因子分析

针对某一变量的单维度检验，是将测量该变量的所有题项进行因子分析，具体分析结果如表3-12所示。结果表明，所有变量的KMO都超过了0.50的标准，适合进行因子分析，而且每一个变量的相应测量题项都只生成了一个因子，每个因子提取的信息量也很大，都超过了60%，证明了模型中的各变量当作单维度概念的做法是合理的。

表3-12　　　　　　　　　变量的单维度检验

构念	因子数目	解释百分比（%）	KMO
QW（期望）	1	82.662	0.903
YYX（有用性）	1	82.166	0.860
MY（满意）	1	80.643	0.740
ZL（质量）	1	75.141	0.887

表 3 − 13　　　　　　　　　变量区别效度的探索性因子分析

构念	题项	因子			
		1	2	3	4
QW（期望）	QW1		0.918		
	QW2		0.878		
	QW3		0.915		
	QW4		0.876		
	QW5		0.900		
YYX（有用性）	YYX1			0.763	
	YYX2			0.812	
	YYX3			0.827	
	YYX4			0.846	
MY（满意）	MY1				0.788
	MY2				0.793
	MY3				0.820
ZL（质量）	WZX	0.731			
	ZQX1	0.848			
	ZQX2	0.880			
	ZSX1	0.875			
	QXX1	0.737			
	QXX2	0.833			

针对区别效度的检验，本章将所有变量的 18 个题项一同纳入探索性因子分析中。我们在 SPSS 20.0 中运用主成分分析法，以特征值为 1 标准来截取数据，并采用方差最大化正交旋转（Varimax），不显示小于 0.4 的负荷系数。分析结果见表 3 − 13。结果表明，21 个题项的 KMO 值为 0.914，大于 0.50 的标准，说明数据适合作因子分析。在正交旋转后本研究共提出 4 个特征值大于 1 的因子，累计解释方差变动为 77.589%。提取的 4 个因子与理论模型中的 4 个变量完全吻合，而且所有题项都符合到相应的因子上，题项在单一因子上的负荷系数在 0.700 ~ 0.915 之间，均大于最低标准 0.50。同时，每个题项在不相关因子上的负荷系数都较低。表中突出显示了大于 0.50 的负荷系数，没有出现跨因子负荷的现象，这表示各变量具有较好的区别效度，应该保留所有的 18 个题项。

表 3 - 14　　　　　　　　测量量表收敛效度的分析结果

构念	题项	标准化	非标准化	标准化误差项	T 值	P	组成信度	平均方差提取量
QW（期望）	QW5	0.894	1				0.9478	0.7843
	QW4	0.835	0.985	0.057	17.236	***		
	QW3	0.914	1.058	0.05	21.094	***		
	QW2	0.884	1.055	0.054	19.488	***		
	QW1	0.899	0.998	0.049	20.304	***		
YYX（有用性）	YYX4	0.835	1				0.9276	0.7622
	YYX3	0.882	1.022	0.062	16.527	***		
	YYX2	0.887	1.110	0.067	16.675	***		
	YYX1	0.887	1.070	0.064	16.669	***		
MY（满意）	MY3	0.815	1				0.8789	0.7078
	MY2	0.819	1.246	0.091	13.699	***		
	MY1	0.888	1.364	0.092	14.819	***		
ZL（质量）	ZQX2	0.867	1				0.9369	0.7126
	ZQX1	0.876	0.943	0.053	17.719	***		
	WZX	0.814	0.842	0.055	15.400	***		
	ZSX1	0.865	0.912	0.052	17.599	***		
	QXX1	0.799	0.964	0.063	15.206	***		
	QXX2	0.841	0.893	0.053	16.885	***		

注：P 值中 *** 表示在 1% 显著性水平下显著。

3.5.4　验证性因子分析

验证性因子分析评价各测量量表的收敛效度，主要考察标准有两个：指标的标准负荷和平均方差提取量（AVE 值）。表 3 - 14 列出了各测量指标在相应变量上的标准化负荷系数，以及各变量的平均方差提取量。结果表明，合并后的测量指标在相应潜变量上的标准化因子负荷指数在 0.799 ~ 0.914 之间，都超过了 0.70 的最低要求，而且在 P < 0.001 的条件下都具有较强的统计显著性；而各个潜变量的平均方差提取量（AVE）在 0.7078 ~ 0.7843 之间，也超过了 0.50 的标准。

综上所述，研究模型中的 4 个构念的测量量表都具有较高的收敛效度。另外，通过表 3 – 14 中的组成信度一列可以看出，各概念的组成信度在 0.8789 ~ 0.9478 之间，都远远超过了 0.70 的可接受水平，这再次证明了测量题项的各个构念具有较高的内部一致性信度。

接下来，再利用确认性因子分析来进一步评价变量间的区别效度，即考察某一特定构念（潜在变量）与其他构念之间的差异程度。具体来说，区别效度可以考察每个构念的 AVE 值，如果 AVE 值大于构念之间相关系数的平方，或者 AVE 值的平方根大于构念之间的相关系数，那么就说明概念间存在较好的区别效度，分析结果见表 3 – 15。结果表明，所有潜变量的 AVE 的平方根，都大于它与其他潜变量之间的相关系数的绝对值，这再次说明了这些概念之间具有较好的区别效度。

表 3 – 15　　　　　　　　变量间区别效度的分析结果

潜变量	QW（期望）	YYX（有用性）	MY（满意）	ZL（质量）
QW（期望）	0.8856			
YYX（有用性）	0.332***	0.873		
MY（满意）	0.163**	0.614***	0.8413	
ZL（质量）	0.033	0.587***	0.593***	0.8441

注：对角线上的数据为各变量 AVE 值的平方根，其他数据为各变量之间的相关系数。

3.6　模型分析与假设检验

3.6.1　相关分析

在利用结构方程对模型进行检验之前，需要对研究假设进行初步检验，即按照研究假设先对各个变量进行相关分析。一般来说，要求假设中的两个变量具有较高的相关性，并且相关系数应具有统计意义。表 3 – 16 给出了假设中各变量之间的相关系数和显著性指标。结果表明，研究假设中各变量都显著相关，除了假设 3 – 1 – 2 都符合研究假设中设定的正负方向，因此除了假设 3 - 1 - 2 都得到了初步的验证。但是，相关分析只能检验两个变量间的相关性，即使两变量间具有显著的相关关系，并不一定在同时检验多个变量间关系时仍然显著，因此需要利用结构方程模型对研究假设做进一步的验证。

表 3 - 16　　　　　　　　　　　基于相关分析的假设检验

研究假设	相关变量			相关系数	标准误	T 值	P
假设 3 - 1 - 2	QW	↔	YYX	0. 332	0. 085	4. 294	0. 000
假设 3 - 3	YYX	↔	MY	0. 614	0. 09	6. 568	0. 000
假设 3 - 2 - 2	MY	↔	ZL	0. 593	0. 093	6. 544	0. 000
假设 3 - 1 - 1	QW	↔	MY	- 0. 163	0. 06	- 2. 177	0. 029
	QW	↔	ZL	- 0. 033	0. 083	- 0. 462	0. 644
假设 3 - 2 - 1	YYX	↔	ZL	0. 587	0. 125	6. 64	0. 000

3.6.2　结构方程模型分析

结构方程模型是基于变量的协方差矩阵来分析变量之间关系的一种统计方法。使用该方法需要把理论模型转化为结构方程模型的表达形式，如上述图 3 - 6 所示。从图 3 - 6 中可以看出，本研究的理论模型包括 4 个变量：期望、有用性、满意、质量，其中期望和质量为外生潜变量，有用性和满意度为模型的内生潜变量，并且有用性是中介变量。

（1）结构方程模型评价。本章参照理论模型的假设关系运用 AMOS16. 0 对数据进行分析，分析结果如图 3 - 7 所示。

结构方程模型的分析结果表明，理论模型的自由度为 128，卡方值和自由度的比值为 1. 673，符合小于 2 的标准；良好拟合指数（GFI）的值为 0. 909，且 NFI 拟合指数和 CFI 拟合指数分别为 0. 941、0. 975，均大于本次研究设定的 0. 90 的标准；近似误差均方根（RMSEA）的值为 0. 055，残差均方根（RMR）的值为 0. 079，小于本次研究设定的边界值 0. 08。因此从整体上看，本次研究假设的理论模型与数据拟合情况较好，理论模型可以接受。

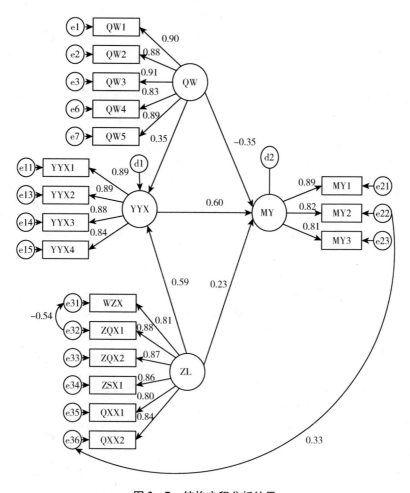

图 3 - 7　结构方程分析结果

（2）研究假设检验。本研究在前面理论模型分析结构基础上，根据路径显著性对研究假设进行了汇总小结。表 3 - 17 列出了研究假设、对应的关系表达、标准化路径系数、T 值以及假设检验结果。实证数据显示，本研究理论模型中的假设除了假设 3 - 1 - 2 均得到了支持。

表 3 - 17 研究假设检验结果

假设	关系表达			标准化路径系数	标准误	T 值	P	假设检验结果
假设 3 - 1 - 2	YYX	←	QW	0. 349	0. 072	5. 95	0. 000	不支持
假设 3 - 2 - 1	YYX	←	ZL	0. 595	0. 066	9. 274	0. 000	支持
假设 3 - 1 - 1	MY	←	QW	- 0. 354	0. 058	- 5. 444	0. 000	支持
假设 3 - 3	MY	←	YYX	0. 601	0. 063	6. 842	0. 000	支持
假设 3 - 2 - 2	MY	←	ZL	0. 233	0. 055	3. 151	0. 002	支持

表 3 - 18 各变量对满意度的影响效应

变量	直接效应	间接效应	总效应	验证假设
YYX	0. 601	—	0. 601	假设 3
QW	- 0. 354	0. 210	- 0. 144	假设 1a
ZL	0. 233	0. 358	0. 591	假设 2a 和假设 2b

对于假设 3 - 1 - 1，机构投资者对自愿性信息披露的期望与其对自愿性信息披露的满意度的路径系数为 - 0.354，在 1% 的水平下显著，这是其直接效应；机构投资者对自愿性信息披露的期望通过信息有用性对满意度产生的间接效应为 0.349 × 0.601 = 0.210；期望对满意度影响的总效应为 - 0.354 + 0.210 = - 0.144。即机构投资者对自愿性信息披露的期望与满意度负相关，假设 3 - 1 - 1 得到验证。这表明机构投资者对自愿性信息披露的期望越高，其阅读年报后，对其中自愿性信息披露情况的满意度越低。

对于假设 3 - 1 - 2，机构投资者对自愿性信息披露的期望与其对自愿性信息披露的有用性评价的路径系数为 0.349，在 1% 的水平下显著，假设 3 - 1 - 2 未得到验证。路径系数和显著性水平表明机构投资者对自愿性信息的期望越高，会越重视该自愿性信息，该信息对投资而言，其有用性越高。之所以未得到验证，我们推测可能是因为：机构投资者阅读公司自愿披露的信息进行投资决策之前，也会更偏好公司的某些信息，赋予这些信息更高的有用性，即认为这些信息具有更高的价值。机构投资者赋予自愿披露信息的期望价值越高，机构投资者实际阅读该信息时，如果上市公司进行了较高质量的披露，机构投资者感知到的该信息的有用性越高。相反，机构投资者赋予自愿披露信息的期望价值越低，无论上市公司是否披露该信息或披露质量是否高，机构投资者都不会将该信息纳入决策依据之中。

对于假设 3 - 2 - 1，机构投资者感知到的自愿性信息披露的质量与其对自愿性信息披露的有用性的路径系数为 0.595，在 1% 的水平下显著，假设 3 - 2 - 1 得到验证。即机构投资者认为自愿性信息披露的质量比较高时，机构投资者会更倾向于利用这些信息支撑起投资决策。从这个角度来说，上市公司应该挖掘机构投资者对自愿性信息的需求，从其需求出发来提高自愿性信息披露的质量，进而会为自身争取到更多机构投资者的资金支持或忠诚度。

对于假设 3 - 2 - 2，机构投资者感知到的自愿性信息披露的质量与其对自愿性信息披露的满意度的路径系数为 0.233，在 1% 的水平下显著，这是其直接效应；机构投资者感知到的自愿性信息披露的质量通过信息有用性对满意度产生的间接效应为 $0.595 \times 0.601 = 0.358$；期望对满意度影响的总效应为 $0.233 + 0.358 = 0.591$。即机构投资者感知到的自愿性信息披露的质量与满意度正相关，假设 3 - 2 - 2 得到验证。这说明机构投资者接触到自愿披露的信息时，对其满意度的评价经过两个阶段，一方面是对其质量的判断，另一方面是判断该信息是否能帮助到自己作出决策。基于此，上市公司更应该披露实质性信息和差异化信息，在保证质量的同时更好的帮助机构投资者了解公司，这样，机构投资者才能对公司有较高的评价。

对于假设 3 - 3，机构投资者认为的自愿披露信息的有用性对满意度的路径系数为 0.601，在 1% 的水平下显著，假设 3 - 3 得到验证。机构投资者认为自愿披露的信息有用时，满意度也会随其提高，分析其原因要从质量和期望两个方面入手，从以上假设的显著性推断有用性极有可能是一个中介变量，下面对其中介效应进行检验并作进一步分析。

3.6.3 中介效应检验

在 3.5.2 节自愿性信息披露满意度的结构方程模型中，我们推断有用性在该模型中既是自变量也是中介变量，同时，结构方程模型的分析结果表明有用性极有可能是中介变量，下面将进行有用性作为中介变量的严格检验。

中介效应检验需要三步：①自变量与因变量显著相关；②自变量与中介变量显著相关；③利用自变量和中介变量建立回归模型，共同预测因变量：如果中介变量对因变量的作用显著，而自变量的作用不显著，则该中介变量完全中介自变量对因变量的作用；如果自变量和中介变量都显著影响因变量，则该中介变量部分中介自变量对因变量的作用。有用性的中介效应检验结果见表 3 - 19，结果显示，有用性部分中介了质量和期望对满意度的影响。

表 3 - 19   中介作用检验结果

IV	M	DV	标准回归系数				结果	ab	ab/c	ab/c′
			IV→DV (c)	IV→M (a)	IV + M→DV					
					IV (c′)	M (b)				
ZL	YYX	MY	0.609 ***	0.568 ***	0.386 ***	0.389 ***	部分中介	0.221	36.28%	57.24%
QW	YYX	MY	- 0.173 **	0.331 ***	- 0.418 ***	0.747 ***	部分中介	0.247	- 142.92%	- 59.15%

注：IV 为自变量，M 为中介变量，DV 为因变量；** 表示 $p < 0.05$，*** 表示 $p < 0.01$；ab 表示中介效应量，ab/c 表示中介效应占总效应的比值，ab/c′表示中介效应占直接效应的比值。

从表 3 - 19 看到，所有系数都显著，中介效应的效果量可用 ab/c 或 ab/c′ 衡量。

有用性对质量与满意度的中介效应检验中，中介效应为 0.221，占总效应的比值为 36.28%。即质量对满意度的影响中有 36.28% 是质量通过有用性来间接影响满意度的，余下的 63.72% 是质量自身直接影响满意度的。这不仅证实了自愿性信息披露质量与自愿性披露有用性有质的区别，而且用实验结果阐明了二者在机构投资者满意度产生过程中的影响程度。机构投资者在对自愿性信息披露质量重视的同时对披露信息是否能帮助其作出投资决策也很重视。

有用性对期望与满意度的中介效应检验中，有用性起到了反向的间接影响，中介效应为正的 0.247，占总效应的比值为 - 142.92%，占直接效应的比值为 - 59.15%。即有用性的介入减弱了期望对满意度的负影响，期望对满意度的直接效应是 - 0.418，期望通过有用性对满意度的间接影响是 0.247，加总得到期望对满意度的总效应是 - 0.173。即机构投资者对自愿性信息披露过高的期望降低了机构投资者的满意度，而机构投资者在阅读自愿披露的信息后，信息的有用性在帮助机构投资者作出决策等其他方面弥补了机构投资者未满足的心理预期，削弱了机构投资者预期对满意度的负向影响。

3. 7

研究结论与相关建议

3.7.1　本章小结

本章根据中国证监会正式发布的《公开发行证券的公司信息披露内容与格式准则第 2 号——年度报告的内容与格式（2012 年修订）》界定了自愿性信息披露的范围，将问卷发放到本研究的目标群体中，利用回收的数据对量表进行再次的信度与效度检验，量表呈现出很好的信度、区分效度与聚合效度，说明量表是可用的并且可以进行后续的分析研究。在结构方程模型的实证分析中，结构方程模型的各项拟合指标均达标，表明模型拟合程度很好，根据结构方程模型中的相关系数，本章得到如下结论：

结论一：机构投资者对自愿性信息披露的期望与其满意度负相关。这表明机构投资者对自愿性信息披露的期望越高，其阅读年报后，对其中自愿性信息披露情况的满意度越低。

结论二：自愿性信息披露的质量与机构投资者满意度正相关。即自愿性信息披露质量越好，机构投资者满意度越高。

结论三：自愿性信息披露的有用性与机构投资者满意度正相关。即自愿性信息在机构投资者决策过程中的有用性越高，机构投资者满意度越高。

结论四：有用性在质量对满意度影响的过程中起部分中介效应，中介效应为正向显著；即自愿性信息披露质量对满意度的影响表现为直接影响和通过有用性产生的间接影响的和。

结论五：有用性在期望对满意度影响的过程中起部分中介效应，中介效应为反向显著；即自愿性信息披露期望对满意度的影响表现为直接影响与通过有用性产生的间接影响的差。

3.7.2　相关建议

根据本章的相关理论与研究结论，机构投资者作为上市公司自愿披露信息的消费者，其满意度同样能够带来忠诚度，上市公司出于提高其公司价值、降低资金成本等考虑也应争取到更多机构投资者的忠诚支持，所以本章从机构投资者的立场出发，提出如下建议来提高上市公司自愿性信息披露的质量：

（1）根据结论一，机构投资者的需求和期望与其满意度负相关，所以上市公司的信息披露者高度重视机构投资者的需求与期望。机构投资者作为年报阅读与会计信息使用的主体，上市公司应重视并加强与机构投资者的沟通交流，挖掘机构投资者的信息需求与信息披露期望。在信息披露实践中，不能以满足监管机构的信息披露要求来简单要求自己，而应加强从披露内容和披露详尽程度方面满足投资者对自愿性信息的心理预期，借此来提升投资者的自愿性信息披露满意度，做到令信息使用者满意。

（2）根据结论二，自愿性信息披露的质量与机构投资者满意正相关，上市公司的信息披露者应做好高质量的自愿性信息披露工作。虽然自愿性信息披露的自主性掌握在上市公司手里，但是机构投资者们越来越重视信息的完整性、准确性、真实性、清晰性等信息质量要求。所以上市公司应按照会计信息质量要求严格要求自己，尽最大可能做到自愿性信息披露满足以上要求，让投资者对上市公司自愿披露的信息质量在信得过的基础上产生对投资者而言的可利用价值，进而提升投资者的满意度。

（3）根据结论三～五，自愿性信息披露有用性不仅与机构投资者满意度正相关，而且自愿性信息披露有用性在质量和期望对满意度的影响过程中起到显著的中介效应，能够提高机构投资者满意度，所以，上市公司的信息披露者应重视其披露信息的有用性。上市公司应利用各种渠道挖掘机构投资者在做投资决策过程中能够用到的信息，并在这类信息披露的过程中加大披露力度，做到差异化的、有选择的披露，利用信息有用性来弥补信息披露质量的不足与扭转由于不能满足机构投资者信息期望所带来的满意度落差，这不仅能提升投资者自愿性信息的满意度还能争取到投资者的资金支持。

第4章

自愿性信息披露评价指标体系的构建

4.1
引　言

　　2012 年 9 月 21 日，中国证监会正式发布《公开发行证券的公司信息披露内容与格式准则第 2 号——年度报告的内容与格式（2012 年修订）》（以下简称《年报准则》），自 2013 年 1 月 1 日起施行。2012 年修订的《年报准则》把部分自愿性披露项目变成了强制性披露项目，如 2007 年修订的《年报准则》中规定："公司可以根据实际情况对公司设备利用情况、订单的获取情况、产品的销售或积压情况、主要技术人员变动情况等与公司经营相关的重要信息进行讨论与分析。"[①] 而 2012 年修订的《年报准则》中规定："公司应当说明驱动业务收入变化的产销量、订单或劳务的结算比例等因素。"[②] "公司应当披露报告期内核心技术团队或关键技术人员（非董事、监事、高级管理人员）等对公司核心竞争力有重大影响的人员的变动情况，并说明变动对公司经营的影响及公司采取的应对措施。"[③] 这其中，订单变动情况和主要技术人员变动情况这两项指标就从自愿披露项目变成了强制披露项目。此外，2012 年修订的《年报准则》还增加了一部分自愿披露项目，如"鼓励公司主动披露积极履行

---

　　① 《公开发行证券的公司信息披露内容与格式准则第 2 号〈年度报告的内容与格式〉》（2007 年修订）中第八节　董事会报告，第三十三条。

　　② 《公开发行证券的公司信息披露内容与格式准则第 2 号〈年度报告的内容与格式〉》（2012 年修订）中第四节　董事会报告，第二十一条。

　　③ 《公开发行证券的公司信息披露内容与格式准则第 2 号〈年度报告的内容与格式〉》（2012 年修订）中第七节　董事、监事、高级管理人员和员工情况，第四十二条。

社会责任的工作情况，包括公司在保护债权人、职工、消费者、供应商、社区等利益相关者合法权益方面所承担的社会责任；公司在防治污染，加强生态保护，维护社会安全，实现可持续发展等方面所采取的措施。"[1]

2012 年《年报准则》的修订让我们不得不重新界定自愿性信息披露的范围、重新确立自愿性信息披露指标的选取原则、重新构建自愿性信息披露指标体系。

4.2

自愿性信息披露评价体系综述

上市公司信息披露是指上市公司将直接或间接地影响到投资者决策的重要信息以公开报告的形式提供给投资者。以公开报告的形式披露意味着所有投资者只要存在获取信息的意愿就能在相同的时间获得相同的信息。

傅祖林（2008）认为公司自愿披露的信息包括两个方面：一是对强制披露信息的细化和深化，以提高强制披露信息的可信度和完整性。二是对强制披露信息的补充和扩展，以突出公司的"核心能力和竞争优势"为目标全方位、系统化披露信息，展示公司未来的盈利能力和成长潜力。

美国财务会计准则委员会（FASB）[2] 在 2001 年发表的《改进企业报告：提高自愿性信息披露》中将自愿性信息披露定义为上市公司主动披露的、未被公认会计准则和证券监管部门明确要求的、基本的财务信息之外的信息。在我国，中国证监会和国家经贸委 2002 年 1 月 9 日发布的《上市公司治理准则》中规定："上市公司除按照强制性规定披露信息外，应主动、及时地披露所有可能对股东和其他利益相关者决策产生实质性影响的信息，并保证所有股东有平等的机会获得信息"[3]。深圳证券交易所研究员何卫东（2003）在 2003 年 4

---

① 《公开发行证券的公司信息披露内容与格式准则第 2 号〈年度报告的内容与格式〉》（2012 年修订）中第四节　董事会报告，第二十五条。

② 美国财务会计准则委员会（Financial Accounting Standards Board，FASB）是美国目前制定财务会计准则的权威机构。FASB 主要发表了以下几种文件：（1）"财务会计准则公告"（Statements of Financial Accounting Standards）。（2）"财务会计准则委员会解释"（FASB Interpretations）。（3）"财务会计准则委员会技术公报"（FASB Technical Bulletins）。（4）"财务会计概念公告"（Statements of Financial Accounting Concepts）。

③ 中国证监会和国家经贸委 2002 年发布的《上市公司治理准则》，第七章　信息披露与透明度，第八十八条。

月推出的《上市公司自愿性信息披露研究报告》中首次正式提出自愿性信息披露，该报告认为，自愿性信息披露是除强制性披露的信息之外，上市公司基于公司形象、投资者关系、回避诉讼风险等动机主动披露的信息。

综合各国的法律法规及实践应用，我们关于自愿性信息披露项目的确定按照以下步骤进行：首先，根据考察上市公司的年报，列出样本上市公司所披露的全部指标；其次，对机构投资者发放调查问卷，确定出投资者比较关注的指标，扩充指标范围；最后，根据证监会 2012 年修订的《年报准则》，从全部指标中扣除属于年报强制性披露的项目，即文件有关条款中注明"应当"的内容，上述文件有关条款中注明"鼓励""可以""也可以""着重关注""不限于"和"但不限于"的内容应属于自愿性信息披露项目。

在评价自愿性信息披露水平时，国外通常采用两种衡量方法：一是采用权威研究机构的评级；二是学者自行构建自愿性信息披露指数（VDI）[①]。我国还没有权威研究机构对各公司的自愿性信息披露水平进行评级，故国内学者普遍自行建立披露指数研究相关问题。本章通过对大量文献研读，总结出学者及研究机构评价自愿性信息披露质量指标的确定依据及指标体系，代表性观点见表 4 - 1。

表 4 - 1　　　　　　学者以及研究机构自愿性信息披露质量
评价指标体系及确定依据比较

分类	学者以及权威机构	指标个数	确定依据	研究范围
国外研究人员	Meek，Robert and Gray（1995）	3[12(85)]	学者文献、个人判断、AICPA 和普华永道的规定以及欧共体的需求	年报
	Hossain（1995）	95	学者文献、个人判断以及证券分析师建议	年报
	Botosan（1997）	5 [35]	个人判断、美国注册会计师协会和加拿大特许会计师学会的建议以及投资者信息需求调查	年报
研究机构	美国投资管理研究协会（AIMR 评级机构）（1995）	—	财务分析师的判断	年报、季报和其他信息
	标准 - 普尔（T&D）指数	98	学者、相关研究人员研究确定	年报

[①] 自愿性信息披露指数（Voluntary Disclosure Index，VDI）。

续表

分类	学者以及权威机构	指标个数	确定依据	研究范围
研究机构	我国台湾"资讯揭露评鉴系统"（第七届）	109	学者文献、市场实际需求和相关法规	公开咨询观测站的资讯
	深圳证券交易所	36	机构组织人员研究确定	深市上市公司年报
中国研究人员	范德玲，刘春林，殷枫（2004）	28	学者文献、个人判断、年报内容以及《公开发行证券的公司信息披露内容与格式准则第 2 号〈年度报告的内容与格式〉（2002 年修订）》	年报
	王慧芳，原改省（2006）	3	学者文献、《公开发行证券的公司信息披露内容与格式准则第 2 号〈年度报告的内容与格式〉（2003 年修订）》	年报
	程新生，徐婷婷等（2008）	35 [82]	学者文献、《公开发行证券的公司信息披露内容与格式准则第 2 号（2004 年修订）》《企业会计准则》	年报
	龙立（2008）	6 [36]	学者文献、《公开发行证券的公司信息披露内容与格式准则第 2 号（2005 年修订）》和相关法规	年报
	齐萱（2009）	8 [32]	学者文献、《公开发行证券的公司信息披露内容与格式准则第 2 号（2007 年修订)》	年报
	王晓玲（2013）	5[22(18)]	学者文献、《公开发行证券的公司信息披露内容与格式准则第 2 号〈年度报告的内容与格式〉（2011 年修订）（征求意见稿）》	年报

注："指标个数"一列中 [ ] 外数字为一级指标个数，[ ] 内 ( ) 外数字为二级指标个数，( ) 内数字为三级指标个数。

表 4-1 中的信息可以总结为三类：①国外研究人员，研究范围主要是年报，确定原则主要是学者文献、个人判断、投资者需求以及相关国家政策规定；②研究机构，研究范围拓展到年报以外的季报和权威官网信息，确定原则主要是相关专家和分析师的个人判断；③中国研究人员，研究范围同样局限在年报，确定原则主要是学者文献和《公开发行证券的公司信息披露内容与格式准则第 2 号〈年度报告的内容与格式〉》，其中学者文献基本是 Botosan

（1997）和 Meek 等（1995）① 的文献，之所以中国学者都以《年报准则》为确定原则是因为，中国的自愿性信息披露研究起步较晚，相应的指引文件、监管制度等政策规章还不完善，较为详细的具有可操作性的文件且被各上市公司贯彻执行的当属《年报准则》。

通过文献研读，可以发现国内外学者以及研究机构的评价指标体系及确定原则都存在较大的差异性，即使确定原则一致也会因为主观因素导致差异性的存在；此外，作为自愿性指标体系确定原则的政府规章即《年报准则》在 2012 年进行了修订，原有指标体系中的一部分自愿性披露指标变成强制性披露指标，且原有指标体系不能涵盖 2012 年修订的《年报准则》中包含的所有自愿性披露指标。基于这种情况，有必要重新构建自愿性信息披露指标体系。

4. 3
自愿性信息披露评价指标体系的编制

基于上述文献研读，本章在借鉴前人研究成果的基础上，通过构建自愿性信息披露指数来评价上市公司的自愿性信息披露水平。而构建自愿性信息披露指数之前需要谨慎选取自愿性信息披露指标来构建一个好的自愿性信息披露指标体系。在选择自愿性信息披露指标时，本章遵循如下三条原则。

（1）相关性原则，所选择的自愿性信息披露指标应对信息的使用者（股东、债权人、投资者等）具有价值，可以为他们进行决策提供依据，比如说公司的盈利能力指标对投资者具有重要价值、公司的负债水平指标债权人就比较关心。

（2）重要性原则，所选择的自愿性信息披露指标应当是信息使用者关心的、重要的指标，比如说公司的风险管理机制、自主创新情况等指标都是信息使用者比较关心的指标；像雇员的性别、年龄等指标对信息使用者则不是很

---

① Botosan C A. Disclosure level and the cost of equity capital [J]. Accounting review, 1997: 323 – 349.

Meek G K, Roberts C B, Gray S J. Factors influencing voluntary annual report disclosures by US, UK and continental European multinational corporations [J]. Journal of international business studies, 1995, 26 (3): 555 – 572.

重要。

（3）适用性原则，所选择的自愿性信息披露指标应该适用于大部分上市公司（比如说员工培养、税收缴纳，就是每个公司都要面临的问题），有些指标只适用于部分公司，则不适合作为衡量指标（比如说外汇长期负债项目，有的公司长期负债项目就没有外币负债）。

在甄选自愿性信息披露指标体系的具体指标时，鉴于 Meek 等（1995）建立的指标体系中的指标数目较多、指标名称与《年报准则》中的条款内容出入较大、很多指标在中国上市公司的年报中未被披露，而 Botosan（1997）建立的指标体系中的指标与《年报准则》中所列示的条款比较接近，相对来说更适合中国国情，所以本章主要借鉴 Botosan（1997）的研究，结合 2012 年修订的《年报准则》，借鉴权威机构的指标选取依据，对机构投资者和资深分析师做调查，吸收选取对投资者决策产生较大影响的指标，形成完整的自愿性披露指标体系。具体选择过程如下：

（1）借鉴 Botosan（1997）自愿性信息披露体系的内容，列出了上市公司可能披露的全部自愿性信息披露指标，从这些指标中剔除证监会 2012 年修订的《年报准则》中已作为强制性信息披露的指标，得到公司愿景、实现公司愿景的保障、产销量预测信息、市场占有率预测信息、营业收入预测信息、营业成本预测信息、三项费用预测信息、利润预测信息、成本要素价格变动分析信息 9 个指标。

（2）在 2012 年修订的《年报准则》中，出现带"鼓励"字样的信息，可以视为自愿性信息。例如，根据"鼓励公司披露对业绩敏感度较高的关键业绩指标，分析指标的假定条件、计算方法、选取依据，以及变化原因和趋势"[1]，我们相应增加盈利能力指标分析、负债水平指标分析这 2 个指标；根据"鼓励公司分别披露前 5 名客户名称和销售额，鼓励公司分别披露前 5 名供应商名称和采购额"[2]，我们相应增加前五名客户名称和销售额、前五名供应商名称和采购额这 2 个指标；根据，"鼓励公司主动披露积极履行社会责任的工作情况，包括公司在保护债权人、职工、消费者、供应商、社区等利益相关者

---

[1] 《公开发行证券的公司信息披露内容与格式准则第 2 号〈年度报告的内容与格式〉》（2012 年修订）中第四节　董事会报告，第二十条。

[2] 《公开发行证券的公司信息披露内容与格式准则第 2 号〈年度报告的内容与格式〉》（2012 年修订）中第四节　董事会报告，第二十一条。

合法权益方面所承担的社会责任；公司在防治污染，加强生态保护，维护社会安全，实现可持续发展等方面所采取的措施"①，我们相应增加员工培养、员工福利及劳保政策、投资者沟通交流情况、产品和服务质量、环保措施、税收缴纳、社会公益活动这 7 个指标。

（3）由于中国自愿性信息披露发展较晚，相应的规章制度不完善，2012 年修订的《年报准则》中提及的自愿性信息条目很少，未提及的而上市公司主动披露的指标也属于自愿性信息披露的范围，因此，我们在大量阅读上市公司年报后，总结出若干项指标。同时，在考虑过这些指标的决策有用性之后，基于制造业的特殊性，增加安全生产事故预测信息、自主创新情况分析信息这 2 个指标。

（4）借鉴权威机构的指标选取原则，本章也采取了对机构投资者和资深分析师的问卷调查的方法，从问卷调查中发现投资者普遍关注的上市公司自愿性信息还有公司经营理念、公司组织结构、内部控制体系建设、公司品牌形象、市场营销策略、国家政策对行业的影响分析信息，故增加这 6 个指标。

以上就是 28 个指标的选择流程，可以划分为公司背景信息（7 个）、社会责任信息（7 个）、预测性信息（7 个）、管理层讨论与分析（7 个）四大类一级指标，具体指标体系见表 4 - 2。

表 4 - 2　　　　　　　　　自愿性信息披露指标体系

一级指标	二级指标
公司背景信息	公司经营理念*
	公司愿景*
	实现公司愿景的保障*
	公司组织结构*
	风险管理机制建设*
	公司品牌形象*
	市场营销策略*

---

① 《公开发行证券的公司信息披露内容与格式准则第 2 号〈年度报告的内容与格式〉》（2012 年修订）中第四节　董事会报告，第二十五条。

续表

一级指标	二级指标
社会责任信息	员工培养 *
	员工福利及劳保政策 *
	投资者沟通交流情况 *
	产品和服务质量 *
	环保措施 *
	税收缴纳 **
	社会公益活动 **
预测性信息	产销量预测 **
	市场占有率预测 **
	营业收入预测 **
	营业成本预测 **
	三项费用预测 **
	利润预测 **
	安全生产事故预测 **
管理层讨论与分析	盈利能力指标分析 **
	负债水平指标分析 **
	成本要素价格变动分析 **
	国家政策对行业的影响分析 *
	前五名客户名称和销售额 **
	前五名供应商名称和采购额 **
	自主创新情况分析 *

注：* 表描述性项目，** 表分析性项目。

　　本章所构建的上市公司自愿性信息披露指标体系相对于其他学者的研究而言，在指标体系的设置上具有一定的创新性。本章所构建的指标体系切合证监会 2012 年修订的《年报准则》的基本要求，在原有年报披露内容的基础上，对上市公司非财务信息中较为关注的社会责任信息、公司治理信息和重要事项信息加以细化，有利于投资者便捷地获取所需的有利于决策的相关信息，充实了现有的研究指标体系，有助于推动自愿性信息披露研究的进程。

4.4

本章小结

　　本章以 Botosan（1997）的研究思路为基础，参照了证监会最新发布的《年报准则》重新确定了自愿性信息披露的范围和评价指标体系，最终形成了包含公司背景信息、社会责任信息、预测性信息和管理层讨论与分析四类一级指标共 28 个二级指标的自愿性信息披露指标体系。

　　在进一步的研究中，我们将会赋予自愿性信息披露指标体系中每项指标详尽可识别的内容；采用文献调研方法分析前人在评价自愿性信息披露质量的过程中的打分方法，制定打分原则，对样本公司的自愿披露情况打分；通过问卷调查等方法综合确定每项自愿性披露指标的赋分权重来构建自愿性信息披露指数。进而，运用构建的自愿性信息披露指数来研究自愿性信息披露的影响因素、质量、有用性等投资者、企业和政府都比较关心的问题，为投资者辨识上市公司自愿信息披露质量的优劣，为企业的自愿性信息披露实践提供方向指引，优化企业进行自愿信息披露的成本效益，为政府监管部门在信息披露监管方面提供经调查论证的切实可行的意见。

第 5 章

自愿性信息披露的综合评价方法研究

5.1

引　言

　　自愿性信息披露被各方利益相关者（上市公司管理层、投资者、政府、监管机构等）日益重视，传统的强制性信息披露已不能满足他们对信息的需求。自愿性信息披露的作用也逐渐显现，披露质量越高，对投资者进行投资决策与资本市场的运行来说越能增强上市公司的信息透明度。

　　随着对各种数学方法的不断深入研究，世界各国的专家学者对自愿性信息披露质量的综合评价方法进行了深入的探索，建立了不少自愿性信息披露指标体系，也提出了不少综合评价方法。但是，由于评价因子和自愿性信息披露质量等级间的非线性关系，至今业内还没有制定出统一的评分方法和标准，缺乏统一的规范。使用的不同评价方法，对同一上市公司的评价结果也可能会产生很大差异，这样会对监管、管理和决策产生很大的影响。

　　自愿性信息披露质量综合评价方法研究是现代信息披露基础理论研究的重要课题。通过对相关文献的梳理，发现我国的自愿性信息披露质量评价工作开展较晚，对自愿性信息披露综合评价方法的研究并不多见，基于赋权法的自愿性信息披露质量评价的综合方法少之又少。自愿性信息披露质量评价的方法是否合理是自愿性信息披露质量评价结果客观与否的关键，因此需要进一步加强和完善自愿性信息披露质量综合评价方法研究，丰富自愿性信息披露质量综合评价方法体系。

　　量化评估上市公司自愿性信息披露质量，不论是对相关领域的理论研究还是对市场中的投资分析来说都有非常重要的意义。然而在理论上，人们对如何评价上市公司自愿性信息披露质量并没有达成共识；在实践中，各机构的研究也各具特色。目前国内上市公司自愿性信息披露水平的评价方法上还存在着很多的问题。

5.2

相关理论与自愿性信息披露综合评价方法综述

5.2.1　相关理论

（1）综合评价的组成要素。本节提到的综合评价的组成要素、基本过权重理论及方法的选择均参考的是郭亚军（2012）在《综合评价理论、方法及拓展》[①] 中详细阐述的综合评价相关理论。

综合评价指根据不同的目的，利用被评价对象的各种属性思想，建立合理的指标体系，采用科学的评价方法和集结方式，对被评价对象进行排序的过程。一般情况下，评价者、被评价对象、评价指标、权重系数和集结模型这5类要素组成了综合评价系统。

（2）综合评价的基本过程。综合评价的过程是各组成要素之间信息流动、组合的过程，它实际上包括了定性分析和定量计算、综合集成的数学模型构造与求解的使用方法等丰富内容。综合评价的具体处理过程见如下七个步骤：

①明确评价目标的同时确定被评价对象；

②指标体系的建立；

③指标样本集的获取；

④指标无量纲化处理；

⑤指标权重的确定；

⑥综合评价函数的选择和构造；

⑦反馈与控制。

综上综合评价的基本过程，可以汇出综合评价的逻辑框架图，见图 5-1。

---

① 郭亚军：《综合评价理论方法与拓展》，科学出版社 2012 年版。该书详细介绍了综合评价的现状、相关理论及不同视角、手段下的有效方法。

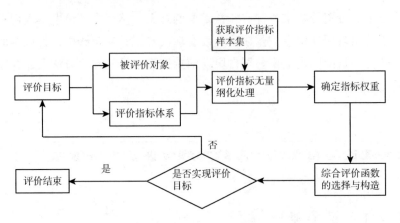

图 5 – 1　综合评价的逻辑框架

（3）综合评价指标权重理论。综合评价指标权重系数的确定方法可概括为三类：基于"功能驱动"原理的主观赋权法、基于"差异驱动"原理的客观赋权法和综合集成赋权法。

①基于"功能驱动"原理的赋权法。基于"功能驱动"原理的主观赋权法根本上是通过主、客观途径来评价指标的相对重要程度，即一个指标相对于另一个指标而言更重要，进而确定其权重系数。

客观途径赋权是假设理想的系统由 m 种"物质"构成，权重可被定义为：

$$\omega_j = M_j \Big/ \sum_{k=1}^{m} M_k \ , j = 1,2,\cdots,m$$

显然，$\omega_j > 0, j = 1,2,\cdots,m$，以及 $\sum_{k=1}^{m} \omega_k = 1$。

然而，客观现实中的系统是运动的、复杂的，或受评价者主观意念影响，或受客观环境的影响，往往呈现出不同方面的特征，从而更难确定权重系数。其实在实际中往往是通过主观途径来确定权数的。在主观途径下评价者可以直接对各指标的重要性程度进行比较以获取权重，也可以先对被评价对象的优劣进行比较，然后根据比较结果逆向确定权重。当然这种主观主要突出评价者的直接判断能力，赋权结果与评价者的知识、经验与偏好等有关。

针对"功能驱动"原理的赋权法来说，其特征主观性比较强，即赋权结果与评价者的知识、经验与偏好等有关；评价过程的透明性、再现性差。

为此，人们尝试采取多种途径来改进基于"功能驱动"原理的赋权法，比如在挑选专家时，更加注重专家的经验知识；注意专家判断的一致性；增加专家的数量；考虑专家的代表性等。

具有代表性的基于"功能驱动"原理的主观赋权方法主要有 De1Phi 法、AHP 法、序关系分析法（G1 - 法）和 G2 - 法。下面主要介绍 AHP 法①。

②基于"差异驱动"原理的赋权法。基于"差异驱动"原理赋权法的基本思想是：整个指标体系中各指标不可能是完全的独立存在，或多或少会对其他指标产生影响，对不同的评价对象各指标测量结果也不可能一成不变，通过度量对其他指标的影响程度以及自身的变异程度来确定权重系数，客观环境应当是赋权原始信息的最直接的不二来源，各指标的权重均由各指标所携带信息量的多少来决定。这种"差异驱动"因素的存在，导致了在综合评价过程中不重要指标所起的作用反而远大于重要指标所起的作用。

针对"差异驱动"原理的赋权法来说，其特征有客观性强，即利用的主要是比较完善的数学理论与方法；评价过程的透明性、再现性强。

基于"差异驱动"原理的赋权法，虽然在数学理论与方法上相对比较完善，但是仍有不足之处，如：忽视了评价者的主观信息，而此信息对于现实生活中综合评价或决策问题来说，有可能是非常重要的；再则，对不同的两组样本，即使用同一种综合评价方法来确定权重系数，结果也可能会不同。

基于"差异驱动"原理赋权法中比较常用的有"拉开档次"法、均方差法、极差法、熵值法、多元统计中的主成分分析法与因子分析法等。下面主要介绍熵值法。

③综合集成赋权法。综合集成赋权法的基本思想是从理论逻辑上将基于"功能驱动"原理的赋权法与基于"差异驱动"原理的赋权法有机地结合起来，由此确定的权重系数体现主观信息的同时，也体现了客观信息。综合集成赋权法是对单一赋权法所得的权重结果进行组合的方法。

（4）综合评价方法的选择。目前，虽然已出现了多种多样的综合评价方法，但是仍有不少问题存在。出发点的不同、解决问题的思路不同、适用对象

---

① 层次分析法（Analytic Hierarchy Process，AHP）是将与决策总是有关的元素分解成目标、准则、方案等层次，在此基础之上进行定性和定量分析的决策方法，是将一个复杂的多目标决策问题作为一个系统，将目标分解为多个目标或准则，进而分解为多指标（或准则、约束）的若干层次，通过定性指标模糊量化方法算出层次单排序（权数）和总排序，以作为目标（多指标）、多方案优化决策的系统方法。

的不同等都会使得人们在遇到问题时不知道该使用哪种综合评价方法，即使选择了某种综合评价方法也可能不知道得出的结论是否可靠。又或者是选择了几种综合评价方法，但是不同的方法得出不同的结论，不知道该对此做何解释。本章提出以下几条选择原则：

①所选方法为评价者所熟悉；

②有充分的理论基础，为大家所信服；

③尽量降低过程的复杂性，使其简单明了；

④能够正确地反映评价对象和评价目标。

5.2.2　自愿性信息披露质量综合评价方法综述

（1）国外自愿性信息披露质量综合评价方法。主要采用零赋权法——基于内容分析法的自愿性信息披露指数。

内容分析法主要是指学者自行构建自愿性信息披露指数，主要包括 Botosan（1997）自愿性信息披露指数和 Meek（1995）自愿性信息披露指数。基于内容分析法的自愿性信息披露指数这种方法是汇总上市公司可能披露的自愿性信息项目，与年报、公告或者其他可获得信息途径中的披露项目进行对比，以计算各公司的披露指数，衡量其自愿性信息披露质量。目前的研究文献大多采用这种方法来衡量上市公司自愿性信息。运用此方法最早的是 Meek（1995）以及 Botosan（1997）。

大多数学者在衡量自愿性信息披露水平时参照 Meek（1995）和 Botosan（1997）构建的自愿性信息披露评价体系。Kamran 和 Jayne（2005），Jesper 和 Thomas（2008）等人先后采用了 Botosan 信息披露评价指标进行实证研究。

Petersen 和 Plenborg（2006）是依据 Botosan（1997）、Jenkins（1994）和普华永道（1999）等的研究和报告对丹麦进行了研究，最后总结出了 62 个项目，并对这 62 个项目进行了归类划分，最后划分出五个大的类别，分别是人力资本、采取的规划策略、竞争优势、产品的质量、市场竞争策略五个方面。

（2）国内自愿性信息披露质量综合评价方法。国内学者在进行自愿性信息披露质量综合评价时也主要采用零赋权法，很少采用赋权法。目前国内学者采用的赋权法主要如下：

①主成分分析法①。游茜（2013）在对在职消费自愿性信息披露水平的测度时，分别将在职消费披露的项数与在职披露的金额比例作为在职消费自愿性信息披露水平（Disclosure Index）的衡量指标，并使用主成分分析法所产生的权力综合指标作为自变量对假设进行验证。

②熵权法②。齐爱年（2007）运用熵权法，以 2003 年、2004 年、2005 年在深圳证券交易所和上海证券交易所上市的中国上市公司为例，从实证的角度分析了公司内部治理结构对自愿性信息披露的影响，还从公司规模、负债程度、盈利水平以及公司成长程度等几个方面讨论了其对自愿性信息披露的影响。

综上所述，现有文献在评价自愿性信息披露质量的研究中虽然取得了一些成就，为本章的研究奠定了基础，但是仍有不足之处：①国内目前评价自愿性信息披露时，在衡量自愿性信息披露水平的方法中权威机构评级法并不多见，基于内容分析法而构建的自愿性信息披露指数体系也不统一，而且基于指数法进行自愿性信息披露质量评价时，大多数给予各指标同样的权重，即采用零赋权法，不能区分出各指标的相对重要程度；②国内学者目前很少有仅就信息披露质量的纯综合评价方法研究，自愿性信息披露质量的综合评价方法少之又少。鉴于以上的不足之处，本章选用了 AHP 法、熵权法和二者相结合的综合集成赋权法进行自愿性信息披露质量的综合评价，引入了权重的概念，实现了真正意义上的定量与定性的相融合，从而更科学、准确地衡量出我国上市公司自愿性信息披露的质量，同时也丰富了自愿性信息披露质量的综合评价方法。

5.3

自愿性信息披露综合评价方法对比分析

衡量信息披露质量的综合评价方法主要是基于内容分析法。内容分析法实质内容是将文字文献转换为以数量或数值表示的资料，并进行一般描述性的统

---

①　主成分分析法，旨在利用降维的思想，把多指标转化为少数几个综合指标（即主成分），其中每个主成分都能够反映原始变量的大部分信息，且所含信息互不重复。该方法在引进多方面变量的同时将复杂因素归结为几个主成分，使问题简单化，同时得到更加科学有效的数据信息。

②　按照信息论基本原理的解释，信息是系统有序程度的一个度量，熵是系统无序程度的一个度量；如果指标的信息熵越小，该指标提供的信息量越大，在综合评价中所起作用理当越大，权重就应该越高。

计分析。内容分析法与一般文献统计法相比更为客观与系统，对文献所包含的信息内容进行定性与定量的综合分析，深入发掘问题的实质，是信息研究方法中比较重要的一种。下面对常见的几种自愿性信息披露综合评价方法进行对比分析。

5.3.1 零赋权法

我国在评价信息披露质量时，针对构成信息披露指标体系的所有指标赋予相同的权重，披露了就得分，不披露就不得分。然后利用分数法或者指数法来评价信息披露质量（耿闪清等，2011；杨金凤和孙光国，2012；陈华等，2013）。

5.3.2 赋权法

（1）基于"功能驱动"原理的赋权法。

①德尔菲法（DelPhi法）。美国兰德公司与道格拉斯公司于20世纪50年代合作创立了德尔菲法。在专家个人判断法和专家会议法，德尔菲法是基于直观判断和预测的专家调查法。

该方法优点：不需要具体的样本数据，专家仅凭自己的经验及对评价指标的理解便可做出判断，因此比较简单方便，易于使用；再者适用范围也较广。不足之处在于主观性太强，过分依赖专家的主观判断。

②层次分析法（AHP法）。层次分析法最早是由美国著名的运筹学家萨蒂（T. LSatty）于20世纪70年代提出，通过把定性与定量分析相结合、把复杂系统的思维过程数学化的一种多准则决策分析方法。它会将人的相对主观的定性分析定量化，同时也会数值化各种要素之间的差异，这样可以使人们思维过程的一致性得以保持，是一种被广泛应用的确定指标权重的方法。

层次分析法的优点是：能够对决策中的定性与定量因素进行统一处理，更具有实用性、简洁性和系统性等特点。不足之处是在使用过程中，无论是建立层次结构还是构造判断矩阵，人的主观判断、选择对结果的影响性很大，这就使得运用AHP法进行决策的主观性很大。

（2）基于"差异驱动"原理的赋权法。

①主成分分析法。主成分分析也称主量分析，是将多个指标转化为少数几

个相互无关的综合指标的一种多元统计分析方法。它是一种数学变换的方法，把给定的一组相关变量通过线性变换转成另一组不相关的变量，这些新的变量按照方差依次递减的顺序排列。该方法的优势在于：可以解决指标系统中指标间共线性，并且减少分析指标，使分析变得更简单。缺陷在于，在对指标体系各指标赋权时仅能得到有限的因子、主成分的权重，而各个指标独立的客观权重却无法获得。因此这种方法对因子之间关系相关度很低时就不太适合。

②因子分析法。因子法是由因子分析之父 Charles Spearman 在 American Journal of Psychology 上发表了题为 "General Intelligence, Objective Determined and Measured" 的文章中首次提出的概念。因子分析是指在尽可能不损失信息或少损失信息的情况下，将多个变量减少为少数几个潜在的因子，这几个因子可以高度概括大量数据中的信息，既减少变量个数，又同样地再现变量之间的内在联系。

因子分析法的优点是可以用尽量少的因子解释观察到的相关性，即减少了分析变量的个数，且每个因子都有一个合理的解释；缺陷主要是因子分析的应用条件相对苛刻。

③熵权法。熵概念最先引入信息论中是由申农实现的，现在已经被广泛应用到了工程技术、社会经济等领域。申农公式为：$I(A) = Lnp(A)$。$I(A)$ 是用来度量事件 A 发生所提供的信息量，称之为事件 A 的自信息；$P(A)$ 为事件 A 发生的概率。关于信息熵有如下定义：如果一个随机事件可能的结果有 n 种或一个随机消息可能值有 n 种，$p1$，$p2$，L，pn 分别代表这些事项出现的概率，则这些事件的自信息的平均值被称为信息熵。

在信息论中，信息是对系统确定性的一种度量，而熵则是对不确定性的一种度量，二者绝对值相等，符号相反。具体指：越大的信息含量，就会有越小的不确定性，从而也就具有越小的熵；反之亦然。根据熵的这一特性，如果计算出熵值就可以据此判断一个事件的随机性及无序程度，也可以用计算出的熵值来判断某个指标的离散程度。如果某个指标的信息熵越小，则表明各样本的该指标值差异程度越大，在综合评价中起的作用就越大。所以可以利用熵值作为确定指标权数的一个依据。

熵权法确定权重的具体步骤如下：

第一，建立初始矩阵。

设被评价上市公司集 $S = \{s1, s2, \cdots, sm\}$，指标集 $T = \{t1, t2, \cdots, tn\}$，$m$ 家

被评价上市公司对应于 n 个评价指标的指标值（即分数值）构成评价指标值初始矩阵 X：

$$X = \begin{bmatrix} X11 & \cdots & X1n \\ \vdots & & \vdots \\ Xm1 & \cdots & Xmn \end{bmatrix}$$

第二，矩阵无量纲化。

对 X 作无量纲化处理，得到 $x' = (x'_{ij})m \times n$，x'_{ij} 是第 i 家被评价上市公司在指标 j 上的值。具体处理方法如下：

$$x'_{ij} = \begin{cases} \dfrac{x_{ij}}{\max\limits_{i}\{x_{ij}\}}, x_{ij} \in R_1，R_1 \text{ 表示正指标} \\ \dfrac{\min\limits_{j}\{x_{ij}\}}{x_{ij}}, x_{ij} \in R_2，R_2 \text{ 表示反指标} \end{cases}$$

其中，正指标表示值越大越好的指标，反指标表示值越小越好的指标。对 x'_{ij} 进行平移，得到 $x_{ij} - x'_{ij} + 0.1$。

第三，计算第 j 项指标下第 i 家公司指标值的比重 P_{ij}。

$$P_{ij} = \frac{x_{ij}}{\sum_{i=1}^{m} x_{ij}}，i = 1,2,\cdots,m；j = 1,2,\cdots,n$$

第四，计算第 j 项指标的熵值 E_j。

$$E_j = -\sum_{i=1}^{m} p_{ij}\ln p_{ij}，j = 1,2,\cdots,n$$

E_j 表示指标 j 反映系统信息的多少，或 j 的非确定性有多大，若 P_{ij} 全相等，则 $E_j = \ln m = E_{\max}$，用 $E_{\max}$ 对 E_j 进行归一化处理，得

$$e_j = \frac{E_j}{\ln m}，j = 1,2,\cdots,n$$

第五，计算第 j 项指标的客观权重 θ_j。

$$\theta_j = \frac{1 - e_j}{\sum_{j=1}^{n}(1 - e_j)}，j = 1,2,\cdots,n$$

第六，计算第 i 家上市公司的自愿性信息披露熵权评价值 λ_i。

$$\lambda_i = \sum_{j=1}^{n} \theta_j p_{ij}, i = 1, 2, \cdots, m; j = 1, 2, \cdots, n$$

熵权法的优点是：第一，熵权法相对而言没有所谓那么严格适用的前提条件，只要是关于评价问题中的指标权重，均可使用；第二，可以在运用此方法的过程中剔除掉对结果贡献不大的指标；第三，在熵模型中，由于熵权系数方法本身传递的信息量就决定了各评价指标的权重。因此，不仅使得测度结果更具客观性，而且更能反映上市公司本身的固有信息。缺陷主要在于当熵值接近 1 时，计算出的熵权存在着较大误差，缺乏分析与比较的合理性，从而影响最终的评价结果。

客观赋权方法虽然有很多，但是各个指标独立的客观权重却无法获得。主成分分析法与因子分析法虽然应用也较广泛，但是它们的缺陷也显而易见，它们仅能得到有限的因子、主成分的权重，而各个指标独立的客观权重却无法获得。因此这种方法对因子之间关系相关度很低时就不太适合。而在本章建立的自愿性信息披露指标体系里，28 个指标虽然被划分在 4 个大类中，但每个大类里的指标相对独立，相关性不是很强，因此并不适用于因子分析法、主成分分析法。而熵权法相对而言，就没有所谓那么严格适用的前提条件，只要是关于评价问题中的指标权重，均可使用。除此之外，还可以在运用此方法的过程中剔除掉对结果贡献不大的指标，因此更加适用于对本章指标体系中各项指标的赋权。

综上，采用熵权法确定评价指标权重，使得各评价指标对自愿性信息披露质量的影响也同样能得到了客观的反映，对量化评估自愿性信息披露水平来说非常有实用价值。因此，本章选择熵权法来确定自愿性信息披露评价体系中各指标的权重。

（3）综合集成赋权法。无论是运用 AHP 法，还是熵权法，在理论上这两种方法各有千秋。综合集成赋权法，将基于"功能驱动"原理的主观赋权法和基于"差异驱动"原理的客观赋权法有机地结合起来，由此确定的权重系数体现主观信息的同时，也体现了客观信息。本章运用的综合集成赋权法在确定一级指标的权重时运用 AHP 法，在确定二级指标的权重时运用熵权法。

表 5 - 1 常用的赋权方法汇总

方法类别	方法名称	方法描述	优点	缺点
功能驱动赋权法	层次分析法	针对多层次结构的系统，用相对量的比较，确定多个判断矩阵，取其特征根所对应的特征向量作为权重，最后综合出总权重，并且排序	方法简单，可靠度比较高，误差小	评价对象的因素不能太多（一般不多于9个）
	德尔菲法	征询专家，用信件背靠背评价、汇总、收敛	操作简单，可以利用专家的知识结论易于使用	主观性比较强，多人评价时结论难收敛
差异驱动赋权法	主成分分析法	通过因子矩阵的旋转得到因子变量和原变量的关系，然后根据 m 个主成分的方差贡献率作为权重，给出一个综合评价值	全面性，可比性，客观合理性	这两种方法仅能得到有限的主成分或因子的权重，而无法获得各个独立指标的客观权重，当构成因子的指标之间相关度很低时，此方法将不适用
	因子分析法	可以看成是主成分分析的一种推广，根据相关性大小对原有变量分组，使得同组变量相关性较高，不同组变量相关性较低，每组变量代表一个公共因子，对于所研究的问题通过最少个数的公共因子的线性组合来表示	全面性，可比性，客观合理性	
	熵权法	根据各指标的变异程度，利用信息熵计算各指标的熵权，再通过熵权对各指标的权重进行修正，从而得出较为客观的指标权重	可用于任何评价问题中的确定指标权重，并可用于剔除指标体系中对结果贡献不大的指标	当所有熵值都趋近于 1 时，即使微小的差距都会引起熵权成倍数地变化，导致权重出现问题
综合集成赋权法		从理论逻辑上将基于"功能驱动"原理的赋权法与基于"差异驱动"原理的赋权法有机地结合起来，进而确定权重	全面性，主观与客观有机结合，使得赋权结果更具有准确性	比单一赋权法相对复杂点

综上分析，本章选择 AHP 方法、熵权法以及由二者有机结合的综合集成赋权法来评价上市公司的自愿性信息披露质量。

5.4

综合评价方法的运用

国内外的相关研究文献中，对自愿性信息披露指标评分标准的选择主要有以下两种：一种是二分法，即 0～1 评分法，披露某信息取值为 1，否则为 0；另一种是多层级评分法，研究者可以根据研究思路的需要选择 0～2、0～3、0～4 等多个分值层级的评分法。0～1 评分法的优点是简单易行，但缺点是这种评分标准实际上衡量的只是公司自愿性信息披露的数量，无法衡量其质量。而多级评分的优点在于一定程度上弥补了 0～1 评分法的缺点，但是需要对各项信息披露要求有较为深刻的认知和了解。

本章在第 4 章所构建的自愿性信息披露评价指标体系的基础上，对上市公司年报的自愿性信息披露情况对照自愿性信息披露评价指标体系进行打分以获取上市公司自愿性信息披露水平数据。

本研究采用"0～2"评分法对 28 个二级指标进行打分，分数分为三档：0/1/2，满分为 2 分。具体打分规则为：描述性项目（表 4－2 中以"＊"标注）没有披露得 0 分，简单描述得 1 分，详细描述得 2 分；分析性项目（表 4－2 中以"＊＊"标注）没有披露得 0 分，仅定性或定量描述得 1 分，定性和定量均描述得 2 分。以往关于信息披露评价指标体系中对各个指标进行赋权时，通常采用主观赋权法，即专家法。本研究在进行赋权时，对每一个单元赋予同样的权重，即认为每项的重要性相同。原因是：一方面，各个指标对于不同利益相关者的重要性是不同的，因而不同赋权者的侧重点必不相同，如机构投资者可能侧重公司的经营情况及资金供需等多个指标，而个人投资者可能只对盈利预测感兴趣；另一方面，因主观赋权法确定的权重系数与评价者的知识结构及偏好有关，它存在较浓的主观色彩。

本章选取了深圳证券交易所主板和中小板 380 家样本公司。对样本进行筛选的规则如下：

（1）选取深圳证券交易所的主板和中小板上市公司作为样本。原因是，目前在我国只有深圳证券交易所对在其所挂牌上市的公司每年进行信息披露考核评级，为了使研究结果更具有可比性的同时能得到一定程度的检验。

（2）选取截至 2013 年底在深市上市的制造业公司。一方面是因为制造业在上市公司中所占的比重最大，具有较好的代表性；另一方面是因为环保措施、员工福利及劳保政策、产品和服务质量等自愿性信息披露指标更适合于制造业公司，以制造业公司为样本更具有针对性。

（3）样本公司的选择采取随机抽样方法。从深市主板和中小板 811 家制造业上市公司中剔除 ST（包括 ＊ ST）公司和资料缺失的公司，剩余 760 家公司。根据中国证监会（2012 年）发布的《上市公司行业分类指引》①，本章对 760 家上市公司按 1/2 的比例分子行业随机抽样，最终得到 380 家公司作为研究样本。

本章需要的数据，一部分来自深圳证券交易所网站下载的公司年报、社会责任报告和信息披露考评，一部分来自万得，还有一部分来自于调查问卷的整理。

本章的数据处理采用 MATLAB 和 Excel 2010 等软件。

5.4.1 基于 AHP 法的自愿性信息披露质量综合评价

（1）指标权重。本章采用的是基于客观途径—调查问卷法的 AHP 法。针对第 4 章构建的自愿性信息披露评价体系的 28 个二级指标设置了 28 个问题，针对是否重要设置了 7 个层次：非常不重要、不重要、稍不重要、无所谓、一般重要、重要、非常重要，并分别赋予值 1、2、3、4、5、6、7。本次通过问卷星与电子邮件方式发放问卷，去除数据填写不完整的、填写不真实的问卷，共收回 90 份有效问卷。针对这 90 份有效问卷，进行了分类，分类结果如下：机构投资者 20 份（占比 22%），MBA 与 MPACC 在读研究生 30 份（占比 33%），普硕会计学生 40 份（占比 45%）。

构造两两比较矩阵的具体步骤如下：

①整理问卷，对每个指标总体求平均值。根据收回来的有效问卷，得到关于各指标的重要性估计值，对每个指标总体求平均值。因为问卷对象三类之间实践经验不同，对各指标的认知度不同，为了均衡一下问卷对象之间的差异，本章对每个指标总体求平均值。首先计算出每个二级指标的平均值

---

① 中国证监会 2012 年 10 月公布的《上市公司行业分类指引》（2012 年修订），来规范上市公司行业分类工作，以在中国境内证券交易所挂牌交易的上市公司为基本分类对象。

$c_{ij}(i=1,2,\cdots,4;j=1,2,\cdots,7)$，然后在二级指标均值的基础上计算出一级指标的平均值 $b_i(i=1,2,\cdots,4)$。

②计算出偏差 $\Delta b_i=(b_i-\overline{b_i})/\overline{b_i}\times100(i=1,2,3,4)$，$\Delta c_{ij}=(c_{ij}-\overline{c_{ij}})/\overline{c_{ij}}\times100(i=1,2,3,4;j=1,2,\cdots,7)$。

③根据上述计算出的各一级、二级指标偏差之间的大小，确定两两比较矩阵。根据 1~9 标度法，当两指标偏差间的差值在如下范围内分别赋的值见表 5-4。

表 5-2　　　　　　　　　　　各指标平均值

c_{ij}	$j=1$	$j=2$	$j=3$	$j=4$	$j=5$	$j=6$	$j=7$	b_i
$i=1$	6.0225	5.9663	6.0787	5.6180	5.9663	5.9775	5.8764	5.9294
$i=2$	5.6854	5.5056	5.6517	6.0449	5.6742	5.7978	5.2472	5.6581
$i=3$	6.0449	5.9888	6.1573	6.1124	6.0225	6.1685	5.5955	6.0128
$i=4$	6.1798	6.2247	6.0337	6.2584	5.7865	5.7865	6.0674	6.0482

表 5-3　　　　　　　　　　　各指标值的偏差

Δc_{ij}	$j=1$	$j=2$	$j=3$	$j=4$	$j=5$	$j=6$	$j=7$	Δb_i
$i=1$	1.3300	0.5274	2.1325	-4.4485	0.5274	0.6879	-0.7567	0.2919
$i=2$	0.3898	-2.1784	-0.0917	5.5263	0.2293	1.9950	-5.8702	-4.2965
$i=3$	0.4586	-0.3440	2.0637	1.4217	0.1376	2.2243	-5.9619	1.7037
$i=4$	1.8803	2.5224	-0.2064	3.0039	-3.7377	-3.7377	0.2752	2.3010

表 5-4　　　　　　　　各指标间相对重要性的比例标度

a_{ij} 赋值	区间	a_{ij} 赋值	区间
1	[0]		
2	(0, 2]	1/2	[-2, 0)
3	(2, 4]	1/3	[-4, -2)
4	(4, 6]	1/4	[-6, -4)
5	(6, 8]	1/5	[-8, -6)
6	(8, 10]	1/6	[-10, -8)
7	(10, 12]	1/7	[-12, -10)
8	(12, 14]	1/8	[-14, -12)
9	14 以上	1/9	-14 以下

表 5 - 5　　　　　　　　　评价指标单层判断矩阵 MATLAB 计算结果

A - B	A	B_1	B_2	B_3	B_4				ωi	
	B_1	1	4	1/2	1/3				0.1791	
	B_2	1/4	1	1/5	1/5				0.0634	$r_{max}=4.098$
	B_3	2	5	1	1/2				0.2929	$CR=0.0363$
	B_4	3	5	2	1				0.4647	
$B_1 - C_1$	B_1	C_{11}	C_{12}	C_{13}	C_{14}	C_{15}	C_{16}	C_{17}	$\omega 1j'$	
	C_{11}	1	2	1/2	4	2	2	3	0.2134	
	C_{12}	1/2	1	1/2	4	1	1/2	2	0.1203	
	C_{13}	2	2	1	5	2	2	3	0.2667	$r_{max}=7.2086$
	C_{14}	1/4	1/4	1/5	1	1/4	1/4	1/3	0.0376	$CR=0.0263$
	C_{15}	1/2	1	1/2	4	1	1/2	2	0.1203	
	C_{16}	1/2	2	1/2	4	2	1	2	0.1651	
	C_{17}	1/3	1/2	1/3	3	1/2	1/2	1	0.0766	
$B_2 - C_2$	B_2	C_{21}	C_{22}	C_{23}	C_{24}	C_{25}	C_{26}	C_{27}	$\omega 2j'$	
	C_{21}	1	3	2	1/4	2	1/2	5	0.1432	
	C_{22}	1/3	1	1/3	1/5	1/3	1/4	3	0.052	
	C_{23}	1/2	3	1	1/4	1/2	1/3	4	0.09	
	C_{24}	4	5	4	1	4	3	7	0.3764	$r_{max}=7.4567$
	C_{25}	1/2	3	2	1/4	1	1/2	5	0.1178	$CR=0.0577$
	C_{26}	2	4	3	1/3	2	1	5	0.1945	
	C_{27}	1/5	1/3	1/4	1/7	1/5	1/5	1	0.0261	
$B_3 - C_3$	B_3	C_{31}	C_{32}	C_{33}	C_{34}	C_{35}	C_{36}	C_{37}	$\omega 3j'$	
	C_{31}	1	2	1/2	1/2	2	1/2	5	0.1336	
	C_{32}	1/2	1	1/3	1/2	1/2	1/3	4	0.0769	
	C_{33}	2	3	1	2	2	1/2	6	0.2152	$r_{max}=7.2508$
	C_{34}	2	2	1/2	1	2	1/2	5	0.1632	$CR=0.0317$
	C_{35}	1/2	2	1/2	1/2	1	1/3	5	0.1037	
	C_{36}	2	3	2	2	3	1	6	0.2784	
	C_{37}	1/5	1/4	1/6	1/5	1/5	1/6	1	0.029	

	B_4	C_{41}	C_{42}	C_{43}	C_{44}	C_{45}	C_{46}	C_{47}	$\omega 4j'$	
$B_4 - C_4$	C_{41}	1	1/2	3	1/2	4	4	2	0.1737	
	C_{42}	2	1	3	1/2	5	5	3	0.2417	
	C_{43}	1/3	1/3	1	1/3	3	3	1/2	0.0861	$r_{max} = 7.329$
	C_{44}	2	2	3	1	5	5	3	0.2947	CR = 0.0415
	C_{45}	1/4	1/5	1/3	1/5	1	1	1/4	0.0413	
	C_{46}	1/4	1/5	1/3	1/5	1	1	1/4	0.0413	
	C_{47}	1/2	1/3	2	1/3	4	4	1	0.1213	

如表 5-5 所示，CR 均小于 0.10，说明判断矩阵一致性是可以接受的。

利用公式 $\omega ij = \omega i \times \omega ij'(i = 1, 2, \cdots, 4; j = 1, 2, \cdots, 7)$。其中 ωi 表示一级指标对目标层的权重，$\omega ij'$ 表示二级指标对一级指标的权重；ωij 表示二级指标对目标层的权重，见表 5-6。

表 5-6　　　　　　　　　2014 年 AHP 法下各指标的权重

ω_{ij}	$j=1$	$j=2$	$j=3$	$j=4$	$j=5$	$j=6$	$j=7$	ωi
$i=1$	0.0382	0.0215	0.0478	0.0067	0.0215	0.0296	0.0137	0.1791
$i=2$	0.0091	0.0033	0.0057	0.0239	0.0075	0.0123	0.0017	0.0634
$i=3$	0.0391	0.0225	0.063	0.0478	0.0304	0.0815	0.0085	0.2929
$i=4$	0.0807	0.1123	0.040	0.1369	0.0191	0.0192	0.0564	0.4646

表 5-7　　　　　　　AHP 法下样本公司自愿性披露评价值及排名

股票代码	排名	评价值	股票代码	排名	评价值
000999. SZ	1	1.8524	002104. SZ	371	0.3482
002348. SZ	2	1.7502	000536. SZ	372	0.3473
002514. SZ	3	1.7144	000725. SZ	373	0.3300
002297. SZ	4	1.7136	000586. SZ	374	0.3234
002600. SZ	5	1.7122	002185. SZ	375	0.3153
002227. SZ	6	1.6928	002281. SZ	376	0.3099
000030. SZ	7	1.6880	000727. SZ	377	0.3066
002327. SZ	8	1.6485	002017. SZ	378	0.2892

续表

股票代码	排名	评价值	股票代码	排名	评价值
002496. SZ	9	1. 5858	000413. SZ	379	0. 2849
000545. SZ	10	1. 5772	002402. SZ	380	0. 2610

从表 5 - 6 中可以看出，2014 年权重较大的前三个二级指标分别为营业收入预测、税收缴纳和利润预测，权重分别为 0. 1369、0. 1123 和 0. 0815。权重较小的后三个二级指标分别为社会公益活动、员工福利及劳保政策投资者沟通交流情况，权重分别为 0. 0017、0. 0033 和 0. 0057。针对四项一级指标而言，管理层讨论与分析的权重最大为 0. 4646，说明这项一级指标在披露的过程中对自愿性信息披露质量的影响最大，应引起相关利益者的注意；社会责任信息的权重最小为 0. 0634，说明这项一级指标在披露的过程中对自愿性信息披露质量的影响最小。

（2）AHP 法下上市公司的自愿性信息披露质量综合评价。根据公式计算出 2014 年中样本公司自愿性信息披露质量的综合评价值，并进行了排名。由于样本量过大，本章只列了排名前 10 名与后 10 名的样本，见表 5 - 7。

从表 5 - 7 中可以看出，自愿性信息披露质量最高的上市公司分别是 000999. SZ、002348. SZ 和 002514. SZ，评价值均大于 1. 71；自愿性信息披露质量最低的上市公司分别是 002402. SZ、000413. SZ 和 002017. SZ，评价值均小于 0. 30。

5.4.2 基于熵权法的自愿性信息披露质量综合评价

（1）指标权重。按照前文所述的打分规则，首先为 380 家上市公司自愿性信息披露评价体系的各指标打分，然后根据熵权法确定权重的步骤进行计算，即可得到各指标的客观权重，见表 5 - 8。

表 5 - 8　　　　　　　　　　　熵权法下各指标的权重

ω_{ij}	$j=1$	$j=2$	$j=3$	$j=4$	$j=5$	$j=6$	$j=7$	ω_i
$i=1$	0. 0311	0. 0306	0. 0257	0. 0260	0. 0252	0. 0305	0. 0289	0. 1980
$i=2$	0. 0304	0. 0299	0. 0313	0. 0291	0. 0318	0. 0474	0. 0379	0. 2378
$i=3$	0. 0482	0. 0440	0. 0485	0. 0460	0. 0427	0. 0495	0. 0454	0. 3243
$i=4$	0. 0410	0. 0495	0. 0390	0. 0330	0. 0258	0. 0261	0. 0255	0. 2399

从表 5 - 8 中可以看出，2014 年权重较大的前三个二级指标分别为利润预测、税收缴纳和营业收入预测，权重分别为 0.0495、0.0495 和 0.0485。说明这三项指标在自愿性信息披露的过程中差异性最大，应引起特别关注。权重较小的后三个二级指标分别为风险管理机制建设、自主创新情况分析和实现公司愿景的保障，权重分别为 0.0252、0.0255 和 0.0257。说明这三项指标在自愿性信息披露的过程中差异性较小。针对四项一级指标而言，预测性信息的权重最大为 0.3243；公司背景信息的权重最小为 0.1980。

（2）熵权法下上市公司的自愿性信息披露质量综合评价。根据公式计算出 2014 年中样本公司自愿性信息披露质量的综合评价值，并进行了排名，见表 5 - 9。

表 5 - 9　　　　　　　　　　熵权法下自愿性披露评价值及排名

股票代码	排名	评价值	股票代码	排名	评价值
000999. SZ	1	5.9156	000561. SZ	371	1.2863
002297. SZ	2	5.1804	000158. SZ	372	1.2806
002514. SZ	3	5.1611	000536. SZ	373	1.2799
002600. SZ	4	5.1200	000725. SZ	374	1.2771
002227. SZ	5	5.1125	000727. SZ	375	1.2757
000401. SZ	6	5.0211	002172. SZ	376	1.2149
002348. SZ	7	4.9515	000901. SZ	377	1.1917
002350. SZ	8	4.8954	000413. SZ	378	1.1700
002282. SZ	9	4.8604	000988. SZ	379	1.1666
000597. SZ	10	4.7929	002402. SZ	380	1.0855

从表 5 - 9 中可以看出，自愿性信息披露质量最高的上市公司分别是 000999. SZ、002297. SZ 和 002514. SZ，评价值均大于 5.1；自愿性信息披露质量最低的上市公司分别是 002402. SZ、000988. SZ 和 000413. SZ，评价值均小于 1.2。

5.4.3　基于综合集成法的自愿性信息披露质量综合评价

（1）指标权重。根据 AHP 法和熵权法算出的结果汇总见表 5 - 10。

表 5 – 10   综合集成赋权法下单层指标间权重

$\omega_{ij}{}'$	$j=1$	$j=2$	$j=3$	$j=4$	$j=5$	$j=6$	$j=7$	ω_i
$i=1$	0.0311	0.0306	0.0257	0.0260	0.0252	0.0305	0.0289	0.1791
$i=2$	0.0304	0.0299	0.0313	0.0291	0.0318	0.0474	0.0379	0.0634
$i=3$	0.0482	0.0440	0.0485	0.0460	0.0427	0.0495	0.0454	0.2929
$i=4$	0.0410	0.0495	0.0390	0.0330	0.0258	0.0261	0.0255	0.4646

表 5 – 11   综合集成赋权法下指标的权重

$\omega_{ij}{}'$	$j=1$	$j=2$	$j=3$	$j=4$	$j=5$	$j=6$	$j=7$	ω_i
$i=1$	0.0056	0.0055	0.0046	0.0047	0.0045	0.0055	0.0052	0.1791
$i=2$	0.0019	0.0019	0.002	0.0018	0.002	0.003	0.0024	0.0634
$i=3$	0.0141	0.0129	0.0142	0.0135	0.0125	0.0145	0.0133	0.2929
$i=4$	0.0190	0.023	0.0181	0.0153	0.012	0.0121	0.0118	0.4646

（2）综合集成法下上市公司的自愿性信息披露质量综合评价。根据公式计算出 2014 年中样本公司自愿性信息披露质量的综合评价值，并进行了排名，见表 5 – 12。

表 5 – 12   综合集成赋权法自愿性披露评价值及排名

股票代码	排名	评价值	股票代码	排名	评价值
000999. SZ	1	0.4451	002499. SZ	371	0.1071
002514. SZ	2	0.4226	000158. SZ	372	0.1061
002297. SZ	3	0.4107	002055. SZ	373	0.1055
002600. SZ	4	0.4010	002154. SZ	374	0.1054
002348. SZ	5	0.3982	000413. SZ	375	0.1045
000030. SZ	6	0.3961	002311. SZ	376	0.1045
002327. SZ	7	0.3833	002185. SZ	377	0.1026
000597. SZ	8	0.3806	002071. SZ	378	0.0998
000401. SZ	9	0.3781	002172. SZ	379	0.0967
002227. SZ	10	0.3744	002402. SZ	380	0.0943

从表 5 – 12 中可以看出，自愿性信息披露质量最高的上市公司分别是000999. SZ、002514. SZ 和002297. SZ，评价值均大于 0.41；自愿性信息披露质量最

低的上市公司分别是 002402. SZ、002172. SZ 和 002071. SZ，评价值均小于 0. 10。

三种方法评价出来的上市公司自愿性信息披露质量的前三名与后三名排名结果，见表 5 - 13。

表 5 - 13　各种综合评价方法下上市公司的自愿性信息披露质量排名对比

AHP 法		熵权法		综合集成赋权法	
前三名	后三名	前三名	后三名	前三名	后三名
000999. SZ	002017. SZ	000999. SZ	000413. SZ	000999. SZ	002071. SZ
002348. SZ	000413. SZ	002297. SZ	000988. SZ	002514. SZ	002172. SZ
002514. SZ	002402. SZ	002514. SZ	002402. SZ	002297. SZ	002402. SZ

通过表 5 - 13 可知，上述三种方法评价出来的上市公司自愿性信息披露质量的前三名与后三名排名结果比较一致。虽然以 AHP 法、熵权法及二者有机结合的综合集成赋权法分别构建的综合评价指标体系中各指标的权重大小不同，但是这三种方法评价的上市公司自愿性信息披露质量的排名结果差异不是特别大。

AHP 法下自愿性信息披露质量最高的上市公司分别是 000999. SZ、002348. SZ 和 002514. SZ，自愿性信息披露质量最低的上市公司分别是 002402. SZ、000413. SZ 和 002017. SZ。

熵权法下自愿性信息披露质量最高的上市公司分别是 000999. SZ、002297. SZ 和 002514. SZ，自愿性信息披露质量最低的上市公司分别是 002402. SZ、000988. SZ 和 000413. SZ。

综合集成赋权法下，自愿性信息披露质量最高的上市公司分别是 000999. SZ、002514. SZ 和 002297. SZ，自愿性信息披露质量最低的上市公司分别是 002402. SZ、002172. SZ 和 002071. SZ。

三种方法下计算出信息披露质量最好的均为 000999. SZ，最差的均为 002402. SZ。说明上述三种方法评价出来的上市公司自愿性信息披露质量的排名结果比较一致。

5. 5

本章小结

本章以建立科学的、合理的、有效的、准确的自愿性信息披露质量综合评价体系为目的，对自愿性信息披露质量的综合评价方法进行了深入研究，提出了新的计算方法并进行了对比分析：

（1）AHP 法。通过对 AHP 法的辩证分析，从自愿性信息披露质量综合评价中权重这一重要因素的确定出发，通过对收回的调查问卷中的数据进行分析构造两两比较矩阵，确定了优化、分配权重的具体方法，据此最终才得以对各样本公司自愿性信息披露质量进行了合理的排序。本章通过客观途径—调查问卷法构造的两两判断矩阵，降低了通过人为判断途径构造出两两判断矩阵的主观性，提高了评价结果的客观性。

（2）熵权法。熵权法不是一种人为主观赋予权重的方法，而是通过本身信息量的多少就可赋权的方法，因而减少了主观赋权过程中的主观性；此外，适用的前提条件较宽松，针对自愿性信息披露评价体系中定性指标与定量指标共存现象，熵权法可对各指标进行归一化处理；熵权系数方法本身传递的信息量就决定了各评价指标的权重。上述特点均使其更加适合于综合评价自愿性信息披露质量。

（3）综合集成赋权法。本章运用 AHP 法确定自愿性信息披露质量综合评价指标体系一级指标的权重，运用熵权法确定自愿性信息披露质量综合评价指标体系二级指标的权重，主客观方法的有机结合使得结果更具有说服力。

各种综合评价方法的考评结果差异度，见表 5 – 14。

表 5 – 14　　　　　各种综合评价方法的考评结果差异度统计

差异度	样本数	所占累计比率（%）		
		AHP 法	熵权法	综合集成赋权法
0	191	50.00	50.26	50.26
1	87	72.11	72.89	73.16
–1	79	92.63	92.37	93.95
2	10	96.05	95.00	96.58
–2	11	99.47	99.74	99.47
3	0	99.47	100.00	99.47
–3	2	100.00	100.00	100.00
合计	380			

（4）上述三种方法得出的评价结果均具有一致性，但是以熵权法最为

简便。通过表 5 - 14，可以看出基于 AHP 法、熵权法与二者有机结合的综合集成赋权法计算出来的样本公司排名结果与深交所信息披露考评结果完全相同的比例分别为 50.00%、50.26% 和 50.26%，［- 1，1］之间的差异度分别占比为 92.63%、92.37% 和 93.95%。说明基于三种方法算出的测度值与深交所的评级数据比较一致，因此它们丰富了自愿性信息披露质量的综合评价方法。并且，通过比较，熵权法在评价自愿性信息披露质量时最为简便。

第 6 章

军工上市公司自愿性信息
披露特征研究

6.1

引 言

随着我国军工企业集团的改制上市及股份制改造的深入，军工板块成为证券市场上一支特殊而重要的板块，其业务背景和对信息披露的敏感性也区分于普通上市公司。2013 年，在十八届三中全会后公布的《关于全面深化改革若干重大问题的决定》① 中，明确提出"健全国防工业体系，改革国防科研生产管理和武器装备采购体制机制"。这说明在政府需求增强的背景下，军工上市公司在资本市场中的被关注度显著提高。研究军工上市公司的自愿性信息披露特征，有助于军工上市公司提高信息披露的质量，对投资者关注的部分予以重点披露，降低信息不对称，从而能更有效地利用资本市场进行筹资，并提升整体形象。

本章将从深入探究军工上市公司的公司治理结构特征，辨析军工上市公司与其他行业上市公司的差异，并结合军工上市公司的公司治理结构特点，对军工上市公司的自愿性信息披露特征展开进一步研究与分析。

---

① 该《决定》于 2013 年 11 月 5 日正式提出，阐述了中国全面深化改革的重大意义，总结了中国改革开放 35 年来的历史性成就和宝贵经验，提出了到 2020 年全面深化改革的指导思想、总体思路、主要任务、重大举措。

6.2

军工上市公司的公司治理结构特征

　　由于自愿性信息披露属于公司治理结构特征的一部分，因此下面先对军工上市公司的公司治理特征进行简要分析。本章选取沪、深两市十大军工集团下属的 59 家军工上市公司（已去除被 ST 的上市公司）作为研究样本。样本数据一部分来自这 59 家军工上市公司在 2012～2015 年的公司年报，另一部分来自国泰安数据库。

6.2.1　股权结构特征

　　（1）股权集中，国有股比例有所下降，但一股独大依旧突出。从表 6－1 可以看出，在 A 股上市公司中，第一大股东持股比例的平均值为 36.604%，标准差为 11.594%，可知其分布有着明显的差异。59 家军工上市公司中第一大股东持股比例在 20%～50% 的公司有 48 家，20% 以下的只有 5 家，超过 50% 的有 6 家。大股东中持股比例最高的是南方工业集团有限公司，它持有中原特钢 67.42% 的股份。此外，前五大股东的持股比例均值为 53.277%，其中天虹商场的该比例最高，达到了 85.431%，59 家公司中有 37 家的该比例超过了 50%。可见，军工上市公司的股权结构中，"一股独大"的现象仍十分明显。

表 6－1　　　　　　　　　2014 年军工上市公司股权结构情况

	第一大股东持股比例（%）	前五大股东持股比例（%）	国有股持股比例（%）
均值	36.604	53.277	0.061
标准差	11.594	14.459	0.129
最大值	67.420	85.431	0.591
最小值	12.579	24.324	0

　　从图 6－1 可以看出，军工上市公司的国有股比例在近几年有明显的下降趋势，但是与 A 股整体上市公司比较起来，国有股比例仍然明显偏高。从第一大股东的性质看，59 家军工上市公司中有 57 家的实际控制人为国有法人

股，仅有 2 家的实际控制人为地区级政府和外国企业。由此可见，国有股比例偏高是军工上市公司治理结构的显著特点之一。而其明显的下降趋势则表明军工上市公司的股权结构在朝着多元化的方向发展，并且有大量的私有资本加入。

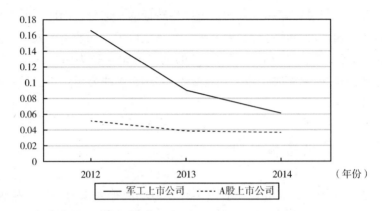

图 6 - 1　军工上市公司和 A 股整体企业的国有股比例情况

（2）机构投资者持股比例较高。由于机构投资者相对个人投资者来说拥有更为充裕的资金，投资管理更为专业，投资行为更规范，因此被认为是提高公司的治理水平、提高经营绩效的重要因素。通过图 6 - 2 可看出，军工上市公司的机构投资者持股比例逐年上升，且明显高于 A 股的平均水平，这说明随着国防工业改革、军费投资的结构性变化，军工行业得到了越来越多机构投资者的关注，前途不可限量。

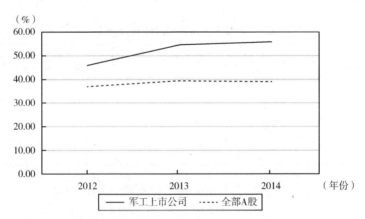

图 6 - 2　军工上市公司与全部 A 股的机构持股比例情况

（3）少数军工上市公司发行外资股。企业在境外上市不仅能够引进资本，改善长期以来国有单一的股权结构，而且有利于募集充足的资金并得到更先进的技术支持。通过引进外资，受到成熟资本市场制度的约束，也有利于完善公司治理结构，形成多元投资的格局，促进绩效提升和企业发展。目前，59 家军工上市公司中，中船海洋与防务装备有限公司发行了 H 股，飞亚达和江铃汽车、重庆长安汽车都发行了 B 股。

（4）军工上市公司之间集团关联性明显。不同的上市公司有着共同的控股集团公司，这就是上市公司之间的集团关联性。由于本章研究的军工上市公司都隶属于十大军工集团，其互相间的关联性很强，这点与一般上市公司有很大不同。

表 6-2 列举了十大军工集团中的部分集团关联性情况。首先，存在集团关联性企业的治理结构与不存在关联性的企业有很大不同，它们不仅拥有相同的控股股东——十大军工集团。其次，在集团公司内部，容易出现内部市场，并且往往会产生价格扭曲的关联交易。控股股东有可能会利用该交易抽取上市公司的利润，损害公司及中小股东的利益，增加代理成本，加大了公司治理的难度。

表 6-2　　　　　　　　　军工上市公司的集团关联性情况（部分）

上市公司名称	共同的控股集团公司
航天电器、航天科技、航天信息、航天晨光、航天通信、航天长峰、航天发展	中国航天科工集团公司
中国卫星、航天机电、航天动力、航天电子、四维图新	中国航天科技集团公司
长安汽车、中国嘉陵、江铃汽车、利达光电、中原特钢、西仪股份、湖南天雁、东安动力	中国兵器装备集团公司

除此之外，军工上市公司除了受十大军工集团的控制，还要接受国防科工委对其生产经营的指导。并且，集团公司之间的交叉持股十分普遍。2007 年 6 月，国防科工委、发改委等联合颁布了《关于推进军工企业股份制改造的指导意见》，明确鼓励军工集团的交叉持股行为①。交叉持股不仅有利于打破军工行业在地域和行业上的垄断，也对防止军工上市公司被外资恶意收购，保障

---

① 国防科工委、发展改革委和国资委联合发布的《关于推进军工企业股份制改造的指导意见》中，第三节　分类推进军工企业股份制改造，第十二条：国有独资的军工企业要按照《公司法》的要求，逐步建立董事会制度，规范公司的组织和行为。鼓励军工集团公司之间交叉持股，经批准允许其主营业务资产整体重组改制。

国防安全有着重大意义。

6.2.2　董监事特征

（1）董事会会议次数偏少。董事会会议是董事履行职责的场所，是董事会发挥作用的载体。从年度董事会会议次数的角度对其特征进行分析，根据2014年军工上市公司的董事会会议召开情况（见表6-3），可知当年平均的会议次数为8.9次，最少的为3次，最多的为20次。从表6-3可知，召开7次以下的公司数量占全部的30%。美国企业协会关于公司治理的声明要求大型公众企业的董事会应该每年召开8次会议，因此我国军工上市公司的董事会会议次数与该标准相比是不太理想的。

表6-3　　　　　　　　2014年军工上市公司年度董事会会议次数

年度董事会会议次数	频率	百分比（%）	累积百分比（%）
3	1	1.7	1.7
4	2	3.3	5.0
5	4	6.7	11.7
6	2	3.3	15.0
7	9	15.0	30.0
8	15	25.0	55.0
9	5	8.3	63.3
10	6	10.0	73.3
11	6	10.0	83.3
12	5	8.3	91.7
13	2	3.3	95.0
15	1	1.7	96.7
16	1	1.7	98.3
20	1	1.7	100.0

（2）独立董事比例符合规定，略低于A股平均水平。我国军工上市公司的董事大多是来自控股股东，也有小部分来自关联公司；并且全部59家军工上市公司都建立了独立董事制度。从表6-4可看出，其董事会平均人数为9~

10 人。Lipton 和 Lorsch（1992）[1] 建议董事会人数要限制在 10 人以内，否则有可能降低董事会的有效性和监督能力。可见军工上市公司的董事会人数是较为合适的。并且，独立董事人数为 3~4 人，独立董事比例均值约为 0.35，监事会人数为 4~5 人。其独立董事比例符合我国证监会关于独立董事的规定，即上市公司聘用独立董事人数不得小于董事会成员总数的三分之一。与表 6-4 对比来看，发现军工上市公司与 A 股全部上市公司相比，董事会人数略高，而独立董事的比例略低，监事会人数则略多。董事长与总经理兼任的情况在军工上市公司中约占了 1/3 的比重。

表 6-4　　　　　　我国军工上市公司董事会情况（均值）

年份	董事会人数（人）	独立董事人数（人）	独立董事比例	监事会人数（人）
2012	9.721	3.475	0.358	4.410
2013	9.754	3.475	0.356	4.443
2014	9.639	3.410	0.354	4.443

表 6-5　　　　　　2014 年沪深两市 A 股董事会情况（均值）

董事会人数（人）	独立董事人数（人）	独立董事比例	监事会人数（人）
8.693	3.197	0.368	3.693

（3）管理层激励的实施力度较小。从管理层的股权激励来看，59 家军工上市公司中，在近些年实施管理层股权激励计划的共有 13 家，只占全部的 22.03%，数量相对较少。从 2012~2014 年的数据来看，管理层平均的持股比例只有 0.898%，持股比例明显很小。从统计数据来看，分布存在明显差异，高管持股比例最高的是杭州海康威视数字技术股份有限公司，达到 16.5%。这都说明军工上市公司的管理层股权激励实施力度很小，这对政策的实施有削弱作用，也不利于企业的经营绩效。

6.2.3　军工上市公司的其他治理特色

（1）特殊的公司治理目标。军工上市公司的治理目标除了和一般公司相

---

① Lipton M, Lorsch J W. A modest proposal for improved corporate governance [J]. The business lawyer, 1992: 59-77.

同的实现股东利益最大化以外，还有其独特的一面——追求国防利益，保障国家安全。这就要求军工上市公司的治理上，不仅要完善内部治理机制以追求经济利益，更要通过外部治理机制发挥作用，尤其是控股的国有大股东参与决策来实现国防利益。

（2）"任命制"。军工上市公司在公司经营管理者的"任命制"降低了公司治理的效率。内部治理机制不仅包括股东大会、董事会和监事会的监督，还包括"代理人"争夺，即公司高级岗位的争夺。十大军工集团实行总经理负责制，国务院对其总经理、总会计师等主要职位人选进行任命，军工集团在军工上市公司任命高级管理人员的过程中予以干预，这在一方面能促进军工企业实现经济利益和国防利益的平衡，但也很大程度上作为国企的通病严重阻碍公司的市场化进程，"代理人"淘汰机制的缺失进一步降低了内部治理机制效率。

6.3
军工上市公司自愿性信息披露特征分析

6.3.1 军工上市公司自愿性信息的整体披露状况

本章在第四章制定的军工上市公司自愿性信息披露评价指标体系基础上，对十大军工集团旗下的军工上市公司进行自愿性信息披露情况打分。并在此基础上对 2012～2015 年的军工上市公司自愿性信息披露质量进行了对比分析，研究披露质量是否有总体上的提高。表 6-6 列出了 2012～2015 年军工上市公司自愿性信息披露的打分结果。

根据表 6-6 和表 6-7 可以看出：

（1）2012 年我国军工上市公司自愿性信息披露得分在 30 分及以下的公司有 39 家（披露质量较差），占 66.10%；2013 年、2014 年和 2015 年分别下降为 25 家、21 家和 23 家；2012 年 31 分及以上的有 20 家（披露质量较好），仅占 33.90%；而 2013 年、2014 年和 2015 年分别上升至 34 家、39 家和 36 家。

（2）2012 年军工上市公司自愿性信息披露得分均值为 26.95 分，占总分（总分为 56 分）的 48.13%，整体处于较低水平；而 2013 年、2014 年和 2015 年这一数字分别上升至 31.7 分、31.51 分和 31.68 分，上升显著，整体披露质量有所提高。

　　（3）2012 年最高得分为 43 分，最低得分为 10 分；标准差为 7.01，样本公司的披露质量存在一定的差距；而 2013 年、2014 年和 2015 年则分别下降为 6.86、6.5 和 5.92，说明各公司之间的信息披露程度差异在减小。

　　综上，虽然军工上市公司自愿性信息披露整体水平较低，不过 2012 ~ 2015 年自愿性信息披露质量在逐渐提高，披露差距也明显减小。

表 6 - 6　　　　　　　2012 ~ 2015 年军工上市公司自愿性信息披露评分结果

	总体得分	公司家数	占总体百分比（%）	累计百分比（%）
2012	0 ~ 15	2	3.39	3.39
	16 ~ 30	37	62.71	66.10
	31 ~ 56	20	33.90	100.00
	合计	59	100.00	
2013	0 ~ 15	1	1.69	1.69
	16 ~ 30	24	40.68	42.37
	31 ~ 56	34	57.63	100.00
	合计	59	100.00	
2014	0 ~ 15	2	3.39	3.39
	16 ~ 30	19	32.20	35.59
	31 ~ 56	39	66.10	100.00
	合计	59	100.00	
2015	0 ~ 15	0	0	0
	16 ~ 30	23	38.98	38.98
	31 ~ 56	36	61.02	100.00
	合计	59	100.00	

表 6 - 7　　　　　　　2012 ~ 2015 年军工上市公司自愿性信息披露统计量

年份	平均值	最大值	最小值	标准差
2012	26.95	43	10	7.01
2013	31.7	44	14	6.86
2014	31.51	42	12	6.5
2015	31.68	44	19	5.92

6.3.2 各年度自愿性信息披露的独立样本检验

在经过检验，自愿性信息得分基本处于正态分布的前提下，分别对2012 ~ 2015 年军工公司自愿性信息披露得分进行独立样本 T 检验，从而研究各年信息披露是否发生显著变化。

2012 ~ 2015 年军工上市公司自愿性信息披露得分独立样本 T 检验结果如下：

表 6 – 8　　　　　2012 ~ 2015 年自愿性信息披露得分独立样本 T 检验

组内描述性统计

年度	样本量	均值	标准差	均值的标准误
2012	59	47.93	12.175	1.572
2013	59	31.70	6.861	0.879
2014	59	31.51	6.5	0.862
2015	59	31.68	5.92	0.777

独立样本检验

年度	方差	方差方程的 Levene 检验		均值方程的 t 检验			
		F	Sig.	t	df	Sig.（双侧）	均值差
2012 与 2013	假设方差相等	0.047	0.829	– 3.887	116	0.000	– 4.803
	假设方差不相等			– 3.887	115.99	0.000	– 4.803
2013 与 2014	假设方差相等	0.082	0.775	0.446	116	0.656	0.542
	假设方差不相等			0.446	116.00	0.656	0.542
2014 与 2015	假设方差相等	0.069	0.793	– 0.146	116	0.884	– 0.169
	假设方差不相等			– 0.146	114.79	0.884	– 0.169

由表 6 – 8 可知：

（1）在 2012 年与 2013 年的检验中，F = 0.047，显著性概率 Sig. = 0.829，大于 0.05，可以认为 2012 年与 2013 年军工上市公司自愿性信息披露得分方差相等；在"假设方差相等"的情况下，t = – 3.887，均值差为 – 3.639，T 分布的显著性概率为 Sig. = 0.000，因此可以认为 2012 年与 2013 年军工上市公司自愿性信息披露得分之间有显著差异。

（2）在 2013 年与 2014 年、2014 年与 2015 年的检验中，F 分别为 0.082

和 0.069，显著性概率 Sig. 分别是 0.775 和 0.793，大于 0.05，可以认为军工上市公司自愿性信息披露得分方差相等；在"假设方差相等"的情况下，T 分布的显著性概率 Sig. 分别为 0.656 和 0.774。可见 2013 年与 2014 年，2014 年与 2015 年的军工上市公司自愿性信息披露得分之间差异都不显著。

由以上检验可以得出结论：上市军工公司自愿性信息披露情况在 2012 ~ 2013 年期间发生了显著性差异，随后披露水平基本稳定，且质量逐年递增。2012 年与 2013 年差异显著，说明 2012 年 9 月发布、2013 年执行的《公开发行证券的公司信息披露内容与格式准则第 2 号——年度报告的内容与格式》对2012 年与 2013 年自愿性信息披露质量的差异显著性起了一定作用。

6.3.3　自愿性信息披露各组成部分的质量对比

针对 59 家军工上市公司样本，对 2015 年四大项自愿性信息披露项目进行统计。在衡量每一类的披露水平时，采用披露项目平均得分率，计算方法为：某类披露项目平均得分率 = 所有样本公司在该项实际披露得分/所有样本公司在该项的标准披露得分。四类信息披露项目的平均得分率见表 6 - 9：

表 6 - 9　　　　　　　　　　　自愿性信息披露项目得分率

项目	公司背景信息	社会责任信息	预测性信息	管理层讨论与分析
项目实际披露得分	624	554	210	481
项目标准披露总分	826	826	826	826
项目披露得分率	75.54%	67.07%	25.42%	58.23%

通过表 6 - 9 可以看出，公司背景信息的平均得分率较高，得分占总分的75.54%；而预测性信息的得分率非常低，仅为 25.42%。社会责任信息和管理层讨论与分析的得分率处于中间偏高的水平，为 67.07% 和 58.23%。可见军工上市公司自愿性信息披露的各指标部分得分不均，更趋向于披露公司背景信息，对预测性信息披露较少，而预测性信息恰恰是众多投资者更关注的部分。因此可看出军工上市公司的披露偏好与投资者的需求是有一定差距的。

6.3.4　各年度自愿性信息披露各组成部分的质量对比

对 2012 ~ 2015 年军工上市公司自愿性信息披露的四大指标得分进行配

对样本检验，从而研究这段时间它们的披露情况从内容上看是否发生显著变化。

由表 6 - 10 可以发现：

（1）2012 ~ 2015 年军工上市公司背景信息均值分别为 10.23、10.80、10.90 和 10.58，均接近于总分 14 分，可见军工上市公司背景信息披露质量较好，且标准差变化不大，披露水平较为稳定。

（2）这四年军工公司社会责任信息的均值分别为 7.62、8.67、8.56 和 9.39，可见军工上市公司的社会责任信息披露质量较为一般，不过略有上升。

（3）这四年军工上市公司预测性信息的均值分别为 3.40、2.95、3.42 和 3.56，可看出预测性信息披露质量都比较低。

（4）这四年军工上市公司管理层讨论与分析均值分别为 6.34、9.28、8.20 和 8.15，可见军工上市公司对于管理层讨论与分析披露质量不高，但是有明显上升的趋势。

表 6 - 10　　　　　　　　　　成对样本统计量

项　　目		均值	N	标准差	均值的标准误
公司背景信息	2012 年	10.23	59	2.481	0.320
	2013 年	10.80	59	2.227	0.285
	2014 年	10.90	59	2.790	0.358
	2015 年	10.58	59	2.308	0.301
社会责任信息	2012 年	7.62	59	3.796	0.490
	2013 年	8.67	59	3.414	0.437
	2014 年	8.56	59	3.396	0.437
	2015 年	9.39	59	3.324	0.433
预测性信息	2012 年	3.40	59	2.478	0.320
	2013 年	2.95	59	2.404	0.308
	2014 年	3.42	59	2.451	0.319
	2015 年	3.56	59	2.395	0.312
管理层讨论与分析	2012 年	6.34	59	2.626	0.336
	2013 年	9.28	59	2.696	0.345
	2014 年	8.20	59	3.069	0.385
	2015 年	8.15	59	2.007	0.261

以上结果显示,总体而言,2012~2015 年军工上市公司自愿性信息各组成部分的披露质量虽偶有波动,但仍是逐年提升的。并且从上表中可看出这四年各部分披露质量的标准差均有所下降,可见披露质量趋于稳定。

6.4
军工与非军工上市公司自愿性信息披露特征对比分析

为检验军工上市公司信息披露与非军工是否有显著差异,对 2015 年 59 家上市军工公司进行配对,选取与其行业相同,规模相近的非军工上市公司 59 家,将其自愿性信息披露得分情况进行配对样本检验,进而推断军工上市公司与非军工在信息披露的执行程度上是否存在显著性差异。配对样本分析如下:

表 6 – 11　　　　　　　　　　成对样本统计量

	均值	N	标准差	均值的标准误
军工	31.68	59	5.92	0.78
非军工	30.85	59	7.52	0.96

表 6 – 12　　　　　　　　　　成对样本检验

	成对差分			t	df	Sig.（双侧）
	均值	标准差	均值的标准误			
军工—非军工	0.83	10.930	1.399	0.609	58	0.545

从表 6 – 11 可以看出,军工上市公司自愿性信息披露的均值为 31.68,非军工的为 30.85,因此军工上市公司自愿性信息披露水平略高于非军工;并且军工上市公司标准差较小,披露水平较为稳定。但总体而言,两者得分差距小于 5%,可认为差距较小。分析原因可能是军工上市公司更正规,更注重传递信息的质量和稳定性,以降低信息不对称,提高公司整体形象。

从表 6 – 12 可以看出:在自愿性信息披露指数的配对中,T 检验的双尾显著性概率 Sig. = 0.545 > 0.05,由此推断军工企业与非军工上市公司的自愿性信息披露总体水平不存在显著性差异。说明军工上市公司的自愿性信息披露质量没有因其行业特征而发生明显变化,与非军工趋于一致。

6. 5

本章小结

本章选取 2012～2015 年沪深两市十大军工集团下属的 59 家上市公司为研究样本，对军工上市公司自愿性信息披露的特征展开实证研究，以期为我国军工上市公司如何提高自愿性信息披露水平提出相关建议，促进我国自愿性信息披露体制的发展和完善。本章的分析结论如下：

（1）2012～2015 年期间，我国军工上市公司自愿性信息披露质量总体偏低，但逐年有所提升，且披露差异逐年减小。

（2）我国军工上市公司自愿性信息各指标部分披露状况不一，突出表现为背景信息较好，而预测性信息较差。

（3）军工上市公司自愿性信息披露质量与非军工上市公司相比没有显著性差异。

综合上述统计与分析，本章针对军工上市公司自愿性信息披露提出以下建议：

（1）加强军工上市公司自愿性信息各部分披露的稳定性，并重点关注预测性信息。预测性信息披露的数量越多、质量越高，会更有效地降低信息不对称，使得信息使用者可以对公司的质量水平进行更客观地权衡，从而做出更经济和理性的判断。

（2）军工上市公司应注意对自愿性信息披露的内容进行必要的阐述和分析。自愿性信息披露主要描述上市公司的基本情况、经营状况和未来发展，应分量增加更加详细的文字性描述以及具体的定量分析。

第 7 章

军工上市公司自愿性信息披露的
影响因素研究①

7.1

引　言

　　军工企业面向资本市场，究其原因为开辟了另一种融资与再融资的重要渠
道，能够与国家发展军工企业的目标形成有机结合。军工企业自身的特殊性，
加之来自国家的大力支持，使军工上市公司成为资本市场备受关注的投资标
的。军工上市公司以其特殊的技术优势和实力背景，成为目前我国证券市场上
的一支特殊而重要的生力军。我国军工企业近几十年高速发展，军工企业利用
资本市场进行融资等业务不断增多，然而随着军工业务复杂化发展，我国军工
企业特别是军工上市公司在航天、航空等重大军工项目上不得不面临诸多问
题，例如：军工上市公司盈利能力不强，大部分上市公司处于完全竞争性行
业，只有少数几家在国防重点产业如船舶工业、航空制造业、航天通讯等产业
具有优势。

　　截至目前，国内军工上市公司已达到 60 余家，投资者对于军工类上市公
司信息的需求也在不断增大，上市公司按要求定期披露的财务信息和年度报告
已成为投资者进行决策的重要参考信息，同时对于信息本身的内容、形式以及
质量各方面都提出非常高的要求。

　　本章对军工上市公司自愿性信息披露的影响因素进行实证研究，并选取恰

---

　　①　本章数据来自上海证券交易所网站（www.sse.com.cn）和深圳证券交易所网站
（www.szse.cn）。

当的案例公司进行案例分析，根据实证结果与案例分析结果提出相关建议用以提高我国军工上市公司的自愿性信息披露水平。

目前，国内学术界对于军工上市公司自愿性信息披露的探讨寥寥无几，因此，本章首先对 2014～2015 年国内上市军工企业进行自愿性信息披露标准评价，通过实证研究的方法对上市公司自愿性信息披露的影响因素进行研究。在得出相关的研究结论后，将目标主要对准国内军工类上市公司自愿性信息披露，以 2014～2015 年我国军工类上市公司年报为自愿性信息披露的研究样本，运用案例研究法对样本公司自愿性信息披露动机及影响因素进行分析，筛选其中两家最佳与最差的公司为研究对象。希望能够丰富国内对这一领域的研究内容，对提高军工上市公司自愿性信息披露质量提供一定的数据支持和实践参考。最后得出本章的结论，并对我国上市公司自愿性披露质量的提高，披露体系的完善提出了相关建议。

军工上市公司目前只是资本市场中为数不多的一部分，但其健康发展对国防科技工业和资本市场的发展都具有重要意义。军工上市公司作为军工企业的代表，是对内、对外展示我国军工经济实力和军事技术水平的一个重要窗口。这一点是军工上市公司有别于一般上市公司最明显的特点，这种特殊属性源于保障国家安全的需要。就信息披露而言为了更好地维护国家安全，军工上市公司最好尽可能地减少披露相关信息，防止军工上市公司的任何信息被他人不正当的利用，对于所披露的信息，最好采用比较模糊、简单和滞后的方式。而相反的作为上市公司，面对投资者对于信息的需求，则要求上市公司尽可能多的披露更多、更有质量、更能反映公司业绩和竞争力的信息，将可能影响投资者的信息进行详细的披露。可见，这样一种特殊自身属性会成为主要影响军工上市公司进行自愿性信息披露的因素之一，国家安全和投资者利益会决定个体对于自愿性信息披露的行为。

因此本章总结先前的文献，选出若干个影响上市公司自愿性信息披露的因素对其进行实证研究，并选取具有显著性、代表性的公司为样本进行具体分析，通过这样的研究方法，希望丰富国内针对军工上市公司自愿性信息披露的研究内容，促进我国军工上市公司的治理水平提高和全面发展。为军工上市公司声誉与形象的提升，以及正在进行的新一轮军工企业改制上市提供一定的数据支持与实践参考。

案例研究方面，本章从十大军工集团下属上市企业中选取最具代表性的两家公司作为重点研究对象，以其 2015 年度报告披露自愿性信息为研究样本，通过已有的信息披露质量评价指标体系分析军工上市公司自愿性信息披露的特征，最后结合案例分析具体解释对自愿性信息披露的影响。

7.2
自愿性信息披露理论基础与文献综述

7.2.1　自愿性信息披露理论基础

（1）投资行为理论。因为投资行为的不确定性，这一理论与证券市场的投资回报和风险密切相关。同样条件下相同级别的风险，投资者往往喜欢更高的投资回报率，投资回报相同的情况下，投资者需要一个较低的风险水平。进行充分信息披露的上市公司对投资者提供有效的信息，减少投资者的不确定性，以便降低风险。此外，随着资本市场的发展，预计更多的上市公司通过自愿性信息披露，以突出公司的竞争优势，进而可以在有限的资本市场争夺稀缺的资源，降低风险来吸引更多的投资者。因为企业认为，良好的声誉会降低企业的资本成本，增强投资者对企业的投资信心。从企业的角度来看，自愿披露可靠和有效的信息，可以减少外部对企业未来不确定性的担忧，从而提高公司的价值。

阿尔钦和德塞茨（Alchian & Demsetz，1972）的主要贡献体现在"团队生产理论"上。团队生产的特点在于需要多种生产要素所有者之间的合作，但这种协同合作会使得其中成员的行为影响到其他成员的生产效率。为提高团队生产成员的积极性就有必要实施监督，而监督者要具有监督的积极性就必须给予其获得剩余的权利。它将企业理论的研究引入了企业内部结构和权利安排方面，而且，他们更强调对行为的支配，而非对财产的支配，相比交易费用理论更深入和现实。

（2）信号传递理论。信号理论首先由斯宾塞（Michael Spence）1974 年在经济学中作了介绍，斯宾塞在他的著作《市场信号：雇佣过程中的信号传递》中，分析了信息优势的个体如何在市场上通过"信号"有效地传达个人的信息，来实现高效的市场均衡，从而成功开发了信号理论研究领域，也成为他的劳动力市场模型中一个最典型的信号理论模型。

高质量或利好的自愿性信息，市场会做出积极回应，公司的股价将会上涨，而不进行披露的公司可能是坏消息，它的股票价格将会下降。因此，认为未来的现金流良好、信息质量高的企业，管理当局有能力充分披露，企业披露准确信号来证明自己的企业是理想的，他们的股票价格偏低。通过一个可靠和充分的披露，缓解信息不对称的压力，减少投资者对公司的未来前景的不确定性问题，证明他们的公司值得投资，他们的股票价格很低。通过公司大量可靠的信息报告的方式，可以减少不确定性和职务变化带来的投资风险，投资者的需求也刺激了产量，公司的筹资能力将增加，资本成本将会降低，企业的价值将得到改善。表现不佳的公司，为了维护信誉也可能自愿披露相关信息。最后"只有那些最糟糕的公司不再发出信号显示其价值"（瓦茨和齐默尔曼，1986）证券市场信号显示的结果不仅能区分不同公司的质量，并能够加强上市公司自愿披露的动机。

（3）契约理论。企业的契约理论始于科斯（Coase）的《企业的性质》，之后由阿尔钦和德赛茨（Alchian & Demsetz）、詹森和麦克林（Jensen & Meckling）、霍姆斯特姆和梯诺尔（Holmstronm & Tirole）等学者加以拓展，已经形成相当完备的理论体系。根据科斯（Coase，1937）提出的"交易成本"理论，交易成本即运用市场机制的费用，包括人们在市场上搜寻有关的价格信号，为了达到交易进行谈判和签约，以及监督合约执行等活动所花费的成本。投资者需要花费一定的精力和成本搜集上市公司股价等相关信息，造成社会资源的浪费，社会经济福利损失，上市公司自愿性信息披露，恰好可以弥补这方面的不足，上市公司也会从履行社会责任中受益。

詹森和麦克林（Jensen & Meckling，1976）考察了在所有权与经营权分离情况下的企业内部对管理者的激励问题。詹森和麦克林将代理成本定义为：①委托人的监督成本；②代理人的保证成本；③剩余损失。一般认为，这些成本的发生会减少管理层的报酬。由于重要信息的公开披露对保证这些契约的执行而减少双方的代理成本是必要的，因此，股东与经理之间契约的存在将促使公司自愿披露信息。通常情况下，经理会采用自愿披露更多信息的方式来报告受托责任的履行情况，自觉接受委托人的监督，获取委托人的信任，减少委托人和代理人之间的利益冲突。如果委托人认为自愿披露的信息可靠，那么代理监督成本就会被降低到最低的程度。这样，使代理监督成本最小化就成为管理层向所有者主动披露更多可靠的公司信息的一个经济动因。自愿披露信息是管理当局降低代理成本的一种手段，代理成本越高，管理当局自愿披露会计信息的动机越强。

（4）超额收益披露理论。信息披露的主要目的是提供给投资者等公司相关利益主体来监督和进行决策等有关信息。通过有效的市场竞争，反映公司的公众形象，塑造公司的品牌。"披露收益"是由于信息的披露，而引起公司外部（如资本市场、客户等）的有效市场反映（如资本成本下降、股价上升、良好的信息等），以及促进公司有效管理和内部影响（如有效的战略决策、控制和监督使得成本降低等），由于信息内容和性质的不同，超额收益所得值可能为负值。

强制性披露可以使同一行业的公司获得"平均披露盈利"，行业生长期等指标是等价的，实施自愿性信息披露的公司便可以获得"超额披露收益"。"披露收益""平均披露收益""超额披露收益"很难衡量，从本质上可归纳为公司的商誉，在市场的自由竞争中，"超额收益"自动区分不同公司间的性质、表现和发展能力。"超额收益"是公司获取利润的主要动机，"超额披露收益"则是公司有效改善信息质量、减少信息的不对称性，提高信息披露的质量。"超额盈余披露"将与信息披露质量的全面发展、提高公司业绩，逐步减少，公司之间的收入趋同的披露，从而形成了"平均收入"，这也是完善的信息披露制度，信息披露，实现高质量财务报告的过程（余建耀，2005）。

7.2.2　自愿性信息披露影响因素文献综述

国外对上市公司自愿性信息披露的影响因素的研究开始比较早，故而，在此范围国外的研究较为准确。

Eilbert（1973）等研究发现，规模大的上市公司会更加关注公司的"社会形象"和"信誉资本"，公司的规模越大就越倾向于披露更多的自愿性信息，规模大的上市公司更愿意通过自愿信息披露与投资者进行沟通，通过这种方法来提高公司自身的"社会形象"和"信誉资本"，从而降低治理成本。

Davey（1982）研究发现公司规模与自愿信息披露之间呈负相关关系，这种负相关关系是比较微弱的。他认为规模较大的上市公司通常存在着比较严重的公司管理问题。

Norgan（1985）用信号理论分析，认为自愿性信息披露是向投资者传递企业质量和公司治理水平的信号。因此，公司的管理人员为了掩盖一些公司的管理问题会选择减少自愿性信息披露。

Roberts（1992）证明公司规模与自愿信息披露之间呈负相关关系，通过研究发现日本上市公司的公司规模、上市公司的行业类型能显著的影响自愿性信息披露的水平，多个地方上市的上市公司和制造业类上市公司会自愿披露更多的信息。

Mitchell（1995）发现，样本公司的公司规模、财务杠杆对样本公司的自愿性信息披露水平有显著的影响，公司规模和财务杠杆与样本公司的自愿性信息披露水平呈显著的正相关关系。

Botosan（1997）实证研究结果表明，那些分析师关注较少的上市公司，自愿性信息披露水平越高，其权益资本成本越低。

Ferguson（2002）研究表明，随着公司资本结构中负债比例的提高，通常风险也会相应提高，公司需要承担更多的监督成本，而自愿性信息披露能够有效地帮助债权人评估公司的风险和债务成本，公司管理层就会有动力披露更多的信息来反映公司的财务状况，以表明其愿意接受监督的态度，从而降低监督成本。

Hossain（2009）等指出公司特征与自愿性披露的关系，结果显示公司寿命、规模、复杂性和有形资产在解释自愿性披露水平上是重要的，其他变量不重要。

国内有关自愿性信息披露的研究相对起步要晚一些。乔旭东（2003）研究发现，上市公司的自愿性信息披露水平与公司规模的显著性没有得到证实；上市公司的自愿性信息披露水平与上市公司的盈利水平呈正相关关系。

崔学刚（2004）研究了公司透明度的影响因素。结论如下，总经理和董事长的二职合一与公司透明度之间呈负相关关系；独立董事、前十大股东持股比例等公司治理变量能够提高公司透明度；公司透明度与公司规模具有显著的相关性。

封思贤、诸葛栋（2005）研究发现，我国的上市公司自愿性信息披露的整体水平不高，公司的盈余业绩（用净资产收益率进行表示）越大，公司的自愿性信息披露水平就越高；反之，就越低。

范小雯（2006）研究发现，由于内在动机缺乏充分性和外在激励机制还不够完善，还存在着许多问题，我国上市公司的自愿性信息披露水平比较低，有待进一步对自愿性信息披露进行规范。

陈晓红（2008）研究发现，管理层持股、审计委员会的设立有助于提高中小企业自愿性信息披露水平，规模大的中小企业更加注重自身形象的塑造，通过自愿披露更多的信息在投资者中塑造良好的形象，成长性越佳的公司越倾向于主动披露信息。

涂建明（2009）以深交所上市公司为样本研究了管理层不同信息披露质量与不同的财务状况、经营业绩等财务绩效之间的相关性，研究发现信息披露质量与公司的经营业绩、资产管理效率、财务风险具有显著的相关性，公司财务业绩的变化会驱动公司信息披露质量的变化。

伊志宏等（2010）以2003~2005年深交所上市公司数据，考察了产品市场竞争、公司治理和信息披露质量之间的关系，结果表明，公司治理结构的合理安排能够对信息披露产生积极促进作用。

张学勇、廖理（2010）利用中国上市公司股权分置改革逐步推进的特征，实证研究股权分置改革对公司自愿性信息披露行为的影响，发现无论是政府控制还是家族控制的上市公司，股权分置改革都可以有效地提高上市公司自愿性信息披露质量，不过股权分置改革只能显著影响非财务信息披露，对于财务信息披露并无显著影响。

李娇娇（2012）对可能影响上市公司自愿性信息披露指数的因素进行了研究。结果发现：上市公司总体自愿性信息披露指数与市净率显著负相关，与股权集中度、净资产收益率显著正相关；战略性信息披露指数与股权集中度、债务资本比例显著正相关，与市净率显著负相关，会计师事务所为四大之一对战略性信息披露指数有正的影响。

姜凡（2013）研究结果表明，从自愿性信息披露与强制信息性披露之间的关系、自愿性信息披露的度量、项目选取及影响因素等几方面指出缺乏相应的法律法规规范和指引。

郭婧等（2013）提出了我国上市公司自愿性信息披露今后需要研究的问题。指出自愿性信息披露是除强制性披露的信息之外，上市公司基于公司形象、投资者关系，回避诉讼风险等动机主动披露的信息。但目前中国上市公司在自愿性信息披露方面的意识较为薄弱，因此促进上市公司自愿性信息披露是十分迫切的。本章从自愿性信息披露的质量、动机和影响因素角度出发对已有的国内外文献进行梳理和归纳，指出现有研究的局限性。

7.3

研究假设与研究模型

7.3.1 研究假设

El-Gazzar（2008）以美国公司为样本证明规模大的公司更愿意进行自愿性信息披露。王惠芳（2005）也以中国深市上市公司的实证经验证明公司规模与自愿性信息披露正相关。结合中国上市公司的发展状况来看，规模较大的公司在信息披露方面的公司制度更加完善。并且相较于小规模的公司，大公司往往倾向于通过公共平台进行信息披露来向投资者传递信号。

基于此，本章提出假设7-1：公司规模与自愿性信息披露水平呈正相关关系，规模大的公司倾向于进行自愿性信息披露。

契约理论认为，高盈利公司的管理层更倾向于对外披露信息，来为维持他们的地位、声誉和薪酬安排提供理由。信号理论也有类似的暗示，认为盈利能力较高的公司将自愿披露更多信息，以使市场正确评价其盈利水平，避免其股价被低估。李艳（2007）通过对于深市和沪市上市公司2003年年度报告的实证研究，证实了以上的观点。

由此，本章提出假设7-2：盈利能力高的公司倾向于进行信息披露。

在债务契约中，债权人是委托人，经营者是代理人。债权人的目的是到期收回本金和收取一定的利息。当借款合同成立，股东将要求代理人运用资金为其利益服务。此时，股东和债权人的主要冲突是有限责任约束机制下，债务契约刺激股东作出次优投资决策。当公司债务水平很高时，股东倾向于投资高风险项目，此时的收益来源于对债权人的剥夺，这样会导致债券价格下降。如果债权人能提前知道股东投资高风险项目的行为，他们会降低愿意支付的价格。这样投资高风险项目的成本就还是由股东本人来承担。

因此，本章提出假设 7 - 3：财务杠杆与自愿性信息披露负相关。

对公司治理来说，国有控股公司存在着较严重的代理问题，所有者权利被弱化。并且相对于股东价值来说，国有股股东可能对政治目标给予特殊关注。

本研究提出假设 7 - 4：国有股持股比例越高，自愿性信息披露水平越低。

董事会的职能之一是对于管理层的监督职能，独立董事是其中一个重要工具。王斌和梁欣欣（2008）以深交所 2001 ~ 2004 年信息披露质量评级报告结果和 1884 家上市公司的面板数据以及 4 年的分年度数据为研究基础，从公司治理、经营状况角度讨论它们与信息披露质量的内在联系，发现上市公司信息披露质量与独立董事在董事会中所占的比例呈正相关。

由此我们提出假设 7 - 5：独立董事比例高的公司倾向于进行自愿性信息披露。

Forker（1992）认为董事长和总经理两职合一会降低公司的内部监控质量，从而对信息披露质量产生决定的影响。他发现上市公司审计委员会的设置与会计信息披露质量之间存在一种弱正相关关系。

因此我们提出假设 7 - 6：董事长与总经理二职合一会降低自愿性信息披露水平。

在外部因素方面，投资者往往对受到国家有关部门等监督机构的处罚的公司，持有观望或怀疑的谨慎投资态度。受罚公司为获取投资者信心，倾向于披露更多的自愿性信息。

由此我们提出假设 7 - 7：受罚情况与自愿性信息披露水平正相关，受过国家相关部门处罚的公司自愿性信息披露水平更高。

7.3.2 研究设计

（1）样本选择。本章采用军工行业上市公司 2014 ~ 2015 年年报为样本。剔除数据缺失的上市公司，共获得 120 个样本。

本章样本数据中，上市公司年报信息来自于上海证券交易所网站（http：//www.sse.com.cn）和深圳证券交易所（http：//www.szse.cn），部分财务数据来自锐思数据库。

（2）变量设计。本章以自愿性信息披露水平为因变量，以假设中提到的七个影响因素为自变量，因数据涉及两年的数据，因此加入年份作为自变量，来对两年数据的差异进行分析。具体变量指标如表7－1所示。

表7－1   变量设计

变量类型	变量符号	变量含义	计量规则	预期符号
因变量	VDI	自愿性信息披露水平	自行构建指数	+
自变量	SIZE	上市公司规模	总资产的自然对数	+
	ALR	财务杠杆	资产负债率	－
	ROE	盈利能力	净资产收益率	+
	IDR	独立董事比例	独立董事数量/董事数量	+
	NSR	国有股比例	国有股占总股数的比例	－
	CEO	董事长与总经理是否两职合一	两职合一则记"1"，否为"0"	－
	PUN	受罚情况	受到处罚为"1"，否为"0"	+
	YEAR	年份	2014年为"0"，2015年为"1"	+

（3）模型建立。在确定了上述的变量之后，本章以自愿性信息披露水平（VDI）为因变量，以公司规模、财务杠杆、盈利能力、独立董事比例、国有股比例、董事长与总经理是否两职合一、受罚情况以及年份为自变量，利用Amos软件构建路径分析模型。模型构建如下：

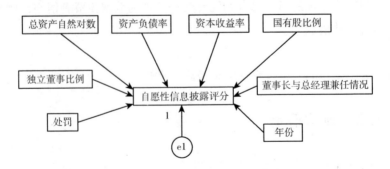

图7－1 影响因素路径分析模型

7.4

实证检验与结果分析

7.4.1 描述性统计及结果分析

本章采用 SPSS17.0 统计软件以及 Excel 表格中的函数分析,最终得到各变量的描述性统计结果如表 7 - 2 所示。

表 7 - 2 　　　　　　　　　　　　变量描述统计量

年份	极小值		极大值		均值		标准差	
	2014	2015	2014	2015	2014	2015	2014	2015
VDI	12.00	19.00	42.00	44.00	30.32	31.78	6.70	5.90
SIZE	20.27	20.46	26.05	26.06	22.47	22.55	1.17	1.16
ROE	-0.12	-0.64	0.40	0.39	0.10	0.05	0.10	0.18
ALR	0.13	0.19	0.92	1.00	0.51	0.50	0.19	0.20
NSR	0.00	0.00	0.71	0.59	0.07	0.06	0.15	0.12
IDR	0.14	0.10	0.57	0.58	0.34	0.33	0.09	0.08
CEO	0.00	0.00	1.00	1.00	0.08	0.07	0.27	0.26
PUN	0.00	0.00	1.00	1.00	0.05	0.16	0.22	0.37

从表 7 - 2 中 2014~2015 年各个变量的极值、均值和标准差,我们可以看到各个变量的分布特征。其中,2015 年的自愿性信息披露水平的极值、均值都比 2014 年高,标准差比 2014 年低,说明 2015 年军工上市公司的自愿性信息披露水平明显有所上升,并且各个上市公司的水平差异趋于稳定。公司规模、盈利能力、财务杠杆、独董比例、国有股比例以及两职合一情况两年间的差异不明显。但受罚情况 2015 年均值较 2014 年均值高,说明 2015 年受罚的军工上市公司较 2014 年的多。

本章对样本公司的自愿性信息披露得分数据进行了描述性统计分析,结果如表 7 - 3 所示。

由表 7 - 3 可以看出,我国的军工上市公司在以下项目的披露上偏向于保守,大多不愿进行披露,或者只是进行不深入的披露。这些项目如表 7 - 4 所示。

表7-3 自愿性信息披露水平描述统计量

年份	均值		标准差	
	2014	2015	2014	2015
公司经营理念	1.54	1.42	0.76	0.83
公司愿景	1.63	1.59	0.71	0.62
实现公司愿景的保障	1.87	1.92	0.42	0.28
公司组织结构	1.59	1.59	0.75	0.73
风险管理机制建设	1.47	1.61	0.78	0.60
公司品牌形象	1.55	1.65	0.73	0.67
市场营销策略	1.36	1.32	0.84	0.77
员工培养	1.44	1.71	0.74	0.62
员工福利及劳保政策	1.32	1.64	0.88	0.68
投资者沟通交流情况	1.27	1.26	0.84	0.90
产品和服务质量	1.46	1.53	0.70	0.71
环保措施	1.23	1.50	0.89	0.77
税收缴纳	0.69	1.00	0.79	0.97
社会公益活动	1.18	1.51	0.86	0.75
产销量预测	0.46	0.35	0.76	0.69
市场占有率预测	0.58	0.66	0.70	0.68
营业收入预测	1.35	1.25	0.93	0.96
营业成本预测	0.32	0.27	0.69	0.57
三项费用预测	0.17	0.12	0.53	0.44
利润预测	0.49	0.61	0.84	0.90
安全生产事故预测	0.43	0.81	0.70	0.91
盈利能力指标分析	0.94	1.02	0.84	0.80
负债水平指标分析	0.47	1.09	0.75	0.88
成本要素价格变动分析	0.79	0.69	0.88	0.73
国家政策对行业的影响分析	1.51	1.67	0.78	0.63
前五名客户名称和销售额	1.08	0.98	0.77	0.86
前五名供应商名称和采购额	1.14	1.00	0.76	0.87
自主创新情况分析	1.79	1.78	0.51	0.56

表7-4   样本中未披露或披露较少的项目

公司背景信息	无
社会责任信息	税收缴纳、社会公益活动
预测性信息	产销量预测、市场占有率预测、营业成本预测、三项费用预测、利润预测、安全生产事故预测
管理层讨论与分析	盈利能力指标分析、负债水平指标分析、成本要素价格变动分析、前五名客户名称销售额、前五名供应商名称采购额

由表7-4可以看出，第一，在公司背景信息的部分，军工上市公司大多倾向于进行详细的信息披露。这一部分主要是对于公司的战略理念等进行定性的描述，从中也可看出我国目前自愿性信息披露倾向于定性而非定量的现状。

第二，在社会责任方面，多数公司还是选择进行披露。这一部分主要包含公司社会责任履行情况的描述和实施的具体措施，多为定性描述。

第三，预测性信息部分包含7个指标，其中只有营业收入预测一个指标是大多数公司会进行详细披露的。这一部分的指标均为定量描述。多数公司会提及利润预测，但并不给出具体的预测数字。而其他几项，包括产销量预测、市场占有率预测等5个指标则鲜少有公司提及。相对于其他三个部分，预测性信息部分是样本中总体披露水平最低的，这也反映出了目前我国上市公司对于定量的自愿性信息披露采取的是能免则免的态度。

第四，在管理层讨论与分析的部分，政策影响和自主创新情况等指标是上市公司倾向于进行披露的。

样本所处的行业受国家政策影响较大的特点，以及自主创新能力对于样本公司提高企业竞争力的关键作用。而这一部分中，样本公司披露较少或者不进行披露的项目指标包括盈利能力指标分析、负债水平指标分析、成本要素价格变动分析以及客户和供应商情况。这五项指标均要求公司给出定量描述，因此在这一部分中，样本公司对于这五个指标的披露采取了相对消极的态度。

7.4.2　路径分析检验结果

（1）模型评价与修正。路径分析模型与其他统计模型一样，模型参数估计后，需要对模型进行检验和评价。

根据图7-1自愿性信息披露影响因素的模型框架，用Amos建立的初步计量模型，我们可称之为模型 A。

执行模型计算功能后，输出结果如下所示。

Computation of degrees of freedom（Default model）

Number of distinct sample moments：   45

Number of distinct parameters to be estimated：   17

Degrees of freedom（45 − 17）：   28

Result（Default model）

Minimum was achieved

Chi-square ＝48. 864

Degrees of freedom ＝28

Probability level ＝ 0. 009

模型 A 的 χ^2 值为 48. 864，显著性水平 P ＝0. 009，应拒绝此模型。因此，我们要对模型加以修正，修正的原则是使 χ^2 值尽量减少，P 值增加。

输出结果给出的"Modification Indice（修正指标）"如表 7 − 5 所示：

表 7 − 5   Covariances：（Group number 1 − Default model）

			M. I.	Par Change
资本收益率	←→	资产负债率	4. 032	− 0. 005
总资产自然对数	←→	资产负债率	10. 997	0. 068
总资产自然对数	←→	国有股比例	4. 961	0. 032

M. I. 是当模型改变时（例如资产负债率与总资产自然对数之间建立共变关系）后 χ^2 值的减少量，Par Change 是当模型改变时对应变量间关系的变化情况（例如资产负债率与总资产自然对数之间的协方差增加 0. 068）。从表 7 −5 中可看到，建立资产负债率与总资产自然对数之间的共变关系，可使 χ^2 值减少最多，达到 10. 997。结合实际情况，资产负债率为负债与总资产的比值，当其他条件不变时，总资产越高，资产负债率越小，显然总资产的自然对数与资产负债率存在共变关系。资本收益率为净利润与净资产的比值，在其他条件不变的情况下，资产负债率越高，企业总资产中负债越多，相对的净资产越少，净资产对资本收益率产生影响，净资产越低，资本收益率越高，因此资本收益率与资产负债率一定程度上存在共变关系。因此，本章结合理论分析与统计模型修正情况，我们选取资本收益率与资产负债率和资产负债率与总资产自

然对数这两条可使 χ^2 值减少的路径对模型进行修正。

修正后的模型如图 7 - 2 所示，可称之为模型 B。

执行模型计算功能后，输出结果如下所示。

Computation of degrees of freedom（Default model）

Number of distinct sample moments：　　　　　　　　　　45

Number of distinct parameters to be estimated：　　　　19

Degrees of freedom（45 - 19）：　　　　　　　　　　　26

Result（Default model）

Minimum was achieved

Chi - square = 30. 897

Degrees of freedom = 26

Probability level = 0. 232

我们可看出，模型 B 的 χ^2 值为 30. 897，比模型 A 的 χ^2 值减少了 17. 769，比预估的值（10. 997 + 4. 032 = 15. 029）还多。显著性水平 P = 0. 232，不在拒绝域之内。这说明经过修正后的模型 B 是可用于分析的模型。

基于模型 B，本研究对建立的自愿性信息披露影响因素模型进行进一步的评价，包括两个方面：参数检验和模型拟合程度检验。

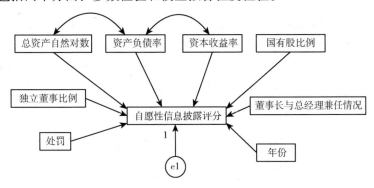

图 7 - 2　影响因素修正路径分析模型

（2）参数检验。模型参数的检验主要是进行参数的合理性检验和参数的显著性检验。

①参数的合理性检验。参数的合理性是指得到的参数估计值有合理的实际意义，检验参数的合理，就是检验参数估计值是否恰当。这一检验包括：方差、标准误是否为正，相关系数是否在 - 1 ~ 1 之间，标准化系数是否小于 1

等。经检验，本研究的参数估计结果均是合理的，本章路径分析模型的参数估计值如图 7 - 3 所示。

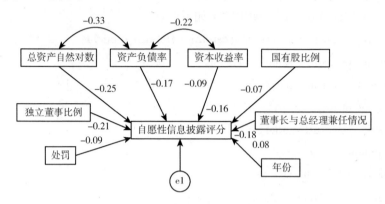

图 7 - 3　影响因素路径分析结果

②参数的显著性检验。路径分析模型的参数显著性检验，类似于传统回归模型中参数的显著性检验。对每一个估计的参数建立原假设 H_0：参数等于零。检验采用 C. R. （Critical Ratio）统计量，它由参数估计值与其标准误之比构成，同时给出 C. R. 的统计检验概率 P 值，可以根据 P 值对参数的统计显著性检验结果作出判定。

由于本研究提出的七个假设反映的都是变量之间的关系，因此下面主要对变量之间的路径系数进行检验。表 7 - 6 是路径系数估计结果。

表 7 - 6　　　　　　　　　　路径系数估计结果

路　　径	估计值	标准误	C. R.	P 值
总资产自然对数→自愿性信息披露评分	1. 381	0. 489	2. 821	0. 005
资本收益率→自愿性信息披露评分	- 3. 970	3. 722	- 1. 066	0. 286
资产负债率→自愿性信息披露评分	- 5. 482	2. 967	- 1. 848	0. 065
国有股比例→自愿性信息披露评分	- 3. 321	3. 863	- 0. 860	0. 390
独立董事比例→自愿性信息披露评分	15. 680	6. 358	2. 466	0. 014
董事长与总经理兼任→自愿性信息披露评分	- 4. 310	2. 021	- 2. 133	0. 033
处罚→自愿性信息披露评分	1. 923	1. 774	1. 084	0. 278
年份→自愿性信息披露评分	0. 986	1. 065	0. 926	0. 355

对于假设 7 - 1，代表公司规模的总资产自然对数对自愿性信息披露评分的路径系数为 1. 381，在 1% 的水平下显著。公司规模与自愿性信息披露水平正相关，假设 7 - 1 得到验证。这表明公司规模越大的公司倾向于披露更多的自愿性信息，向外界表明自己的实力，吸引更多的投资者。由前文中的分析可知，规模较大的公司往往在行业中有较大的影响力，其受到关注的程度也远高于行业中那些小规模的公司。对于规模较大的公司来说，自愿性信息披露是其向市场传递信号的有效方式，同时，也是在投资者中树立良好的口碑，维护和提升公司形象的一个良好的途径。相较于大公司，小规模公司的自愿性信息披露受关注程度不如大公司，进行自愿性信息披露带来的效果远不如大公司的显著，因此在无特殊要求的情况下，小规模公司进行自愿性信息披露的意愿不如大规模公司强烈。

对于假设 7 - 2，代表公司盈利能力的资本收益率对自愿性信息披露评分的路径系数为 - 3. 970，未通过显著性检验。本章假设 7 - 2 盈利能力高的公司倾向于进行信息披露。路径系数结果为负，与假设不符，但路径系数结果并未通过显著性检验，因此不能验证盈利能力与企业自愿性信息披露负相关。

对于假设 7 - 3，代表财务杠杆的资产负债率与自愿性信息披露评分的路径系数为 - 5. 482，在 10% 的水平下通过显著性检验。假设 7 - 3 得到验证。财务杠杆低的公司自愿性信息披露水平更高。当公司债务水平很高时，企业倾向于投资高风险项目，此时的收益来源于对债权人的剥夺，这样会导致债券价格下降。如果债权人能提前知道股东投资高风险项目的行为，他们会降低愿意支付的价格。这样投资高风险项目的成本就还是由公司来承担，那么企业处于自身利益的考虑会减少相关信息的披露。

对于假设 7 - 4，国有股比例与自愿性信息披露评分的路径系数为 - 3. 321，路径系数为负，与本章假设预期符号相符，但未通过显著性检验。本章在提出假设时认为，国有股持股比例的增加会使其他股东的持股比例下降，导致其他股东的投票权减少，降低了其他股东的对于决策的影响力。对于国有股比例高的上市公司来说，管理层进行自愿性信息披露的意愿较弱。结合上文军工上市公司特征，军工行业的上市公司大多数是国有企业，军工上市公司股权结构中的国有股比例较普通上市公司明显偏高，这就导致了国有股比例这一指标的可比性和代表性降低。本章的研究样本均为军工上市公司，国有股比例对自愿性信息披露的影响缺少低国有股比例上市公司的对比，因此本章样本中国有股比例对自愿性信息披露影响的数据仍不足以验证假设，是这一假设未通过显著性检验可能的原因。

对于假设7-5：董事会中独立董事比例与自愿性信息披露评分的路径系数为15.680，在5%的水平下通过显著性检验。假设7-5得到验证。独立董事的比例越高，公司自愿性信息披露质量越高。独立董事对公司的管理层起监督作用，独立董事的比例越高，董事会之间的决策独立性越高，管理层为自我利益而减少自愿性信息披露的可能性越小，即独立董事比例与自愿性信息披露之间负相关。

对于假设7-6：董事长与总经理二职合一情况与自愿性信息披露评分的路径系数为-4.310，在5%的水平下通过显著性检验，与预期相符，假设7-6得到验证，董事长与总经理二职合一会降低自愿性信息披露水平。董事长与总经理二职合一会使董事会的监督职能减弱，这会导致管理层的决策受到影响，从而影响自愿性信息的披露。

假设7-7：受罚情况与自愿性信息披露评分的路径系数为1.923，路径系数为正，与本章假设预期符号相符，但未通过显著性检验。作为外部环境因素的企业受罚情况与自愿性信息披露水平正相关，与预期一致。根据理论分析，投资者往往对受到国家有关部门等监督机构的处罚的公司，持有观望或怀疑的谨慎投资态度。受罚公司为获取投资者信心，倾向于披露更多的自愿性信息。根据本章120个研究样本数据，仅受过处罚的样本数为12，受罚数据比例较低可能是本章假设7-7未通过显著性检验的原因。

（3）模型拟合程度检验。结构方程模型提供了多种拟合指数来检验模型的拟合程度，不同类别的拟合指数可以分别从模型复杂性、样本大小、相对性与绝对性等方面对理论模型进行评价。常用的拟合指数以及本章拟合指数结果如表7-7所示。

绝对拟合指数通过构造统计量，比较样本协方差矩阵与假设模型隐含的协方差矩阵之间的差异，评价和测量模型的绝对拟合程度，主要包括卡方自由度比（χ^2/df）、渐进残差均方和平方根（RMSEA）、适配度指数（GFI）和调整适配度指数（AGFI）等。相对拟合指数是将预设模型与独立模型的适配度相互比较，以判别模型的拟合程度，包括比较适配指数（CFI）等。简约适配指数则用来反映模型的精简程度，包括Akaike信息效标（AIC）等，一般评价标准是预设模型的指标值要比饱和模型和独立模型的指标值小。

表 7 - 7　　　　　　　　　　　　　　　模型拟合结果

	拟合指数	数值	评价标准	指数评价
绝对拟合指数	χ^2/df	1.188	1 ~ 2 之间，越小越好	可接受
	RMSEA	0.040	小于 0.08，越小越好	可接受
	GFI	0.945	大于 0.9，越接近 1 越好	可接受
	AGFI	0.905	大于 0.9，越接近 1 越好	可接受
相对拟合指数	CFI	0.851	大于 0.9，越接近 1 越好	较差
简约适配指数	AIC	68.897，比饱和模型（90.000）和独立模型（86.916）的 AIC 值小	预设模型比饱和模型和独立模型的 AIC 值小	可接受

由表 7 - 7 可知，除相对拟合指数外，本章路径分析模型的各个拟合指数的数值均在可接受范围内，说明模型拟合程度较好，与样本数据适配。相对拟合指数 CFI（0.851）尽管未达评价标准 0.9，也与 0.9 相接近。整体而言，本章所构建的模型拟合程度较好。

（4）效应分解。路径分析模型可以同因果模型一样，进行效应分解，一个变量对另一个变量的直接影响称为直接效应。本章中公司规模、盈利能力、财务杠杆、国有股份比例、独立董事比例、两职合一情况以及受罚情况对自愿性信息披露水平、外部环境对自愿性信息披露水平的影响都是直接效应。一个变量通过其他变量对另一个变量的影响称为间接效应，其大小是若干个路径系数的乘积。直接效应和间接效应的和为总效应。模型的效应分解计算结果如表 7 - 8 所示。

表 7 - 8　　　　　　　　　　　　　　　效应分解计算结果

	直接效应	间接效应	总效应
总资产自然对数→自愿性信息披露评分	1.381	0	1.381
资本收益率→自愿性信息披露评分	- 3.970	0	- 3.970
资产负债率→自愿性信息披露评分	- 5.482	0	- 5.482
国有股比例→自愿性信息披露评分	- 3.321	0	- 3.321
独立董事比例→自愿性信息披露评分	15.680	0	15.680
董事长与总经理兼任→自愿性信息披露评分	- 4.310	0	- 4.310
处罚→自愿性信息披露评分	1.923	0	1.923

由表 7-8 可以看出，总效应计算结果与直接效应结果一致，无间接效应。说明这七个因素对自愿性信息披露的影响均为直接影响，未通过其他变量来影响公司自愿性信息披露水平。

7.5
实证分析小结与相关建议

7.5.1 实证分析小结

结合自愿性信息披露影响因素分析现状及本章中的路径分析结果，本章七个假设中，四个假设通过显著性检验，六个自变量的路径系数与假设预期相符，验证了公司规模和独立董事比例与军工上市公司自愿性信息披露正相关，公司规模越大、独立董事比例越高的企业越倾向于披露更多的自愿性信息；财务杠杆和董事长与总经理两职合一情况与军工上市公司自愿性信息披露负相关，财务杠杆越大、董事长与总经理两职合一的企业越倾向于少披露自愿性信息。由于军工企业自身特征原因，军工上市公司的国有股比例及受罚情况与其自愿性信息披露的关系未通过显著性检验，但其路径系数符号与本章假设预期一致，国有股比例越低越倾向于披露更多自愿性信息；军工上市公司受罚后更愿意披露更多自愿性信息。盈利能力与自愿性信息披露的关系未通过显著性检验。

本章认为可以通过以下几个对自愿性信息披露影响因素进行调整，进而提高军工上市公司的自愿性信息披露质量，从而提高企业信息披露的有用性及可靠性，增强企业在市场中的竞争力的结论。

7.5.2 相关建议

（1）完善自愿性信息披露相关法律法规和监管制度。

目前我国法律法规中对于自愿性信息披露的规定已经逐渐形成了框架，但是其对于细节的要求还不够完善和具体。对于上市公司自愿性信息披露的保障机制也不健全。在法律法规方面，主要有以下几点建议。

①为上市公司自愿性信息披露提供保障。在第 3 章的分析中提到，由于目前我国的法律法规不够健全和完善，上市公司在自愿性信息披露过程中由于可能承担的责任和经济后果而不愿进行信息披露。上市公司对于可能承担的风险和法律责任的担忧是阻碍我国上市公司自愿性信息披露的一个重要因素。从描述性统计结果来看，上市公司在进行自愿性信息披露的过程中对于预测性信息的披露是最不积极的，在四个部分中，预测性信息披露最少且披露质量的得分最低。这也证实了目前我国军工上市公司对于预测性信息披露普遍抱着消极的态度。借鉴发达国家的经验，制定法规或者修订已有的法规来为上市公司建立一个合理的免责制度是解决这一问题的有效手段。在美国，证监部门专门为预测性信息披露建立"安全港"制度。其目的是保护合理披露预测性信息的上市公司免于民事责任。从实施的效果来看，这项法规在美国市场中有良好的实践效果。由此可以看出，我国也需要一个切实可行的免责制度，为上市公司的自愿性信息披露尤其是预测性信息的披露提供一个良好的法律环境。

②建立自愿性信息披露质量评价机构。目前我国上市公司的信息披露质量良莠不齐，投资者很难从冗余的信息中分辨出有用的信息，再加上上市公司报喜不报忧的惯常做法，使得投资者获得的信息质量大打折扣。对于这种现状，建立独立的信息披露质量评价机构，对上市公司披露的自愿性信息给出一个类似于审计报告的评价，能够帮助规范上市公司的自愿性信息披露，同时也能达到一种社会监督的效果。由本章的实证研究结果可以看出，提高监督的水平有利于提高上市公司自愿性信息披露的意愿和质量。在国外也有类似的例子，如加拿大的证监机构就牵头成立了类似于审计机构的独立信息披露评价机构，来规范加拿大上市公司的信息披露。在我国，可以结合我国的市场特征，先由证监会引导建立评价机构，待发展成熟之后证监会再逐渐退出信息披露评价系统。

（2）完善上市公司治理结构。

①建议董事长与总经理两职分离。通过本章的第 4 个假设可以看出，董事长与总经理两职合一会导致管理层的决策受到影响，从而降低上市公司管理层的信息披露意愿和信息披露质量。本章在通过对于我国军工行业上市公司的实证检验也证实了这一观点。为了进一步提高我国上市公司自愿性信息披露水平，本章建议在完善上市公司治理结构的过程中提倡董事

长与总经理两职分离。董事长与总经理两职合一主要的缺点是容易造成董事会对于管理层的监督与约束职能的削弱，同时一人精力有限也不利于高效合理的完成董事长与总经理的工作。因此，本书建议我国应实行董事长和总经理两职分离的机制，使两个职位上的人都能够各司其职，形成有效健全的治理结构。

②完善独立董事制度。我国证监会在 2001 年颁布的《关于在上市公司建立独董事制度的指导意见》中规定了上市公司的独立董事比例。尽管如此，从我国目前的状况来看，这一措施还远远不够。有的上市公司为了减少独立董事的人数会缩减董事会成员数量，而在大部分公司中，独立董事参与公司管理和对公司决策所发挥的影响也远低于预期的水准。实证检验的结果显示在我国的军工行业，独立董事比例对于自愿性信息披露水平的影响并不显著，一个重要的原因就是独立董事制度在我国还不够完善，上市公司的独立董事并没有完全发挥出其应有的作用。因此，建立健全上市公司独立董事制度有助于提高自愿性信息披露水平。

7. 6

案例研究

本章选取截至 2015 年 12 月 31 日的军工上市公司样本，按照前文指标评价体系，依据具体评分标准，最终通过自愿性信息披露的情况将军工上市公司进行排序，以得分高低判断自愿性信息披露水平。

7.6.1 样本选择与数据收集

本章研究样本，采用截至 2015 年 12 月 31 日上海证券交易所与深圳证券交易所上市的全部 A 股十大军工集团下属上市公司。为防止 ST 公司财务情况出现重大异常，从中剔除数据缺失的公司，主要将研究重点集中于军工上市公司正常状态下的自愿性信息披露水平①。最终得到 59 家公司作为研究样本，样本公司的数量、分布情况如表 7-9 所示。

---

① 根据第四章研究的自愿性信息披露评价指标体系，对样本公司进行自愿性信息披露质量评分排名并最终进行选择。

表 7 - 9　　　　　　　　　　　　　样本公司行业分布情况

集团名称	上市公司数量（家）	占样本总数比例（%）
核工业集团	1	1.7
核工业建设集团	0	0.0
航天科技集团	5	8.5
航天科工集团	7	11.9
航空工业集团	17	28.8
电子科技集团	7	11.9
船舶重工集团	3	5.1
船舶工业集团	2	3.4
兵器装备集团	7	11.8
兵器工业集团	10	16.9
合计	59	100.0

数据来源：上海证券交易所网站、深圳证券交易所网站。

7.6.2　最佳上市公司案例研究

通过对样本公司逐一进行评分，最终选择样本为连续三年得分排在前列的中船防务（600685），其 2015 年自愿性信息披露指数为 43。中船海洋与防务装备股份有限公司更名前为广州广船国际股份有限公司，该公司成立于 1993 年，是中国船舶工业集团公司（"中船集团"）属下华南地区重要的现代化造船核心企业，广东省 50 家重点装备制造企业，中国制造业 500 强，中国最大的灵便型液货船制造商，国家高技能人才培养示范基地，国家高新技术企业，国家重点机电产品出口基地。公司享有自营进出口权。公司以造船为核心业务，专注于 3 万 ~ 6 万吨级中小型船舶的设计和建造，以中小型液货船为核心产品，主要包括原油船、成品油船及化学品船；涉及大型钢结构、船舶轴加工、船舶内装、防腐涂装、船舶劳务、机电产品及软件开发等，并已成功进入滚装船、客滚船、半潜船等高技术、高附加值船舶市场。在成功实现"中国第一、世界第三的灵便型液货船设计和制造企业"之后，公司调整战略目标，致力于成为全球中小型船舶市场技术领先、服务卓越的知名企业、华南地区重要的特种辅船建造和保障基地，并最终形成造船、重机、服务和海洋工程四大业务格局。①

---

①　中国船舶工业集团公司介绍来自该公司对外公布年报。

表 7 - 10 中船防务 2013 ~ 2015 年自愿性信息披露情况

股票代码	600685		
股票名称	中船防务		
报告年份	2013	2014	2015
公司经营理念	2	2	2
公司愿景	2	2	2
实现公司愿景的保障	2	2	2
公司组织结构	2	2	2
公司品牌形象	1	1	2
风险管理机制建设	2	2	2
市场影响策略	2	2	2
员工培养	2	2	2
员工福利及劳动保障	2	2	2
投资者沟通及交流情况	2	2	2
产品和服务质量	1	1	2
环保措施	2	2	2
税收纳税	1	1	1
社会公益活动	2	2	2
产销量预测	0	1	1
市场占有率预测	0	0	0
营业收入预测	0	1	2
营业成本预测	0	1	1
三项费用预测	0	1	1
利润预测	0	0	0
安全生产事故预测	0	0	0
盈利能力指标分析	0	2	2
负债水平指标分析	0	2	2
成本要素价格变动分析	0	2	1
国家政策对行业的影响分析	1	1	2
前五名客户名称及销售额	1	1	1
前五名供应商及采购额	1	1	1
自主创新情况分析	2	2	2
自愿性信息披露指数	30	40	43

（1）自愿性信息披露稳定性分析。上市公司各个年度之间自愿性信息披露是否稳定、具有一定的规律性也是众多利益相关者尤其是众多投资者关心的主要问题。本章对 2015 年度军工上市公司自愿性信息披露最佳的"中船防务"依据 2013～2015 年自愿性信息披露指标进行了打分，具体如表 7－10 所示。

从表 7－10 中可知，自愿性信息披露三年来较佳的中船防务 2013 年至 2015 年度之间的自愿性信息披露指数呈现逐年增高的趋势，信息披露更加全面具体，披露范围逐渐扩大，实现了向信息使用者传递更多有效信息。

中船防务控股股东为中船集团，属于十大军工集团中的军工上市公司。由于军工上市公司受限于其军工背景，对于自愿性信息披露往往不够充分，但随着一批军工集团将未涉密的业务剥离以及下属二级公司参与上市，逐渐揭开了其神秘的面纱。中船防务积极地向信息使用者披露更丰富的信息以避免投资者由于不能充分了解公司的机会和风险，造成信息不对称的情况，而不能做出正确评价。通过有别于强制信息披露的信息，使得公司能够以更全面的形象出现在投资者面前，通过履行社会责任等信息的披露，有效促进军工上市公司的企业形象提升；对现代企业管理制度的充分披露，给予投资者更大的信心。

（2）样本公司自愿性信息披露的内容分析。样本公司均属于军工上市公司，统一由国资委进行管理。虽然军品与民品业务对于其中一些军工上市公司中有所交叉，但依托强大的集团背景与资源优势，军工上市公司逐渐成为中国资本市场一批极具投资潜质的投资标的。对于自愿性信息披露，按照指标评价体系中具体各项指标，中船防务自愿性披露项目达到 75% 以上，大部分自愿性信息在年报中都有所体现，给予披露的篇幅和比重逐年增加，内容充实、翔实。具体表现如下：

①中船防务于 2013～2015 年各个年份中关于公司背景信息、社会责任信息以及管理层讨论与分析当中的大部分项目都进行了详细的披露。对于预测性信息，近三年只有 2015 年度报告中会涉及一些相关方面的信息介绍，但内容上披露较少，描述过于简单、概括，有些项目年报中并没有进行披露。

在 2015 年度报告，公司的核心技术团队和核心技术人员在报告期没有改变。受船市持续低迷和行业竞争激烈的影响，公司员工工资及福利待遇与其他行业存在一定差距，使得公司存在核心技术人员流失的潜在风险。公司已注意提前做好对策，稳定核心技术团队和关键技术人员的收入，加大人文关怀力度，使他们愿意与公司共度时艰。

②具体到各项指标，中船防务对于利润预测、安全生产事故预测以及市场占有率预测近三年的年度报告中均未予以披露。其中2012年度报告中披露的多项数据，相对于之前出现明显改善。例如：对公司未来展望当中可能面对的风险，提及了目前行业风险以及国家出台的相关政策。报告指出，在2016年世界的经济增长很可能仍然是低的，和面对未来两年的双底衰退的风险。目前，中国的造船业面临着劳动力成本上升，钢材价格不降反升。在今后几年内，中国造船业将面临洗牌。根据2013年1月22日国家有关部委发布的《关于加快推进重点行业企业兼并重组的指导意见》，国家将加快推进以大型骨干造船企业为龙头的跨地区、跨行业、跨所有制的兼并重组，优化资源配置，发展拥有国际竞争力的企业集团，提高产业集中度。

③军工上市公司所属行业以及自身特殊属性原因，并没有过多披露关于公司品牌建设的信息内容。相对于完全竞争市场中的企业，军工上市公司大多承担国家战略发展中的国防、军事等核心内容，与其他完全竞争下的产品存在明显差异。在近三年的年报当中，关于社会责任方面的披露体现出军工上市公司与其他企业非常明显的区别，反映央企对于履行社会责任的使命和高度重视。中船防务对于员工培训、员工福利及劳保政策、环保措施等环节的翔实披露，也符合大多数信息使用者对于军工上市公司的认识和判断。

通过对年报的逐年分析，可以清晰地发现中船防务力争通过更全面的信息披露与投资者建立更畅通的交流平台，对于披露内容的详细程度也在逐渐加强。对于与投资者交流情况的披露，真实的反映中船防务在试图完善和改进与投资者交流的方式和途径。2013～2015年的年报中都对此方面进行了介绍，向投资者传达积极的态度与沟通的愿望。在管理层讨论与分析指标中，对于位于前五名客户和供应商的披露情况还不够详细，但都分别对于第一大客户和最大供应商进行的了详细描述，销售额及所占比重都在年报中有所体现。

（3）样本公司自愿性信息披露影响因素分析。

①公司治理结构。公司董事会由11名董事组成，其中独立董事4名，独立董事人数超过董事会人数1/3，符合法律、法规对独立董事占董事会比例的要求。董事会成员中有着不同的背景，有工商管理、财务会计、投资策略、船舶管理的专业知识、法律事务等。

董事会设立四个专业委员会，分别为审计委员会、提名委员会、薪酬与考核委员会、战略委员会，并充分考虑各董事的专业技能及经验选任各委员会成员。公司治理结构完善，下设四个委员会职责明确、清晰，为董事会科学、高效的工作提供了强有力的保障。

在股权结构上，截至 2015 年公司与实际控制人之间的产权及控制关系如图 7 - 4 所示。

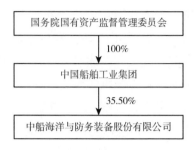

图 7 - 4　公司与实际控制人之间的产权及控制关系（截至 2015 年）

从 2013 ~ 2015 年近三年的年报中发现，中船防务自愿性信息披露水平呈现逐渐上升的趋势。从公司治理结构视角考虑自愿性信息披露水平，公司独立董事比例与自愿性信息披露呈正相关关系，相反当股权集中度越高，自愿性信息披露动机越低，与前文所属观点一致。其中高级管理人员中董事会成员每年均有变化，董事长近三年分别为李柱石、陈景奇、于宝山担任，董秘职位三年中出现更替现象。从 2011 年至今，年报格式及内容趋于完整，加入备查文件目录与重大风险提示，将股东大会情况作单独列示，董事会报告与重要事项披露顺序提前，加大自愿性信息在年报当中的披露比重，披露内容逐年丰富，披露质量逐渐提高。

在总股本未发生变动的情况下，截至 2015 年底，前十大股东并无具有影响力的明显变化。根据之前研究分析，公司董事会、监事会和高级管理人员是制定、解决公司信息披露的内容和方式主体，新一届高层管理者对于自愿性信息披露愿望明显，呈现出与之前明显的变化。在一个动态的，高度竞争的市场环境，管理者倾向于自愿披露更多的财务和非财务信息，使投资者对公司业绩产生更深刻的理解。从自愿性信息披露角度分析，中船防务对于公司背景信息披露详细，公司经营理念、公司愿景、实现未来目标的保障、风险管理机制及组织结构披露翔实、充分。由于军工上市公司均属于中央企业，关于公司行业情况、国资委对于公司经营管理的特殊规定或政策能够在年报中予以披露，向投资者传递更全面的信息。虽然这些信息不属于强制信息范围内，但对于信息使用者而言，可以更全面地了解公司外部情况，以及所处环境对于公司的影响。

②公司规模。中船防务总资产规模呈现逐年上升趋势，2013 年末为 123.88 亿元、2014 年末为 185.82 亿元，上升至 2015 年末为 228.21 亿元。公司召开了第八届董事会第二十八次会议以普通决议案方式通过 2015 年度利润分配方案，提取法定公积金之后，每 10 股派发 0.3 元红利（含税）；同意聘请信永中和会计师事务所有限责任公司为本公司 2015 年度国内及国际的财务报告审计师；同时本年度不实施资本公积转增股本。

相对与规模较小的公司来说，规模大的公司需要更多的现金流保障公司整体运营的循环，需要更大的市场支持。为了获得更多的来自市场的青睐和关注，规模越大的公司呈现出对自愿性信息披露更多的意愿，从而降低资本成本。另外，由于规模较大的公司，更加注重在行业内以及投资者心目中的社会形象及品牌信誉，利用自愿性信息披露，有针对性的适当披露公司的信息，与外部的利益相关者进行交流，满足公司资金需求，不但降低融资成本，更是塑造公司社会形象和改善公司信誉的主要手段。

另外，扩大公司规模的一大途径就是通过各种方式向投资者募集资金，从理论解释上来看，根据投资行为理论与自愿性信息披露之间的关系，股票投资的收益与风险是同一水平，风险密切相关，投资者更关注更高的投资回报率；投资报酬率相等的情况下，投资者偏好较低的风险，上市公司倾向于通过充分披露自愿性信息，提供对投资者有用的信息，从而减少不确定性，降低风险，吸引更多的资金注入。

③公司盈利水平。中船防务 2013～2015 年的净资产收益率（净利润）和每股收益见表 7－11。

国内外学者对公司业绩对自愿性信息披露的影响分析发现，公司经营情况会促进上市公司自愿披露更多的信息，但披露的往往都是正面的、积极的自愿性信息。由于中船防务公司的信息成本的性能相对较低，并有一个积极的影响公司的形象和股票价格，公司则会自愿披露更多的信息给予投资者。早在 30 年前，国外学者以五年 ROE 作为指标衡量公司财务业绩与自愿性信息披露的关系，结果显示二者为正相关。但根据封思贤（2005）的研究结果，当公司具有好消息或较差消息的经营业绩时，公司高层呈现出对于自愿性信息披露更强的动机。

表7-11 中船防务 2013～2015 年净资产收益率和每股收益

年份	净资产收益率（%）	每股收益（元）
2013	-5.19	-0.21
2014	4.46	0.33
2015	0.99	0.07

中船防务于 2015 年年报董事会报告中关于公司报告期内经营情况的讨论与分析中指出，在报告期内，实现营业收入 255.19 亿元，同比增长 21.25%，实现利润总额 4.7 亿元，同比增产 25.55%，归属于上市股东的净利润为 0.98 亿元。

对于预测性信息明显加大披露程度，对于市场占有率的预测、盈利能力分析预测以及国家政策对于行业的影响分析都在 2015 年度报告中予以较为详细的披露。反映公司高级管理层对于目前行业内的市场前景的预测，并没有隐去对于公司具有消极影响的信息，反而更全面地分析国内外行业现状，欧洲市场对于中国造船上市公司的客观影响，并给予更多的预测性信息，减少信息使用者由于目前低迷的行业现状所带来的影响，向投资者提供了更为客观、全面的行业信息。

④公司财务杠杆。中船防务近三年年报中显示，2013 年资产负债率为70%，2014 年资产负债率为 68%，2015 年资产负债率为 62% 左右。虽然负债水平呈现逐年下降趋势，但整体负债水平仍然较高。根据国内外学者基于财务杠杆对于自愿性信息披露的影响分析，当财务杠杆水平较高时，公司负债比例增大，同时财务风险增加。对于财务杠杆水平更为关心的是与公司利益相关的债权人，相比于更关注盈利能力的所有者不同，债权人更为关注的是公司到期偿还债务的能力及股东有违反或不尽职履行债务义务的可能性。

当公司财务杠杆水平较高时，公司会更愿意披露关于行业以及未来经营的预测性信息，加强与债权人之间的有效沟通，给予债权人更多的信心以降低融资成本，增加未来筹集资金的机会。如果财务杠杆水平较低，公司举债意愿不强，流动资产远远超过流动负债水平，无论短期与中长期均无偿债风险，此时公司往往容易忽略关于此方面的信息披露，同时这也是激进型投资者不愿看到的经营状态。

国内外学者研究表明，公司的财务杠杆水平与自愿信息披露水平呈正相关关系。中船防务近三年财务杠杆水平处于较高位置，决定了公司以更积极的态度面向信息使用者和债权人，更多加强未来预测性信息的披露，给予投资者更大的信心。

7.6.3 最差上市公司案例研究

依据指标评价体系中具体各项指标评分，长春一东（600148）自愿性信息披露水平得分在近三年排名中较为靠后，其自愿性信息披露指数在2015年为10。长春一东离合器股份有限公司（简称长春一东）隶属于中国兵器工业集团公司（简称中国兵工集团、中国兵器），是首家上市的中国汽车离合器行业的公司。公司主要经营汽车离合器及重型车驾驶室液压翻转装置，是目前国内汽车离合器生产的领军企业，占据了商用车市场的半壁江山。①

（1）自愿性信息披露稳定性分析。本章对2015年军工上市公司自愿性信息披露最差的"长春一东"，根据2013~2015年自愿性信息指标评价体系得分，具体如表7-12所示。

从表7-12中可知，虽然根据指标评价体系"长春一东"自愿性信息披露水平偏低，但近三年整体仍呈现出逐年上升的趋势，体现出作为军工上市公司与信息使用者更为积极的沟通意愿。

（2）样本公司自愿性信息披露的内容分析。长春一东全称为长春一东离合器股份有限公司，隶属于中国兵器工业集团公司，是中国商用车离合器行业中的领军企业，它不仅能为商用车及各类车型提供相关产品，同时也能够为军用战斗车辆进行配套。公司近三年自愿性信息披露情况具体表现如下：

①长春一东对于公司背景信息中的公司愿景、实现公司愿景的保障、公司组织结构以及风险管理机制建设等自愿性信息披露，其2015年度报告中都进行了较为翔实的披露，且信息内容逐年增加、具体。2015年对普通股利润分配方案以及资本公积转增预案都进行了一定的调整。

表7-12   长春一东2013~2015年自愿性信息披露情况

股票代码	600148		
股票名称	长春一东		
报告年份	2013	2014	2015
公司经营理念	2	2	2

---

① 长春一东离合器股份有限公司介绍来自该公司对外公布年报。

续表

股票代码	600148		
股票名称	长春一东		
报告年份	2013	2014	2015
公司愿景	1	2	2
实现公司愿景的保障	1	1	1
公司组织结构	1	2	2
公司品牌形象	1	1	1
风险管理机制建设	1	1	1
市场影响策略	0	0	0
员工培养	1	1	1
员工福利及劳动保障	0	0	0
投资者沟通及交流情况	2	2	2
产品和服务质量	0	0	1
环保措施	0	1	1
税收纳税	0	0	0
社会公益活动	0	0	0
产销量预测	0	0	0
市场占有率预测	0	0	0
营业收入预测	0	0	0
营业成本预测	0	0	0
三项费用预测	0	0	0
利润预测	0	0	0
安全生产事故预测	0	0	0
盈利能力指标分析	1	1	2
负债水平指标分析	0	0	0
成本要素价格变动分析	0	0	0
国家政策对行业的影响分析	0	0	1
前五名客户名称及销售额	0	0	0
前五名供应商及采购额	0	0	0
自主创新情况分析	1	1	2
自愿性信息披露指数	12	15	19

②具体到其他指标披露情况。长春一东近三年的年度报告中均未出现社会责任报告，在2015年年报中仅有一段对于社会责任工作情况的简单描述。而作为军工上市公司，同样隶属于国资委管理下的大型央企，履行社会责任是其重要的使命之一，例如其中的社会公益活动、环保措施、税收纳税等重要信息均未在近三年的年度报告中反映。2015年报中仅在第八节董事、监事、高级管理人员和员工情况中披露并分析目前公司各类员工的所占比重情况，并提出为了推动公司持续发展，提高员工的专业素质，公司从完善规章制度入手，积极组织员工参加新员工培训、技术培训、管理培训以及引进外部专业或派出专业人员外出学习等各项培训。

③大多数军工类上市公司所属行业属于不完全竞争市场，因此对于公司品牌建设信息并未给予足够重视。相较于其他军工上市公司，长春一东所处领域，军工企业并不具备明显优势，急需以自愿性信息披露的方式，向投资者传递更多、更有质量的信息，客观反映公司内部情况以及公司信誉价值，给予信息使用者更大的信心，长春一东对于此方面的信息并未做过多说明。

关于预测性信息以及管理层讨论与分析中所涉及的营业收入预测、营业成本预测以及负债水平指标分析等内容并未予以披露。与其他军工类上市公司经营的主营业务相比，长春一东虽作为我国汽车离合器行业的领军企业具有较长的经营时间，且于1998年成为中国兵器工业集团旗下的上市公司，但对于自愿性信息披露方面的内容仍有待完善。

（3）样本公司自愿性信息披露影响因素分析。

①公司治理结构。从独立董事的比例看，该公司董事会有10名董事组成，独立董事3名，独立董事占全体董事的1/3，符合法定要求。由于长春一东上市时间较长，对于公司董事会披露方面披露较为详细，关于公司董事会下设部门以及职能部门工作内容能够在年报中充分反映。仅从年报中所披露的信息来看，公司治理结构较为完善，然而完善的治理结构能否为董事会提供科学、客观以及高效的工作提供保障，还有待商榷。

在股权结构上，截至2015年公司与实际控制人之间的产权及控制关系如图7-5所示。

2015年报中，长春一东对于股东大会、股东变化情况给予些许篇幅的披露，并且对有关公司治理结构的信息予以说明。报告中详细地说明了公司董事会建立了战略、审计、薪酬与考核、提名等专门委员会。在披露的具体项目上，公司每年披露的信息并不完善，在收入预测、费用预测、前五名供应商等多项信息中，长春一东均没有进行披露。

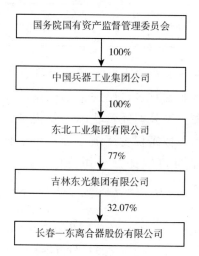

图 7 - 5　公司与实际控制人之间的产权及控制关系（截至 2015 年）

2013 年年报中披露，公司在董事会、股东及监事会等各方面，均按照国家标准政策在企业之中进行了制定，公司更是在 2012 年按照国家各项标准设立企业内部控制机构的基础上，于 2013 年继续完善了企业内部控制机构，进行了部分修改，同时增加了部分重要的业务流程。除此之外，企业在年报中也对董事会职责及相关异议的提出进行了披露。2014 年年报中关于公司治理机构方面披露信息与 2013 年基本相同，并没有发生较大变化。

②公司规模。对于自愿性信息披露积极性越高的公司，与投资者沟通的意愿表现得越为强烈。对于长春一东来说，公司所涉及重、中、客、轻、商务甚至军工等各类领域，公司规模在不断扩大。相较于规模较小的公司，对于自愿性信息披露应体现更为强烈的动机，但近三年报告中公司简单提到了公司的目标和战略，而其他指标披露较为分散，关键性非财务信息、预测信息、管理层讨论与分析则完全没有披露。

③公司盈利水平。长春一东 2013～2015 年的净资产收益率（净利润）和每股收益见表 7 - 13。

表 7 - 13　　　　　　　长春一东 2013 ~ 2015 年净资产收益率和每股收益

年份	净资产收益率（%）	每股收益（元）
2013	11.49	0.208
2014	12.81	0.270
2015	1.89	0.079

分析近三年的长春一东盈利能力水平，呈现并不稳定的状态。根据国内外学者对于公司经营业绩对于自愿性信息披露的影响的研究，盈利能力与公司披露程度正相关。当公司经营状况逐年提高，达到大幅预增的状态下，上市公司自愿性信息披露程度逐渐增加。越来越多的上市公司已经充分认识到自愿的披露信息可以提升公司价值，提高公司股票价格和流动性，降低公司资本成本，树立公司良好形象以及给予信息使用者更大的信心。

长春一东 2013 ~ 2015 年每股收益分别为 0.208、0.270 和 0.079，经营情况近三年表现不够乐观。上市公司遇到暂时性的经营问题，选择自愿披露的信息会呈现出谨慎的态度，会适当有选择的、甚至将此类信息不作说明。2013 ~ 2015 年度中，对于预测性的信息，长春一东都未进行披露。其中营业收入的预测、营业成本预测、三项费用预测等信息都会对信息使用者产生较大影响。对于长春一东来说，不存在上市时间较晚的客观情况，自愿披露的信息内容应该更加丰富。随着公司治理结构的不断完善，对投资者提供更全面的公司信息将会得到管理层越来越多的重视。通过及时、丰富、主动的信息披露，及时反映上市公司内在核心竞争力、企业愿景及不确定风险，有效促进与利益相关者的沟通。

④公司财务杠杆。长春一东近三年年报中显示，2015 年资产负债率为 46.85%，2014 年资产负债率为 50.78%，2013 年资产负债率为 54.50% 左右，负债整体水平处于较低状态，且近三年仍呈现出下降趋势。根据之前理论分析，虽然当负债水平过高，上市公司倾向于披露更多未来预测性的信息，给予投资者更大的信心。但是长春一东近三年负债总体水平均仅达到 50% 左右，说明企业的财务杠杆并没有得到充分的利用，企业仍有剩余资金但是没有得到更有效的运用，因此应该在年报中除披露强制性信息之外，将更多的可能影响未来公司发展及经营业绩的信息提供给信息使用者。

对于年报中涉及自愿性信息披露的问题，反映出长春一东对于相关方面问题并没有足够重视。虽然相较于 2013 年及 2014 年已经有一定提高，但在年报中给予的信息仍远远不够。尤其对于未来的预测性信息，在年报中完全没有体现，此方面应该引起公司管理者注意。

7.6.4　自愿性信息披露最佳与最差上市公司对比分析

（1）公司自愿性信息披露整体情况分析。从自愿性信息披露最佳与最差的军工上市公司从披露内容上来看，披露最佳的军工上市公司的披露内容要远远多于披露最差的公司，且更为详细、具体，因此得分总分也要远远高于最差的公司。从影响自愿性信息披露的因素上看，在公司治理结构中，披露最差的公司有些年份没有设立审计委员会、战略与薪酬委员会等机构，治理结构不完善等，而披露最佳的公司在这些影响因素上都没有出现上述问题。

从公司特征影响因素的公司规模、经营发展与盈利能力方面分析，披露最佳的军工上市公司虽然与自身比较总资产规模出现下降趋势，但整体上都高于披露最差的公司，表明公司资产规模越大，公司越倾向于进行自愿性信息披露。

（2）公司绩效方面的对比分析。本章选取了总资产、资产负债率和净资产收益率三个指标来体现军工上市公司的绩效表现。自愿性信息披露最佳与最差的两家公司 2015 年的相关指标如表 7 - 14 所示。

表 7 - 14　　自愿性信息披露最佳与最差军工上市公司 2015 年绩效情况

	总资产（亿元）	资产负债率（%）	每股收益（元）
中船防务	49.00	62.07	0.0709
长春一东	8.36	46.85	0.0079

从以上的表格中可以看到，中船防务的自愿性信息披露质量高，公司在绩效在盈利能力和成长能力方面都表现较好。对于长春一东而言，企业发展和盈利能力都受到了一定的限制。从上述分析可以很明显看到，自愿信息披露质量高的公司的绩效值要远远优于披露质量差的公司。

7.7

结论及相关建议

7.7.1 案例研究结论

案例研究部分采用理论与案例分析相结合的方法，对军工上市公司自愿性信息披露的影响因素进行了研究，得出如下结论：

（1）通过对自愿性信息披露最佳与最差上市公司 2013～2015 年的打分情况来看，这两家公司的自愿性信息披露在各个年份中都呈现了一定的变化趋势，即逐年增加的趋势，因此，自愿性信息披露是比较稳定且逐年好转的，且 28 项自愿性信息披露评分体系是具有可靠性的，具有一定的区分力。

（2）通过对自愿性信息披露最佳的公司以及披露最差的公司进行案例分析，从总体上看，自愿性信息披露最佳的公司对强制性披露项目都能够进行比较充分的披露，对自愿性披露项目大多进行了披露，披露也相对及时。而信息披露最差的公司披露大都不充分，自愿性披露的项目少之又少，披露的时间不够及时。

（3）从自愿性信息披露的内容分析上来看，军工上市公司对有关战略、目标、公司治理情况以及行业政策等方面的信息都能够积极地进行披露，有助于投资者决策，有利于保护投资者权益。但是，有关管理层讨论与分析提到的信息披露非常少。

（4）从影响自愿性信息披露的公司治理因素分析看，披露最佳的公司独立董事比例都达到了证监会规定的 1/3 的要求，都在 2010～2012 年设立了审计委员会，没有两职合一现象，股权结构较为合理。而披露最差的长春一东在治理结构中审计委员会的设置方面存在问题，年报中披露不够全面。

（5）从影响自愿性信息披露的公司规模因素看，披露最佳公司的公司规模显著大于披露最差公司的公司规模，验证了学者对于公司规模与自愿性信息披露之间的正相关研究结论。

（6）从军工上市公司经营发展以及盈利能力的分析来看，自愿性信息披露最佳公司的经营能力与盈利能力都低于披露最差的上市公司，净资产收益率与每股收益都呈现逐年下降的趋势，这初步验证了经营及盈利能力下降的公司企图披露较多的自愿性信息来增强公司透明度，提高投资者的信心。

（7）代理理论、信号传递理论以及投资行为理论等自愿性信息披露的理论动因在案例公司中得到了体现，解释了案例公司自愿性信息披露存在的差异。

7.7.2　提高我国上市公司自愿性信息披露的建议

（1）完善相应的制度引导。我国上市公司自愿性信息披露仍然处于初始发展阶段，应逐步发展完善相关的制度建设，积极引导并保护上市公司自愿披露有关信息，以满足信息使用者尤其是投资者的信息需求，并且解决用户日益增加的信息需求与准则相对供给不足的矛盾。此外，有关部门应对自愿性信息披露行为加以保护，以防止自愿性信息披露可能引起的诉讼和其他问题。在这个方面，美国的做法值得我们借鉴，美国证监会为鼓励企业披露盈利预测信息而建立了"避风港"原则，只要企业预测的信息合理并且是诚实善意的，即使预测信息与实际情况存在偏差，企业也无须承担相应责任。我国随着证券市场的进一步发展，投资者日益增强的法律意识，针对财务报告的诉讼将会增多，因此相关机构在不打击企业自愿性信息披露的积极性的基础上，尽可能地保护投资者的合法权益。

（2）加强监管力度。证券监管部门应防止企业随意发布虚假信息，加强对自愿性信息披露的监管，对查实违规的公司应及时进行处罚。尽管企业是自愿披露的信息，但也应为了维护证券市场的秩序，遵守证券市场信息披露的基本规定，防止企业借自愿性信息的名义随意发布虚假信息，误导投资者，在信息甄别与监督方面与强制性信息相比，需要更多的主观判断，因此更具有挑战性。证券监管部门和证券交易所应在以下几方面加强监管力度：

①加强注册会计师对自愿性披露信息的审核。保证会计信息可信性的一项重要制度就是审计，自愿性信息与强制性信息相比，虽然不必那样严格审计，但为了提高其可信度，也应由注册会计师进行必要的审核。

②监管部门规定反欺诈条款及其他必要的法律责任，对恶意披露误导投资者的企业应当给予处罚。

③为了保证自愿性信息的披露质量，建立自愿性信息保险制度和赔偿

制度。

（3）建立自愿性信息披露质量保障机制。由于企业自主决定是否披露自愿性信息，为了提高自愿性信息披露的水平，在完善相关法规制度以及加强监管力度的基础上，企业自身在自愿性信息披露方面做出的努力也是不可或缺的部分。首先，在企业中形成良好健康的披露风气，自上而下形成对自愿性信息披露的正确认识。其次，积极寻求供需双方在信息披露方面的均衡点，尽量符合成本效益原则。然后，规范自愿性信息披露的表述，注重规避自愿性信息的不确定性风险，减少和避免诉讼。最后，要提高自愿性信息提供者的业务能力，应由企业内经验丰富、具有较高职业判断力的专业人员编制完成。

第 *8* 章

军工上市公司自愿性信息披露的
有用性研究

8.1

引　言

8.1.1　研究背景

随着证券市场的迅速发展，自愿性信息披露作为强制性信息披露的有益补充越来越受到信息使用者的关注。军工上市公司作为证券市场上一支特殊而重要的生力军，其特殊的业务背景和对信息披露的敏感性有别于普通的上市公司，那么军工上市公司自愿性信息披露的水平如何，是否有助于投资者预测上市公司的未来财务绩效，是否能够解释累计超额收益率（CAR）① 的变化，是否有助于加快股票流动性，降低资本成本，从而提高公司价值，提升公司形象？最终能否为投资者和军工上市公司提供有助于他们做出决策的有用信息？解决这些问题正是本章选择军工上市公司为研究对象进行自愿性信息披露有用性研究的目的和意义所在，它直接关系到军工上市公司自愿性信息披露存在的必要性和合理性，也是今后进一步研究的基础。

本章首先分析了与自愿性信息披露有用性相关的理论基础以及国内外文献，总结了研究现状；其次在自行构建自愿性信息披露水平评价指标体系的基

---

① 累计超额收益率（Cumulative Abnormal Return，CAR），为每只股票在形成期内月超额收益率的加总。

础上，以我国沪、深两市十大军工集团下属的 63 家军工上市公司 2012 年、2013 年数据为样本，分析了我国军工上市公司自愿性信息披露的现状，并运用事件研究法、配对样本 T 检验和多元线性回归模型相结合的方法来研究我国军工上市公司自愿性信息披露的有用性。最后结合我国军工上市公司的实际发展情况和已有的信息披露制度对我国军工上市公司如何提高自愿性信息披露水平提出相关建议。

8.1.2　研究意义

（1）研究自愿性信息披露有用性的意义。随着我国市场经济的不断发展和证券市场的日趋规范，自愿性信息披露越来越受到信息使用者的关注。对于投资者而言，自愿性信息披露是否有助于降低信息不对称性，使处于信息劣势的投资者获得更多、更相关的决策有用信息，从而使其做出科学、合理的决策，起到保护投资者利益的作用？投资者对上市公司自愿性信息披露的有用性看法如何？

对于上市公司而言，其自愿性信息披露的水平如何？是否有助于投资者预测上市公司未来的财务绩效，是否能够解释累计超收益率（CAR）的变化，是否有助于加快股票流动性，降低资本成本，从而提高公司价值，提升公司形象？解决这些问题正是本章进行自愿性信息披露有用性研究的目的所在，具有十分重要的意义，它直接关系到上市公司自愿性信息披露存在的必要性和合理性，也是今后进一步研究的基础。

（2）选择军工上市公司为研究对象的意义。2007 年 11 月 15 日，国防科工委发布《军工企业股份制改造实施暂行办法》《中介机构参与军工企事业单位改制上市管理暂行规定》①，鼓励境内资本以及有条件的允许外资参与军工企业改制。目前从整体来看，军工上市公司的数量还不是很多，资产占军工企业总资产的比例还非常低。但是，根据 2008 年国防白皮书中关于"稳步推进

---

① 国防科工委于 2007 年 11 月 15 日公布的《军工企业股份制改造实施暂行办法》是在之前发布的《国防科工委发展改革委员国资委关于推进军工企业股份制改造的指导意见》基础上的细化，在军工企业改制类型、改制要求、保密安全、审批程序及监督管理几个方面提出更加明确的实施办法。《军工企业股份制改造实施暂行办法》共四十五条规定。《中介机构参与军工企事业单位改制上市管理暂行规定》，共十六条规定。

军工企业股份制改造，积极探索产权结构多元化改革，重点扶持符合条件的优势企业整体改制上市"的论述来看，军工企业更大规模、更深程度地利用资本市场，特别是通过大规模的资产注入和整体上市来实现军工国有资产保值增值、军工企业做大做强已是大势所趋，并正在成为现实。作为军工企业股份制改造的排头兵，军工上市公司是军工资产注入的对象和军工集团、大型军工企业资本运作的平台，也是未来军工企业发展的重要形式。对于军工上市公司来说，其特殊的业务背景和对信息披露的敏感性有别于普通的上市公司。

选择军工上市公司为研究对象进行自愿性信息披露的有用性研究，得出的结论可提示提高军工上市公司自愿性信息披露水平的路径，从而提升军工上市公司整体形象，为正在进行的新一轮军工企业改制提供一定的实践参考，对推动我国军工企业整体上市具有非常重要的实践意义。

8.1.3　研究内容与研究方法

（1）研究内容。本章将围绕以下内容展开：

①研究军工上市公司自愿性信息披露与公司财务绩效的关系。在计算自愿性信息披露指数的基础上，运用多元线性回归模型等方法研究军工上市公司自愿性信息披露与公司当期财务绩效的关系，以及对公司未来财务绩效的预测作用，从而来确定军工上市公司自愿性信息披露是否能够为投资者了解公司财务绩效提供参考。

②检验军工上市公司自愿性信息披露是否存在市场反应及价值效应。在计算自愿性信息披露指数的基础上，运用事件研究法和多元线性回归模型等方法研究不同自愿性信息披露水平下军工上市公司之间超额累计收益率和公司价值的差异，来解释自愿性信息披露与股价变动之间的内在关系，进而检验自愿性信息披露所产生的市场反应及价值效应。

③分析国内外自愿性信息披露的法规制度，结合我国资本市场和军工上市公司的实际情况，为我国军工上市公司自愿性信息披露的发展和完善提供参考和支持。通过研究中国证券监督管理委员会和证券交易所发布的关于自愿性信息披露的准则和文件，归纳总结出我国对不同类型或者板块上市公司自愿性信息披露的规定和相关监管政策，并与国外相比较，找出我国自愿性信息披露制度建设上的不足，从而在考虑我国现实情况的基础上，为我国政府监管部门提

供制度建设方面的建议。

为了更加清晰地说明研究思路，本章研究内容以研究框架图展示见图8－1。

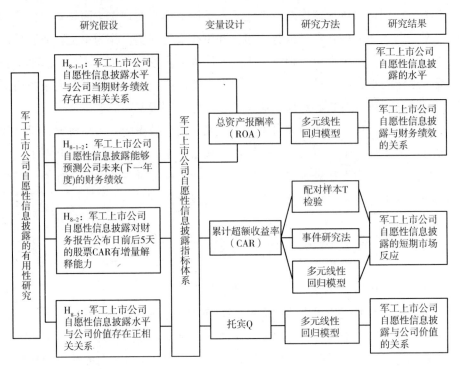

图8－1　研究框架

（2）研究方法。

①文献研究。根据自愿性信息披露的有用性这个主题，通过查阅国内外文献来获得相关资料，从而全面、准确地了解并掌握相关问题。通过对文献资料的搜集和回顾，能够对论文的写作奠定坚实的理论基础。

②理论研究与实证研究相结合。本章在国内外现有理论体系的基础上进行拓展和提升，通过实证研究说明自愿性信息披露对于投资者和上市公司管理层投资决策行为的影响以及其预测价值。

③事件研究法。事件研究法（Event Study）由 Ball 和 Brown 以及 Fama 开创，其原理是根据研究目的选择某一特定事件，研究事件发生前后样本股票收益率的变化，进而解释特定事件对样本股票价格变化与收益率的影响，主要用于检验股票价格对披露信息的反应程度。事件研究法是基于有效市场假设的，即股票价格反映所有已知的公共信息，由于投资者是理性的，投资者对新信息

的反应也是理性的，因此，在样本股票实际收益中剔除假定某个事件没有发生而估计出来的正常收益（Normal Return）就可以得到异常收益（Abnormal Return），异常收益可以衡量股价对信息披露异常反应的程度。本章利用事件研究法分析军工上市公司年报里的自愿性信息披露与累计超额收益率（CAR）的关系，从而通过自愿性信息的市场反应来检验其有用性。

本章的技术路线实施流程如图 8 - 2 所示。

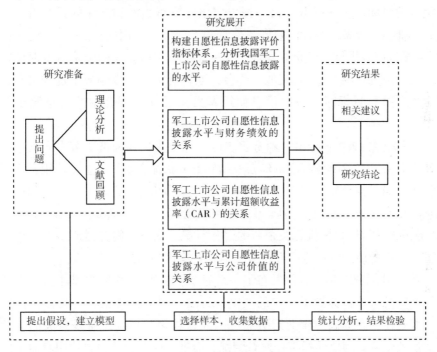

图 8 - 2　技术路线实施流程

8.2

理论分析与研究假设

8.2.1　自愿性信息披露及其有用性概述

（1）自愿性信息披露有用性的研究维度。从对财务报告目标的研究情况来看，西方国家对财务报告的目标存在三种观点：一是"决策有用观"，二是"受托责任观"，三是"投资者保护观"。其中，"决策有用观"认为财务报告的目标就是向会计信息的使用者（主要包括现有的和潜在的投资者和债权人以及企业管理者和政府管理部门等）提供对他们进行决策有用的信息，强调财务报告应主要反映现时的信息，增强会计信息的相关性。

FASB① 在 1978 年公布的 SFACI 从六个方面阐述了以盈利为目的的企业财务报告的目标。其中指出"财务报告应该提供对当前和潜在的投资者、债权人和其他使用者做出合理的投资、信贷和类似决策有用的信息。"同时也指出"财务报告应该提供关于企业管理当局在使用业主所委托的经济资源时怎样履行经营管理责任的信息。"其他一些会计准则制定机构也倾向于这种观点，在制定财务报告目标时，将向信息使用者提供对其决策有用的信息置于首要位置。

IASC② 在 1989 年指出"财务报告的目标是提供在经济决策中有助于一系列使用者关于企业财务状况、经营业绩和财务状况变动的信息。使用者之所以评估企业当局的受托管理工作，是为了能够做出相应的经济决策，例如是保持还是卖出对企业的投资，是续聘还是更换管理者等"。ASB③ 于 1991 年指出"财务报告的目标是提供有关企业的财务状况、业绩和财务适应能力，以便为一系列广泛的使用者在进行经济决策时提供有用的信息"。

在中国，2006 年财政部发布了一系列新准则④，其中新的基本准则第四条对旧准则的会计目标做了一定的调整，指出"财务会计报告的目标是向财务会计报告使用者提供与企业财务状况、经营成果和现金流量等有关的会计信息，反映企业管理层受托责任履行情况，有助于财务会计报告使用者做出经济

---

① 美国财务会计准则委员会（Financial Accounting Standards Board，FASB）是美国目前制定财务会计准则的权威机构。FASB 主要发表了以下几种文件：（1）"财务会计准则公告"（Statements of Financial Accounting Standards）。（2）"财务会计准则委员会解释"（FASB Interpretations）。（3）"财务会计准则委员会技术公报"（FASB Technical Bulletins）。（4）"财务会计概念公告"（Statements of Financial Accounting Concepts）。

② 国际会计准则委员会（International Accounting Standards Committee，IASC），于 1973 年 6 月，由澳大利亚、加拿大、法国、前联邦德国、日本、墨西哥、荷兰、英国、美国的 16 个职业会计师团体，在英国伦敦成立，其战略目标是按照公众利益，制订和公布在编制财务报表时应遵循的同一会计准则，并促使其在世界范围内被接受和执行。以及为改进和协调与财务报表的表述有关的会计准则和会计程序而努力。

③ 美国审计准则委员会（Auditjng Standards Board，ASB）。

④ 财政部 2006 年发布的修订后的《企业会计准则——基本准则》第一章 总则，第四条。

决策"。

决策有用观的目的是向利益相关者提供决策相关的财务信息，这与资本市场活跃的经济行为较为一致，大多数研究者倾向决策有用的观点。在中国，以决策有用为目标导向也越来越明显。在基于决策有用观下的会计信息有用性的研究中，前人的研究成果被分类归纳为三个研究维度：信息观、计价观和契约观。

①信息观。基于有效市场理论和决策理论的描述，证券市场价格应该会对新信息做出预测性的反应。Brown（1968）首次提供了可靠的证据证实了证券市场价格确实并且至少能够对会计信息中的净收益做出反应。随后其他学者也对证券市场反应的其他方面进行了大量的实证研究。根据这些研究，会计信息可以帮助投资者估计证券报酬的期望值与风险，并且似乎确实对他们有用。

基于决策理论，如果会计信息没有信息含量，那投资者在获取该信息后不会改变其想法也就不会产生新的买卖决策。没有新的买卖行为，证券市场的价格和成交量也就不会有所变化。因此，只有当信息改变了投资者的想法和行为时，才是有用的信息。并且该信息的有用程度可以通过该信息公布当期所导致的价格变化的程度来衡量。这种把有用性等同于信息含量的方法称之为会计信息决策有用观下的信息观。

基于信息观下的有用性研究认为投资者会对未来证券报酬做出自己的预测并吸收这方面的信息帮助自己。该观点认为通过市场的反应和相应的实证研究可以引导上市公司的会计人员了解投资者重视和不重视的信息及重视的程度从而帮助他们提高所提供的信息的有用性。

②计价观。有些研究并没有严格区分信息观和计价观，它们都是以有效市场理论为基础的。但在考察信息有用性的角度上仍是有区别的。信息观认为信息有用就会改变投资者预期从而改变交易行为，因此该观点是从市场对信息的反应入手考察由证券价格计算的回报与会计信息之间的相关性。计价观则认为会计信息的有用性体现在有助于公司价值的提高上，是从上市公司的角度建立会计信息与公司价值之间的直接联系。

③契约观。契约观认为，即使排除会计信息会引起股票市场的价格反应及在股票市场的定价作用，会计信息由于与企业的各种契约关系联系密切而对解释和预测企业的会计政策选择有着不可忽视的重要作用。契约理论认为"企

业就是一系列契约的集合体"，是所有利益相关者出于自身利益签订的一系列契约如代理人与股东签订的报酬契约、公司与债权人签订的债务契约、代理人竞争、政府管制等。企业经理人的会计行为受到以上契约签订的影响，企业会计政策的选择是契约成本最小化问题的扩展。

综上所述，决策有用观下对会计信息有用性的考察在不同的研究维度下，研究方法和落脚点存在一定的差异。信息观下，考察会计信息的有用性是基于投资者对上市公司的预测以及市场是否会对信息的公告产生反应的角度；计价观下，考察会计信息的有用性是基于公司价值的角度研究信息在资产定价中的直接作用；契约观下，考察会计信息的有用性以选择不同的会计政策为研究落脚点。在基于决策有用观下会计信息的有用性研究中，信息观与计价观是两种最基本的研究维度，因此本章的研究是基于信息观和计价观下自愿性信息披露的决策有用性研究。

（2）自愿性信息披露有用性的研究对象及其界定。谁是自愿性信息披露的使用者？证券市场存在很多信息使用者，他们中有投资者、借款者、上市公司管理者、准则制定者、政府监督管理者等，一般被分为内部使用者和外部使用者，根据使用目的的不同又可以分为不同的类别。对于不同类别的信息使用主体，他们对自愿性信息披露的要求也就自然不同。因此，针对自愿性信息披露的有用性的研究是基于特定对象的研究，不能泛泛而谈，否则研究结论将不具有意义。本章在中国上市公司经验数据研究的基础上，选择投资者和上市公司作为自愿性信息披露有用性的研究对象。

结合自愿性信息披露有用性的研究维度及其研究对象，本章将自愿性信息披露的有用性界定为在"决策有用观"的基础上，自愿披露的信息是否有助于投资者和上市公司了解公司现状、预测公司未来发展趋势，以及能否对他们的决策提供帮助。具体体现在以下三点：①自愿性信息披露与财务绩效的关系，以及是否对未来财务绩效起到预测作用；②自愿性信息披露的市场反应，是否能够解释累计超额收益率（CAR）的变化；③自愿性信息披露的价值效应，是否有助于加快股票流动性，降低资本成本，从而提高公司价值，提升公司形象。

8.2.2 自愿性信息披露有用性的相关理论

经济学理论和管理学理论分别从不同方面对公司的自愿性信息披露行为进

行了解释。经济学理论包括信号传递理论、有效市场理论和委托代理理论，强调经济主体的行为理性和市场机制的自律性；管理学理论包括企业核心能力理论和印象管理理论，侧重于战略分析和治理机制的有效性。两者共同构成了研究自愿性信息披露有用性的理论基础。

（1）信号传递理论。信息是投资者进行投资决策时必须依赖的因素。一般来说，进行投资决策时掌握的相关信息越多，决策的合理性和准确性就越高。在实际的交易中，交易双方所拥有的信息并不是完全相同的。Spence（1974）提出：在交易过程中，买卖双方存在着信息不对称，卖方拥有该商品的品质信息，买方却没有，就会产生逆向选择问题。即当买方无法完全得知该商品的品质信息时，便无法区分该商品品质的优劣，而以相同商品的平均品质作为评价标准，导致高品质商品无法获得较高的价格，将产生"劣币驱逐良币"现象。因此，高品质产品的公司便有动机宣告关于自身商品品质信息给买方，此即信号传递理论。自愿披露相关信息的公司，往往有较好的业绩表现，相反，获利能力较差的公司往往不会主动披露信息。公司管理层具有减少存在与股东之间信息不对称的动机，当公司管理人员从他们自己的预期中观察到财务分析师预测的重大偏差时，他们也会主动披露相关信息以影响市场预期。

（2）有效市场理论。有效市场假说主要反映证券价格与会计信息之间的关系，按照与证券价格相关关系的三个不同层次，1970 年 Fama 给出了市场效率的三种形式：弱式效率、半强式效率、强式效率。证券市场的有效性对财务报告来说具有重要的启示。首先，市场有效性意味着当投资者竭力提高自己对未来收益的预测时，他们会使用所有可以获得的相关信息，那么新增加的信息就不会被忽略；其次，公司披露有关自己的信息越多，公众所知道的也就越多，对于增加投资者对证券市场的信心所起作用越大。另外，信号之所以能对信息披露发挥作用，也正是由于证券市场的有效性。在公司信息披露这一信息传导机制下，将关于公司的有效信息传递给资本市场，帮助投资者做出理性的决策。从而实现资本市场的健全和有效，使投资者都能迅速、完全和准确得到有关某项商品的全部信息。所以市场越有效，信号作用就越强，业绩好的公司就越可能主动披露信息，与自愿性信息披露相关的机理流程也能顺利得以实现。

（3）委托代理理论。委托代理理论认为，股东与经理之间的委托代理是一个典型的契约，双方都是理性的经济人，追求的都是自身价值的最大化，股东的目标是企业价值最大化，而经理的目标是自身利益最大化。由于委托人与代理人的目标不一致，造成了所了解信息的不对称，便产生了"道德风险"和"逆向选择"，在会计管理中引发了很多相关问题。伊斯特布鲁克和费雪认为，公司管理层有较强的真实、充分、全面、及时披露重大信息的动机，所以采取强制信息披露制度是不必要的。这种推行自愿披露制度的观点得到委托代理理论的支持。

基于委托代理理论的分析，企业的经营管理人员和所有者的目标并不完全一致，因此他们之间存在一定冲突。契约是减少冲突的有效途径，但契约执行成本最终要由代理人来承担，冲突将导致代理人报酬减少，因此，经营管理人员会尽量不与所有者产生冲突，向所有者公布可靠的财务报告，目的是减少二者之间由于信息不对称带来的不确定性、提升自身在经理人市场的信誉、降低代理监督成本、最终提高自身的报酬。而同时正是这样的良好外部治理能够给资本市场传递良好的信号，消除投资者对经理人是否为公司努力工作的担心，减少不确定性带来的投资者对风险溢价的补偿，投资者持续的买入公司股份就能提升公司股价，最终提升公司的价值。

（4）企业核心能力理论。Hamel 和 Prahalad（1990）在《哈佛商业评论》发表了《公司核心能力》一文，首次提出了核心能力理论。根据他们的定义，核心能力是组织中的积累性学识，特别是关于如何协调不同生产技能和有机结合多种技术流的学识。而如何披露企业核心能力信息是会计理论界与实务界研究信息披露改进的核心问题。

核心能力信息与一般的财务信息相比，具有以下特点：

①重预测性信息。将影响企业未来持续竞争优势的重要预期信息纳入信息披露范围，是核心能力信息披露的基本要求。

②重非货币信息。形成企业核心能力的独特技术、技能和知识大多难以用货币信息披露，更多表现为非货币信息，这成为核心能力信息的重要特点。

③定量信息与定性信息并存。完全的定量信息很难涵盖核心能力的本来面目，定性信息与定量信息的并存是核心能力信息的又一特征。

④主体信息与非主体信息并存。核心能力信息不仅包括企业主体范围内的财务信息，而且可能包括企业主体范围之外对企业持续竞争优势的形成和维持产生重要影响的市场竞争信息、外部的行业发展前景信息等非主体信息。

⑤定期信息与临时信息并存。由于核心能力是企业持续竞争优势的源泉，

对于信息使用者而言随时掌握企业核心能力信息的变化对其做出正确决策十分重要。

综观核心能力信息的这些特征，可以看出核心能力信息相对财务信息而言"非规范性"的总体特征，使得这些信息无法通过统一的格式加以披露，强制性信息披露难以实现。因此，由上市公司按照自身特点，进行自愿性信息披露成为核心能力信息披露的合理选择。

（5）印象管理理论①。印象管理是指人们用来控制他人对自己形成印象的过程。印象管理可以分为三个阶段，分别是形成某种自己理想的公众形象并定义自身在社会群体中的地位；影响他人的反应并使之与自己的理想反应相吻合；预期回报最大化或预期处罚最小化。

上市公司是社会关注的焦点，其良好的社会形象对于自身的发展起着至关重要的作用。上市公司信息披露是外部利益相关者了解、认识公司的主要手段和途径，通过信息披露，上市公司可以影响他人对公司形象的形成，也就是在实施印象管理。

首先，上市公司管理者与外部利益相关者之间的信息不对称是实施印象管理的基础，当外界对自身的信息不了解时，管理者就更倾向于进行印象管理。

其次，上市公司发布的公告等信息披露报告，需要大量的篇幅进行陈述，这也为管理者进行印象管理提供了发挥的空间。当上市公司业绩好时，管理者希望更多的利益相关者能够更好地了解这种情况，就会在报告的撰写过程中使用通俗易懂的语言，提高报告的可读性。而当公司业绩较差时，管理层希望掩盖公司所存在的问题，就会更多地使用抽象的、难懂的会计术语，或者使用复杂的句式，加大阅读难度来影响信息使用者对信息的接收。

最终，上市公司通过印象管理达到提升公司形象、在广大投资者心目中留下良好印象的目的，为企业的发展创造良好的外部环境，也为将来的再融资打下坚实的基础。

8.2.3　自愿性信息披露有用性的文献综述

国内外学者对自愿性信息披露的有用性研究大致可分为三类：①研究自愿

_____

① 印象管理，有时又称印象整饬，最初由心理学家戈夫曼（1959 年）在其《日常生活中的自我呈现》一书中提出。

性信息披露与财务绩效的关系，检验自愿性信息披露对未来财务绩效的预测作用；②研究自愿性信息披露的短期价值效应，检验自愿性信息披露额是否能够解释累计超额收益率（CAR）的变化；③研究自愿性信息披露的长期价值效应，检验自愿性信息披露水平与股票流动性、资本成本和公司价值的关系。

（1）国外文献研究现状。

①自愿性信息披露与财务绩效的关系。Hossain 和 Hammami（2009）实证检验了卡塔尔多哈证券市场 25 个公司年度报告中自愿性披露的决定因素，指出样本公司的公司特征与自愿性披露的关系，结果显示公司寿命、规模、复杂性和财务绩效在解释自愿性披露水平上是重要的。

Nan Sun 等（2010）研究了企业信息披露与财务状况的关系，选取了 2007年英国非金融企业的 245 个样本，通过回归模型发现更多的信息披露与更高的财务绩效相联系，说明高质量的信息披露有助于提高企业的财务状况。

Chou、Chang 和 Li（2012）采用了"台湾证券交易所"（TSE）等数据，重点分析了财务状况发生巨变的上市公司的信息披露质量对财务绩效存在正面影响，且信息披露与财务绩效的相关性逐年增强。

②自愿性信息披露的短期价值效应。Pownall 和 Waymire（1989）检验了1969～1973 年公开发表在华尔街杂志上的经理人员盈余预测信息，发现样本中自愿披露的信息的可信度并不比强制性披露低，但自愿性信息披露往往与更大的股价反应有关。

Healy 等（1999）研究发现对于自愿性信息披露水平不断提高的公司，它的股价会相应上升，并吸引了更多市场中介机构的关注。

Bowen 等（2007）对自愿性信息披露的市场反应进行了实证研究，结果发现自愿性信息披露水平高的样本公司当年和下年的股价会相应提高。

Mohammad 和 Tanbir（2010）检验了自愿性信息披露水平与股价信息之间的关系，发现高水平的信息披露会导致高的信息价格，从而说明公司信息披露的决策影响会体现到该公司股票价格的变动上。

③自愿性信息披露的长期价值效应。Hail 和 Leuz（2006）对 40 个国家的权益资本成本进行比较研究，结果发现不同国家的权益资本成本是不同的，信息披露证券监管越严格、法律越规范的国家，权益资本成本就越低，相应的其公司价值就越高。

Asheq 和 Razaur（2007）实证研究发现，信息技术行业的上市公司自愿性信息披露程度越高，企业的成长性则越好，成长速度也就越快。

Sadka（2011）证明了信息披露与股票流动性的关系，认为高质量的信息披露可以降低信息不对称程度，增加投资家的需求，提高股票流动性，降低公司资本成本，从而提高公司价值。

（2）国内文献研究现状。

①自愿性信息披露与财务绩效的关系。陈国辉、王文杰（2011）以 2009 年沪市横截面数据为样本，以 ROE、EPS 作为公司财务绩效的替代变量，自行构建信息披露质量指数分析了内部控制信息披露质量与公司财务绩效之间的关系，研究发现内部控制信息披露质量的提高可以提升公司财务绩效。

石晓燕、刘海英和许峰（2012）选取在沪深两市上市的旅游公司的 80 个样本，采用实证分析方法对自愿性信息披露与公司业绩的相关性进行了研究，研究结果表明：旅游上市公司自愿性信息披露与净资产收益率、总资产周转率、营业收入增长率呈现正相关关系，与资产负债率和詹森指数呈现负相关关系。

李翔、张光芝（2013）以 2006～2010 年的深市 A 股上市公司为样本，以每股收益为上市公司财务绩效的替代变量，研究了我国上市公司信息披露质量对其财务绩效的影响。结果表明：上市公司信息披露质量对其财务绩效的影响是非线性的，具体表现为正 U 型；上市公司信息披露质量的变动对其财务绩效的影响是非对称的。

②自愿性信息披露的短期价值效应。冯存（2011）选取了 2006～2008 年深圳证券主板市场 A 股上市公司中符合条件的公司作为样本，采用事件研究法研究信息披露质量对公司股价的影响，结果表明我国深交所的信息披露考评结果具有市场效应，信息披露质量对公司股价存在影响，信息披露质量高的公司，其股价异常报酬率较高。

齐萱、谷慧丽和刘树海（2012）运用事件研究法，以 2008～2010 年天津上市公司为样本检验上市公司自愿性会计信息披露和股票价格之间的关系。结果表明，自愿性会计信息披露程度的增加向市场传达了"好消息"，而自愿性会计信息披露程度的降低向市场传达了"坏消息"。

孟含琪（2013）选取 2001～2011 年 1076 家上市公司作为研究对象构建面板数据模型进行回归分析，研究结果表明：信息披露频率的提高可以降低投资者与上市公司之间的信息不对称程度，使公司更容易得到认同，推动股票价格上涨，提高股票市场整体收益率水平。

③自愿性信息披露的长期价值效应。喻凯和龙雪晴（2011）以沪深两市2007~2008年A股上市公司为样本，运用描述性统计和两阶最小二乘法分析自愿性信息披露对上市公司股票流动性的影响，结果表明自愿性信息披露会促进上市公司股票的流动性，从而提高公司价值。

向锐、章成蓉、干胜道（2012）以深交所2004~2007年期间的家族上市公司为样本，研究发现公司信息披露质量对债务资本成本有显著为负的影响，对公司价值有显著为正的影响。

孟聪（2013）选取2009~2011年深圳证券交易所A股非金融类上市公司为样本，以深交所披露的信息披露质量考评结果衡量上市公司信息披露质量，以买卖价差、换手率和有效流速全面衡量股票流动性，建立回归模型进行检验。实证结果表明：高质量的信息披露有助于增强股票的流动性，降低资本成本，提高公司价值。

（3）文献综述小结。以上三类研究不乏开创性的成果，其研究方法、内容对本章的研究有很好的借鉴意义。但是，上述研究尚存一些问题：①在研究自愿性信息披露与财务绩效的关系时，国内外大部分学者都将重点放在检验自愿性信息披露对未来财务绩效的预测作用，然而投资者在做出决策时，不仅会考虑公司未来的发展，还会考虑公司当前的情况。②在研究自愿性信息披露的长期价值效应时，国内现有文献中的自愿性信息披露水平、股票流动性、资本成本和公司价值等指标大都归属于同一年度，而国外学者 Sengupta 研究公司信息披露水平对债务资本成本的影响时，采用的是第 t 年的 AIMR 评级数据[①]和第 t+1 年的债务资本成本数据，这说明国内研究缺乏强调事前观念。

上述问题的发现，为本章的研究指明了方向和突破点：①在研究军工上市公司自愿性信息披露与财务绩效的关系时，不仅验证自愿性信息披露对未来财务绩效的预测作用，还研究其与当期财务绩效的关系，从而来确定军工上市公司自愿性信息披露能否为投资者了解公司现状提供参考。②在研究军工上市公

---

① 投资管理与研究协会（Association for Investment Management Research，AIMR）由金融分析联盟与特许金融分析师认证机构于1990年1月合并成立。在其公司信息委员会的公司报告实务年度评价（AIRM 报告）中，按三个类别对公司信息披露水平进行评级，总分为三类得分的加权平均，包括：年度公开信息和其他被要求提供的信息、季度和其他没有被要求公开的信息、其他方面信息（主要是管理者与分析师的沟通）。

司自愿性信息披露与公司价值之间的关系时，强调事前观念，关注第 t 年公司自愿性信息披露水平对第 t + 1 年公司价值的影响。

8.2.4　研究假设

在"决策有用观"的基础上，自愿性信息披露的有用性是指自愿披露的信息是否有助于信息使用者了解公司现状、预测公司未来发展趋势，以及能否对他们的决策提供帮助。具体体现在以下三点：①自愿性信息披露与财务绩效的关系；②自愿性信息披露的市场反应，与财务报告公布日前后 5 天的股票 CAR 的关系；③自愿性信息披露与公司价值的关系。

（1）军工上市公司自愿性信息披露与财务绩效的关系。信号传递理论指出，当交易过程中买卖双方存在信息不对称时，为了解决逆向选择问题，拥有较高价值的卖方就有动机将产品价值的信息传递给买方。基于此，财务状况好的上市公司为了与财务状况较差的公司区别开来，就具有主动披露会计信息的动机，来吸引更多的投资者。因此，在信息不对称情况下，具有较高财务业绩和治理信息的公司为了降低利益相关者的疑虑，更愿意主动发出信号，以向投资者和市场传递其并未产生因支出偏好或偷懒行为而降低公司价值的信息，进而解除代理责任或获得更多市场资源。

国内外文献中有不少关于信息披露和公司财务绩效之间关系的研究。其中，较多的文献支持信息披露和财务绩效之间存在正相关关系，当公司业绩表现良好时，公司管理层会倾向于披露更多的信息，而业绩不好时则相反。林有志和张雅芬（2007）以 2003 ~ 2005 年台湾上市公司为样本，探讨信息透明度与公司经营绩效的关联性。信息透明度以证券暨期货市场发展基金会"信息披露评鉴系统"的评价结果为代理变量，经营绩效则分别以会计绩效及市场绩效衡量。实证结果发现信息透明度较高的公司，其会计绩效及市场绩效的表现均优于信息透明度较低的公司。

而另一类文献支持信息披露和财务绩效之间是负相关关系，其中 Skinner 研究发现，如果管理层自愿披露出包括盈余信息在内的诸多负面信息，可能会降低公司的诉讼风险。因此，公司在绩效差时更倾向于多披露信息以回避法律责任。此外，还有一类文献认为信息披露与公司财务绩效之间不存在相关性，King 等认为公司会在正式披露业绩之前通过盈利预测等其他方式来进行业绩信息的披露，从而就在一定程度上降低了私人对此类信息搜集的动机。通过这几类文献可以看出，国内外关于信息披露与财务绩效之间关系的研究结果是存在分歧的，仍然需要做进一步的探索。

从我国证券市场上上市公司信息披露的实务来看，许多上市公司信息披露与公司财务绩效之间存在正相关关系。比如在每年年初的信息披露工作中，业绩好的公司总是率先披露年度报告，而财务表现有所欠缺或是已处于财务困境的公司，不是变更信息披露日期，就是集中到最后阶段披露，甚至超过法定的披露期限，这类公司在业绩预告上也往往滞后于绩优公司。

综上所述，结合相关理论分析和我国军工上市公司的实际情况，提出本章的第一个假设：

假设8-1-1：军工上市公司自愿性信息披露水平与公司当期财务绩效存在正相关关系；

假设8-1-2：军工上市公司自愿性信息披露能够预测公司未来（下一年度）的财务绩效。

（2）军工上市公司自愿性信息披露的短期市场反应。有效市场理论主要从证券价格对信息反应的速度和分布的角度来看待市场的有效性，是现代金融经济学的支柱理论之一。该理论认为，有效市场是使证券价格能充分反映信息，而交易者无法通过获得的信息赚取额外利润的市场。该理论的最终确立者尤金·法玛将影响证券价格的信息按公开程度分为历史信息、公开信息和内幕信息。至于信息如何影响证券价格，哈里·罗伯茨根据股价反映信息的不同程度，将市场分为三种形态：弱势有效市场、半强势有效市场和强势有效市场。

弱势有效市场上，股票价格已经反映了价格、交易量等所有相关历史信息；半强势有效市场上，股票价格反映的信息不但包括历史信息，还包括当前公开信息，广大投资者利用这些公开信息交易可获得正常报酬；强势有效市场是最大程度的有效市场，证券价格完全反映了包括内幕信息在内的所有信息，市场的任何参与者都不占有优势信息，从而实现市场资源的合理配置，这意味着任何分析在强势有效市场上都是无效的。

由此可以看出，除了强势有效市场之外，在弱势有效市场和半强势有效市场上披露信息都将影响市场资源的合理配置，都对资本市场有巨大的刺激作用，而我国众多学者的实证研究已经证明我国的证券市场至少已经达到弱势有效，且有效性逐步增强。在我国资本市场有效的情况下，市场会对企业披露的额外信息做出反应，并最终作用到股价上，引起股价的波动。因此在我国证券市场上进行信息披露是必要而且有效的。为了清晰说明，参见图 8-3。

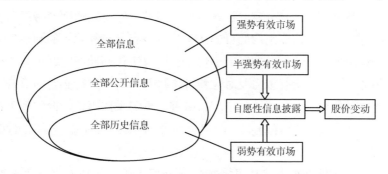

图 8-3　自愿性信息披露与股票价格之间的关系

　　国内外的相关文献也发现信息披露与股票价格之间存在相关联系。Mohammad 和 Tanbir（2010）检验了自愿性信息披露水平与股价信息之间的关系，发现高水平的信息披露会导致高的信息价格，从而说明公司信息披露的决策影响会体现到该公司股票价格的变动上。冯存（2011）选取了 2006~2008 年深圳证券主板市场 A 股上市公司中符合条件的公司作为样本，采用事件研究法研究信息披露质量对公司股价的影响，结果表明我国深交所的信息披露考评结果具有市场效应，信息披露质量对公司股价存在影响，信息披露质量高的公司，其股价异常报酬率较高。齐萱、谷慧丽和刘树海（2012）运用事件研究法，以 2008~2010 年天津上市公司为样本检验上市公司自愿性会计信息披露和股票价格之间的关系。结果表明，自愿性会计信息披露程度的增加向市场传达了"好消息"，而自愿性会计信息披露程度的降低向市场传达了"坏消息"。因此，提出本章的第二个假设：

　　假设 8-2：军工上市公司自愿性信息披露对财务报告公布日前后 5 天的股票 CAR 有增量解释能力。

　　（3）军工上市公司自愿性信息披露与公司价值的关系。委托代理理论认为，企业就是一系列契约的联结体，同时也是最为典型的一类委托代理关系。通过订立契约，所有者可以将其所拥有的资源委托给经营者，由其负责进行经营管理，并要求经营者以所有者利益最大化为目标。但是，根据理性经济人假说，所有者和经营者作为理性的经济人，都会以各自效用最大化为目标，而事实上所有者与经营者的目标并非往往是完全一致的。一旦经营者的自身利益与所有者利益不能完全达成一致时，经营者就有可能会利用信息优势以牺牲所有者的利益为代价实现自身利益的最大化，这样就会产生代理冲突。

解决代理冲突的一种有效途径就是签订契约。所有者通常会与经营者签订一系列的契约，签订这些契约的目的在于，将所有者与经营者的利益最大限度地统一起来，使双方的利益冲突最小化，从而解决代理冲突问题。为了确保契约得到有效的执行，所有者需要对经营者执行契约情况进行必要的监督，这种监督是会产生成本的。在理性预期下，所有者可能采用等量降低代理人报酬的方式来补偿其发生的监督成本，这就会使得经营者成为监督成本的最终负担者。

减少监督成本的办法就是要提高外部治理水平，形成对经营者的激励相容，自愿性信息披露正是这样一种外部治理手段。经营者为了减少与所有者之间由于信息不对称带来的不确定性、提升自身在经理人市场的信誉、降低代理监督成本、提高自身的报酬，会尽量不与所有者产生冲突，向所有者公布可靠的信息报告。同时，正是这样的良好外部治理能够给资本市场传递良好的信号，消除投资者对经营者是否为公司努力工作的担心，减少不确定性带来的投资者对风险溢价的补偿，投资者就会持续地买入公司股份，从而推升公司股价，最终提升公司的价值。为了清晰说明，参见图8-4。

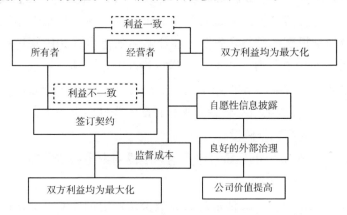

图8-4 自愿性信息披露与公司价值之间的关系

Asheq 和 Razaur（2007）实证研究发现，信息技术行业的上市公司自愿性信息披露程度越高，企业的成长性则越好，成长速度也就越快。Sadka（2011）证明了信息披露与股票流动性的关系，认为高质量的信息披露可以降低信息不对称程度，增加投资家的需求，提高股票流动性，降低公司资本成本，从而提高公司价值。向锐、章成蓉、干胜道（2012）以深交所 2004～2007 年期间的家族上市公司为样本，研究发现公司信息披露质量对债务资本成本有显著为负的影响，对公司价值有显著为正的影响。

综上所述，提出本章的第三个假设：

假设 8-3：军工上市公司自愿性信息披露水平与公司价值存在正相关关系。

8.3

军工上市公司自愿性信息披露有用性的研究设计

对于本章的研究对象军工上市公司而言，其特殊的业务背景和对信息披露的敏感性有别于普通的上市公司，针对之前的研究假设构建军工上市公司自愿性信息披露与财务绩效、累计超额收益率（CAR）以及公司价值的模型来进行数据分析研究。

8.3.1　模型一、模型二的构建及变量选择

根据前文的理论分析和文献回顾，同时也借鉴学者 Byran 所构建的模型，如下：

$$ROA_{it} = a_0 + a_1 VDI_{it} + a_2 ROA_{it} - 1 + a_3 QuickRatio_{it} + a_4 \% \Delta Incomeit$$
$$+ a_5 \% \Delta Assetit + \varepsilon_{it}$$

Byran 选取了 68 个控制变量，来控制 ROA 的影响因素，并且进行逐次一元回归，剔除了置信水平为 0.1 下不显著的控制变量，最后锁定 4 个控制变量。而根据权小锋，吴世农（2010）的研究，影响上市公司财务绩效的因素主要有盈利能力、资产营运情况、债务风险和经营增长。上述模型中，通过 Quick Ratio 控制债务风险对 ROA 的影响，通过 % ΔIncome 控制盈利能力对 ROA 的影响，通过 % ΔAsset 控制经营增长对 ROA 的影响。其中没有考虑资产营运状况对财务绩效可能产生的影响，因此本章在考虑前人研究所用的模型的基础上，将总资产周转率（Total Assets Turnover）作为控制变量加入模型中，来控制资产运营状况对财务绩效的影响。

　　针对假设 8-1 的检验，在借鉴 Byran 所构建模型的基础上，以 ROA 作为财务绩效的替代变量，建立如下两个模型，其中模型一用来检验军工上市公司自愿性信息披露水平与报告期财务绩效之间的关系；模型二用来检验军工上市自愿性信息披露是否能够预测公司未来（下一年度）的财务绩效。

　　模型一：

$$ROA_{it} = a_0 + a_1 VDI_{it} + a_2 ROA_{it-1} + a_3 QuickRatio_{it} + a_4\% \Delta Income_{it}$$
$$+ a_5\% \Delta Asset_{it} + a_6 Total\ Assets\ Turnover_{it} + \varepsilon_{it}$$

　　模型二：

$$ROA_{it+1} = a_0 + a_1 VDI_{it} + a_2 ROA_{it} + a_3 Quick\ Ratio_{it} + a_4\% \Delta Income_{it}$$
$$+ a_5\% \Delta Asset_{it} + a_6 Total\ Assets\ Turnover_{it} + \varepsilon_{it}$$

　　（1）因变量：总资产报酬率（ROA）。目前国内外的实证研究中用于衡量公司财务绩效的常用指标主要有总资产报酬率（ROA）与净资产收益率（ROE），但由于净资产收益率计算公式中分母净资产可能为负，比如上市公司的净利润为正而净资产为负，计算出来的净资产收益率为负，负的净资产收益率并不能说明上市公司当年盈利能力差；又如，如果上市公司的净利润为负同时净资产也为负，计算出来的净资产收益率为正，那么正的净资产收益率也不能说明上市公司盈利能力好。因此选择净资产收益率并不能很好地代表上市公司的财务绩效。而由于总资产报酬率侧重考虑上市公司整体资产的盈利能力，具有很强的代表性，稳定性也较强，因此本章选择总资产报酬率（ROA）作为衡量军工上市公司财务绩效的替代变量。

　　（2）自变量：自愿性信息披露指数（VDI）。为了保证一定的客观性和科学性，本章对每个指标赋权相同，本章对自愿性信息披露的评分标准与第 4 章所言一致，采用"0~2"评分法对 28 个二级指标进行打分，采用样本公司得分值与总分值（56）的比率值，来计算军工上市公司自愿性信息披露指数：VDI = 样本公司得分/56。

　　本章主要针对军工上市公司自愿性信息披露水平进行研究，因此以各军工上市公司自愿性信息披露指数作为解释变量。根据假设 1 的设定，预计回归模型一、模型二中自愿性信息披露指数（VDI）的系数符号均为正，自愿性信息披露水平与公司财务绩效存在正相关关系，说明自愿性信息披露指数（VDI）得分越高，军工上市公司报告期财务业绩和未来财务业绩也就越好。

（3）控制变量：

①上年总资产报酬率（ROA）：财务绩效具有一定的继承性，上年的财务绩效往往与下年的财务绩效有一定的相关性，因此将上年总资产报酬率引入控制变量。

②速动比率（Quick Ratio）：又称"酸性测验比率"（Acid-test Ratio），是指速动资产对流动负债的比率，它是衡量企业流动资产中可以立即变现用于偿还流动负债的能力。目前西方许多学者都已证明该指标与上市公司财务绩效间具有正相关关系，在对自愿性信息披露与财务绩效之间关系的研究中，很多学者也都将其作为债务风险指标，来控制负债水平对财务绩效的影响，如 Carolyn 和 Rodney（2005）、宋效中（2011）等，因此，本章也将速动比率列入了控制变量进行研究。

③净利润增长率（% ΔIncome）：是衡量一个企业经营效益的重要指标，直接表明上市公司获利能力。它是一个企业经营的最终成果，净利润多，企业的经营效益就好；净利润少，企业的经营效益就差。汤青（2005）研究认为利润增长越多，公司财务业绩越好，因次要控制该指标对公司财务绩效的影响。

④总资产增长率（% ΔAsset）：总资产增长率越高，表明企业一定时期内资产经营规模扩张的速度越快，即上市公司规模的变化进一步反映公司的成长性。公司规模变化得越快，在一定程度上说明公司发展势头较好，潜力大，成长性越高，这个指标也需要作为控制变量加以控制。

⑤总资产周转率（Total Assets Turnover）：是综合评价企业全部资产的经营质量和利用效率的重要指标。周转率越大，说明总资产周转越快，反映出销售能力越强。企业可以通过薄利多销的办法，加速资产的周转，带来利润绝对额的增加。杨玉凤等（2010）研究中将总资产周转率作为控制变量加入模型中，来控制资产运营状况对财务绩效的影响。因此，本章也将总资产周转率列入了控制变量进行研究。

模型一、模型二中研究变量的定义如表 8 – 1 所示：

表 8 – 1　　　　　　　　　模型一、模型二研究变量定义

变量名称	变量代码	变量描述
总资产报酬率	ROA_i	净利润/平均资产总额
自愿性信息披露指数	VDI	样本公司得分/总分

变量名称	变量代码	变量描述
上年总资产报酬率	ROA_{i-1}	上年净利润/上年平均资产总额
速动比率	Quick Ratio	（流动资产－存货）/流动负债
净利润增长率	%ΔIncome	（本年净利润－上年净利润）/上年净利润
总资产增长率	%ΔAsset	（本年度资产－上年度资产）/上年度资产
总资产周转率	Total Assets Turnover	营业收入净额/平均资产总额

8.3.2 模型三的构建及变量选择

国内外文献中研究市场反应通常采用事件研究法，事件研究法（Event Study）的首创者是詹姆士·杜利，这一方法是根据某一事件发生前后时期的统计资料，采用一些特定技术测量事件影响的定量分析方法。在资本市场上新信息的披露和新政策的出台都可被视为新的事件，而事件的影响又会很快在资产价格上得到反映。因此，当市场上某一个新事件发生时，观察股价是否会产生波动以及是否会产生"异常报酬"，就可以得知该事件是否具有市场反应。

本章也采用事件研究法，针对特定事件（军工上市公司年报中的自愿性信息披露），截取特定时间段，在所选择的样本公司中，按照自愿性信息披露水平（VDI）由高到低的顺序，抽取两个样本组合，取自愿性信息披露水平（VDI）高的公司为"高组合"，自愿性信息披露水平（VDI）低的公司为"低组合"。借鉴 Gu 和 Li（2007）等人的研究，以累计超额收益率（CAR）作为市场反应的替代变量，在同一个横截面上比较这两个样本组合的市场反应，看"高组合"的市场反应是否显著高于"低组合"。

模型三构建的基本步骤如下：①确定事件发生日；②选取事件窗口；③估算股票的正常报酬率 AR 和异常报酬率 CAR；④计算窗口内的股票 CAR，分析市场反应。本章采用事件研究法来研究军工上市公司自愿性信息披露的市场反应，以样本公司的年度报告公告日为事件发生日。若公告日是非交易日，则公告日后的第一个交易日作为事件发生日。

关于事件窗口的选取，Fama 发现大量的事件研究结果均表明股价对信息的反应会在一天内迅速完成。但由于中国市场的特殊性，可能存在一些内幕交易或过度"跟风"的现象，所以事件窗口选得过小，难以很好地验证市场对于所披露信息的反应，但是若窗口选得过大，在窗口期间可能会发生其他干扰研究的异常事件，引入较多的信息噪声，高估自愿性信息披露的含量。因此在窗口的确定上，本章以（t−5，t+5）为事件窗口（t=0 为事件发生日）。

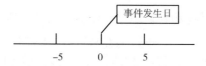

图 8−5　[5，−5] 事件窗口的选取

事件研究法将个股日实际收益率与预期收益率之间的差额当作超额收益率，通过考察事件窗口内累计超额收益率的变化，来判断事件的影响。累计超额收益率（CAR）的计算有三种方法：①均值调整法；②市场指数调整法；③风险调整法。其中市场指数调整法最为简便，并且 Brown 和 Warner 的模拟实验显示，此方法同其他两种方法所计算出的 AR 并无明显差异。因此本章以同期证券交易所日报率作为正常回报率，采用较简单的市场指数调整法来计算股票的 AR 和 CAR。步骤如下：

第一步：股票 i 在 t 日实际收益率为：

$$R_{i,t} = (P_{i,t} - P_{i,t-1})/P_{i,t-1} \quad t \in [t_1, t_2]$$

其中，$P_{i,t}$、$P_{i,t-1}$ 分别为第 i 家样本公司股票 i 在 t 日和 $t-1$ 日的复权价。

第二步：得出股票 i 在 t 日的超额收益为：

$$AR_{i,t} = R_{i,t} - R_{m,t}$$

其中 $AR_{i,t}$ 为股票 i 在日期 t 的超额收益，$R_{i,t}$ 为股票 i 在日期 t 的实际收益，$R_{m,t}$ 为沪深两市上公司在日期 t 的市场收益。

第三步：股票 i 在事件窗口内累计超额收益率为这段时间内每日超额收益率 AR 的加总，为：

$$CAR_{i(t_1, t_2)} = \sum_{t=t_1}^{t_2} AR_{i,t}$$

其中，t_1 和 t_2 为时间窗口中的时间。

将每日超额收益率进行累加，得到累计超额收益率（CAR），即股票 i 在事件窗口内的累积超额收益率。针对假设 8−2，本章参照 Byran 以及 Bernd 的模型，构建模型三来检验军工上市公司自愿性信息披露是否存在市场反应。

模型三：

$$CAR = a_0 + a_1 VDI + a_2 UE + a_3 UCD + a_4 Size + a_5 ROE + a_6 Beta + a_7 Time + \varepsilon$$

（1）因变量：累计超额收益率（CAR）是股票在形成期内超额收益率的简单加总。本章选择（t－5，t＋5）为事件窗口来计算各样本公司的累计超额收益率，以此来检验军工上市公司自愿性信息披露是否存在短期市场反应。

（2）自变量：自愿性信息披露指数（VDI）是衡量军工上市公司自愿性信息披露水平的指标，根据假设8－2的设定，预计回归模型三中自愿性信息披露指数（VDI）的系数符号为正，即军工上市公司自愿性信息披露能够解释累计超额收益率（CAR）的增量变化，存在短期市场反应。

（3）控制变量：

①未预期盈余（UE）：本研究假定盈余与股利支付都遵循随机游走模型。根据肯德尔提出的随机游走模型（Random Walk），即假设证券市场是有效率的，股票的价格应该在前一天价格的基础上随机波动。当未预期盈余为正时，意味着公司当期获取的盈余超出了市场预期，此时股票价格会相应上涨，反之亦然，于李胜和王艳艳的实证研究中就将这个变量代入模型来控制其对股票价格的影响。

②未预期现金股利（UCD）：未预期现金股利的发放对市场的影响与未预期盈余同理，当预期与实际情况出现了偏差，投资者就会进行策略调整，从而影响股票价格，这个变量对股票价格的作用力是显而易见的，应当作为控制变量代入模型。

③公司规模（Size）：大量的文献资料表明，公司规模是一个综合性的变量，它能集中概括公司的几大特性，如市场地位、竞争优势、信息产生成本等。规模大的公司对自己的发展前景有很大的信心，更容易受到媒体和公众的关注，与股价波动性存在相关性，因此应当作为模型的控制变量之一。

④净资产收益率（ROE）：又称股东权益收益率，是净利润与平均股东权益的百分比，是公司税后利润除以净资产得到的百分比率，该指标反映股东权益的收益水平，用以衡量公司运用自有资本的效率。指标值越高，说明投资带来的收益越高。同时 ROE 还是证券监管部门一个常用的指标，应当作为模型的控制变量之一。

⑤股票贝塔值（Beta）：是衡量公司股票系统风险大小的指标。上市公司

股票价格不仅受到公司自身因素的影响，还受到市场整体风险的影响。股票 β 值越大，股票价格波动性越大，国内学者张宗新和沈正阳在其研究中得出，风险程度对股票价格的波动有显著的影响。

⑥年报披露及时性（Time）：年报披露不及时会削弱报表信息的相关性。Kross 和 Schroeder 以纽约证券交易所和美国证券交易所的上市公司为样本，研究了季度盈余宣布及时性（早或晚）与所披露消息类型（好或坏）之间的相关性，以及股票回报与盈余宣布及时性的关系。他们发现：盈余宣布的及时性与盈余宣告日附近的非正常股票回报相关，且早宣布盈余公司的非正常回报高于晚宣布盈余公司的非正常回报。这说明公司不同的披露时机选择传递了不同的信号，因此本章将年报披露及时性作为模型的控制变量之一。

模型三中研究变量的定义如表 8 - 2 所示。

表 8 - 2　　　　　　　　　　模型三研究变量定义

变量名称	变量代码	变量描述
累计超额收益率	CAR	（5，5）窗口内的累计超额收益率
自愿性信息披露指数	VDI	样本公司得分/总分
未预期盈余	UE	当期盈余 - 上期盈余
未预期现金股利	UCD	当期现金股利 - 上期现金股利
公司规模	Size	公司资产的自然对数
权益报酬率	ROE	净利润/股东权益
股票 β 系数	Beta	度量股票系统风险
年报披露的及时性	Time	年报披露日 - 上一会计期间结束日

8.3.3　模型四的构建及变量选择

国内外学者对自愿性信息披露与公司价值之间的关系进行了广泛而深入的研究，取得了丰硕的研究成果，按照研究路径大致可以分为：一类通过研究自愿性信息披露与资本成本之间的关系，来检验自愿性信息披露与公司价值之间的关系；一类则直接研究自愿性信息披露与公司价值之间的关系。

本章选择第三类路径来研究自愿性信息披露与公司价值之间的关系，选取托宾 Q 作为反映公司价值的替代变量，并根据 Sengupta 研究公司信息披露水平对债务资本成本的影响时，采用的是第 t 年的 AIMR 评级数据和第 t + 1 年的债务资本成本数据。强调事前观念，关注第 t 年军工上市公司自愿性信息披露水平对第 t + 1 年公司价值的影响，构建模型四来研究军工上市公司自愿性信息披露与公司价值之间的关系。

模型四：

$$Tobin's\ Q_{t+1} = a_0 + a_1 VDI_t + a_2 LEV_{t+1} + a_3 Size_{t+1} + a_4 IGR_{t+1} + a_5 OCD_{t+1}$$
$$+ a_6 IDR_{t+1} + a_7 MSR_{t+1} + \varepsilon$$

（1）因变量：托宾 Q 是指资本的市场价值与其重置成本之比，反映的是一个企业两种不同价值估计的比值。自从托宾提出托宾 Q 理论后，该指标就被作为描述公司价值的重要指标，得到了广泛的重视和应用。因此本章选择托宾 Q 来反映公司价值，以此来检验军工上市公司自愿性信息披露与公司价值之间的关系。

（2）自变量：自愿性信息披露指数（VDI）是衡量军工上市公司自愿性信息披露水平的指标，根据假设 3 的设定，预计回归模型四中自愿性信息披露指数（VDI）的系数符号为正，即军工上市公司自愿性信息披露水平与公司价值存在正相关关系。

（3）控制变量：

①资产负债率（LEV）：表示公司总资产中有多少是通过负债筹集的，该指标是评价公司负债水平的综合指标。同时也是一项衡量公司利用债权人资金进行经营活动能力的指标，也反映债权人发放贷款的安全程度，应当作为控制变量之一。

②公司规模（Size）：公司规模不同，公司价值也不相同。有必要将公司规模变量作为控制变量包含在模型之中，以避免忽略这一重要因素而造成实证结果的偏离，影响到自愿性信息披露与公司价值之间的相关关系。

③营业收入增值率（IGR）：可以反映出一家公司市场开拓和产品盈利能力情况，体现出公司的成长潜力。胡亚权和周宏（2012）建立了成长型公司的相对业绩模型，定量分析了公司成长性与公司价值的关系，发现成长性较好的公司，其公司价值较大。

④股权集中度（OCD）：Grossman 和 Hart 认为由于股权结构的分散，使任何单一股东缺乏积极参与公司治理的激励，导致公司治理系统失效，产生管理层内部人控制问题，形成公司管理层强、外部股东弱的格局。按照这样的逻

辑，使股权相对集中，就可以提高股东的监控能力从而改善公司绩效。

⑤独立董事比例（IDR）：徐高彦（2011）分析发现，一方面，独立董事不像内部董事那样直接受制于控股股东和公司管理层，从而可能有利于董事会对公司事务的独立判断；另一方面，独立董事还可能以其专业知识来促进董事会的决策科学化，从而提升公司价值。

⑥管理层持股比例（MSR）：管理层适度持股可以缓解他们与股东之间的利益冲突，有助于减少代理成本。当管理层与公司有更多的利益关联时，往往拥有更多的动力，有助于积极参与公司治理，投入更多的热情、时间和精力，从而提高企业价值。郭世辉、汤小莉（2009）公司治理理论的分析表明，管理层持股比例的提高将会对公司价值产生正影响。模型四中研究变量的定义如表 8 - 3 所示。

表 8 - 3　　　　　　　　　　　模型四研究变量定义

变量名称	变量代码	变量描述
托宾 Q	Tobin's Q	（股票市值＋净债务）/有形资产现行价值
自愿性信息披露指数	VDI	样本公司得分/总分
资产负债率	LEV	负债总额/资产总额
公司规模	Size	公司资产的自然对数
营业收入增值率	IGR	（本期营业收入－上期营业收入）/上期营业收入
股权集中度	OCD	CR - 10 指数（前十大股东持股比例之和）
独立董事比例	IDR	独立董事人数占董事会总人数的比例
管理层持股比例	MSR	管理层持股数/总股数

8.3.4　样本选择与数据收集

随着我国经济实力的不断增强，国家的国防预算也一直稳步增长。据统计，1997 年至 2014 年，我国国防预算开支均保持 10% 以上的增长率，平均增长率达到了 14.72%，占 GDP 的比例也维持在 1.3% 左右。

但是在 1998 年，国防科技工业却是全国亏损最严重的行业之一。十大军工集团公司成立之后，为改革脱困工作迈出了坚实的步伐，为国防现代化和国民经济建设做出了新的重大贡献。中国十大军工集团包括：中国航天科技集团公司、中国航天科工集团公司、中国航空工业集团公司（原中国航空工业第一集团公司、原中国航空工业第二集团公司）、中国船舶重工集团公司、中国船舶工业集团公司、中国兵器工业集团公司、中国兵器装备集团公司、中国核工业集团公司、中国核工业建设集团公司、中国电子科技集团公司。

1993 年 6 月 3 日，飞亚达作为第一家含有军工概念的公司登陆国内证券市场。1993 年 10 月，广船国际作为第一家军工企业上市，拉开了我国军工企业改制上市的序幕，可以说在军工企业改制上市的进程中，十大军工集团担当着"领头羊"的角色，选择其下属的军工上市公司具有一定代表性。而且这些上市公司作为军工企业接触资本市场的"先锋队"，对市场的变化更为敏感，反应更为迅速。

经过多年来军转民的改革，我国多数军工企业的业务已经实现多元化发展，民品和军品联合生产和经营是当前军工企业的运转特点。为此，本章将从两个方面对军工上市公司的内涵进行界定：其一，将主营业务产品与军工有关的上市企业界定为本章的军工上市公司，如航天动力（600343）、航空动力（600893）以及中核科技（000777）等；其二，将公司大股东为十大军工集团的上市企业也界定为本章的军工上市公司，如航天科技集团控股下的中国卫星（600118）、航天机电（600151）以及航空工业集团公司控股下中航飞机（000768）和中航精机（002013）等。

综上所述，本章选取 2012 年、2013 年沪、深两市十大军工集团下属的 63 家军工上市公司作为样本来进行军工上市公司自愿性信息披露有用性的实证研究。样本数据一部分来自这 63 家军工上市公司的公司年报，另一部分来自锐思金融研究数据库（www. resset. cn）。本章的数据处理采用 SPSS18.0 和 Excel 2007 软件来完成。

8. 4

军工上市公司自愿性信息披露有用性的实证检验与结果分析

8.4.1 描述性统计

（1）军工上市公司自愿性信息的整体披露状况。借鉴 Botosan（1997）自愿性信息披露体系的内容，结合 2012 年 9 月 21 日中国证监会发布的《公开发行证券的公司信息披露内容与格式准则第 2 号——年度报告的内容与格式（2012 年修订）》制定军工上市公司自愿性信息披露评价指标体系，得到军工上市公司自愿性信息的打分结果。

首先对 2012 年军工上市公司自愿性信息披露的打分结果进行分析，而后将其与 2013 年的打分结果进行对比分析，从而来研究军工上市公司自愿性信息披露水平是否有总体上的提高。表 8 - 4 列出了 2012 年军工上市公司自愿性信息披露的打分结果。

根据表 8 - 4 可以看出：

①2012 年自愿性信息披露得分在 28 分（由于得分均值为 27.58，因此选择 28 作为标准）及以下（可看作遵循《年报准则》进行披露，但披露程度不高，披露质量较差）的军工上市公司有 32 家，约占 65.08%；30 分以上的公司（可看作遵循《年报准则》进行披露，且披露程度较高，披露质量较好）的军工上市公司只有 22 家，约占 34.8%，相对较少。

②最高得分为 43 分，最低得分仅为 9 分，标准差为 6.982，样本公司之间的披露质量存在着一定的差异。

③本章自行构建的自愿性信息披露评价指标体系中包含 28 个指标，按照每项仅得一分的情况计算，得分在 28 分以下的说明样本公司披露程度不高，披露质量较差。

综上可知，2012 年我国军工上市公司遵循《年报准则》进行自愿性信息披露的水平总体不高。

表 8 - 4　　2012 年军工上市公司自愿性信息披露评价指标体系打分结果

自愿性信息披露总得分	公司数	所占百分比（%）	累积百分比（%）
9 ~ 18	9	14.29	14.29
19 ~ 28	32	50.79	65.08
29 ~ 38	20	31.75	96.83
39 ~ 43	2	3.17	100
合计	63	100	100
最小值	最大值	均值	标准差
9	43	27.58	7.012

表 8-5   2013 年自愿性信息披露评价指标体系打分结果

自愿性信息披露总得分	公司数	所占百分比（%）	累积百分比（%）
11~20	10	15.87	15.87
21~30	27	42.86	58.73
31~40	24	38.10	96.83
41~46	2	3.17	100
合计	63	100	100
最小值	最大值	均值	标准差
13	46	29.22	6.503

表 8-6   28 个自愿性信息指标的披露情况

一级指标	二级指标	披露公司数目（家）		占比（%）	
		2012 年	2013 年	2012 年	2013 年
公司背景信息	公司经营理念	32	40	50.79	63.49
	公司愿景	53	55	84.13	87.30
	实现公司愿景的保障	56	57	88.89	90.48
	公司组织结构	59	56	93.65	88.89
	风险管理机制建设	48	47	76.19	74.60
	公司品牌形象	43	43	68.25	68.25
	市场营销策略	42	46	66.67	73.02
社会责任信息	员工培养	52	49	82.54	77.78
	员工福利及劳保政策	41	43	65.08	68.25
	投资者沟通交流情况	24	32	38.10	50.79
	产品和服务质量	49	45	77.78	71.43
	环保措施	44	47	69.84	74.60
	税收缴纳	26	35	41.26	55.56
	社会公益活动	33	36	52.38	57.14
预测性信息	产销量预测	5	11	7.94	17.46
	市场占有率预测	14	15	22.22	23.81
	营业收入预测	42	45	66.67	71.43
	营业成本预测	10	13	15.87	20.63
	三项费用预测	7	12	11.11	19.04

续表

一级指标	二级指标	披露公司数目（家）		占比（%）	
		2012 年	2013 年	2012 年	2013 年
预测性信息	利润预测	18	20	28.57	31.75
	安全生产事故预测	11	16	17.46	25.39
管理层讨论与分析	盈利能力指标分析	21	23	33.33	36.51
	负债水平指标分析	3	10	4.76	15.87
	成本要素价格变动分析	22	22	34.92	34.92
	国家政策对行业的影响分析	35	40	55.56	63.49
	前五名客户名称和销售额	41	40	65.08	63.49
	前五名供应商名称和采购额	39	43	61.90	68.25
	自主创新情况分析	51	48	80.95	76.19

从表 8-5 中可以看出，2013 年军工上市公司自愿性信息披露质量平均得分为 29.22，标准差为 6.503。对比表 8-4 与表 8-5：2013 年军工上市公司自愿性信息的整体披露质量有所提高，各样本公司之间披露的程度差异有所降低。由此可知，2012 年 9 月 21 日，中国证监会正式发布《公开发行证券的公司信息披露内容与格式准则第 2 号——年度报告的内容与格式》之后，中国军工上市公司的自愿性信息披露质量整体有所提高，但是仍存在进一步提升的空间，信息披露的完整性和充分性也有待改善。

（2）本章 28 个自愿性信息指标的披露状况。根据自愿性信息披露指标体系的打分情况，可以更具体地描述样本公司的 28 个自愿性信息指标的披露情况，即表 8-6 所示。

可以看出，我国军工上市公司自愿性信息披露主要集中在公司经营理念、公司愿景、实现公司愿景的保障、营业收入预测、前五名客户名称和销售额、前五名供应商名称和采购额、员工培养、员工福利及劳保政策、投资者沟通交流情况、产品和服务质量、环保措施、社会公益活动、市场营销策略、公司品牌形象、自主创新情况分析这 17 个指标，披露这些信息的公司数所占比例普遍较高，均在 50% 以上。但是，对预测性信息则披露较少。原因可能是军工企业关系国家安全，有相关安全保密要求，相对普通上市公司较为封闭。而且资本构成上国有资本占据绝对控制地位，自身积累不足主要依靠国家财政拨款，每年的订单供应也相对固定。

（3）研究变量的描述性统计。表8－7列出了模型中各研究变量的最小值、最大值、均值和标准差。

根据表8－7可知，对于变量ROA来说，样本公司2013年的平均ROA高于2012年，说明样本公司整体的财务绩效有所提升，但是其标准差较高于上一年，这说明公司财务绩效差异增大，总体来说我国军工上市公司财务绩效不高，这可能跟军工上市公司内部治理机制不够科学，管理运营能力低下有关；对于资产营运指标总资产周转率（Total Assets Turnover）来说，2012年及2013年的均值都不高，总体质量不佳；对于营利性指标净利润增长率%ΔIncome来说，其样本平均值下降，标准差大幅增加，这说明在2013年样本中各个公司的盈利能力差距比较大；对于变量股票贝塔值（Beta）来说，其均值为1.177＞1，说明样本公司股票整体上相对于市场波动是比较明显的；对于股权集中度（OCD）来说，其均值为0.587，说明军工上市公司存在着明显的股权高度集中、一股独大现象。

表8－7 研究变量的描述性统计

模型一	最小值	最大值	均值	标准差
2013ROA	－0.084	0.199	0.038	0.046
2012ROA	－0.094	0.226	0.027	0.037
2013Quick Ratio	0.316	7.545	1.411	0.117
2013% ΔIncome	－61.120	163.048	0.991	0.868
2013% ΔAsset	－0.117	70.817	1.506	0.089
2013 Total Assets Turnover	0.047	2.461	0.755	0.456
模型二	最小值	最大值	均值	标准差
2013ROA	－0.084	0.199	0.038	0.046
2012ROA	－0.094	0.226	0.027	0.037
2012Quick Ratio	0.333	9.0706	1.872	0.555
2012% ΔIncome	－54.489	180.877	1.127	0.838
2012% ΔAsset	－0.3452	81.918	2.208	0.281
2012Total Assets Turnover	0.0497	2.845	0.734	0.402
模型三	最小值	最大值	均值	标准差
CAR（－5，＋5）	－0.191	3.290	0.046	0.425
UCD	－0.300	0.200	－0.004	0.084

续表

模型三	最小值	最大值	均值	标准差
UE	− 0. 113	1. 776	0. 024	0. 228
Size	19. 977	25. 912	22. 248	0. 158
ROE	− 1. 009	0. 247	0. 035	0. 160
BETA	0. 690	1. 804	1. 177	0. 205
Time	32. 000	117. 000	86. 790	1. 358
模型四	最小值	最大值	均值	标准差
2013 Tobin's Q	1. 020	6. 314	1. 904	0. 900
2013LEV	0. 114	0. 950	0. 508	0. 195
2013Size	19. 977	25. 912	22. 248	0. 158
2013IGR	− 0. 471	28. 576	0. 657	0. 802
2013OCD	0. 094	0. 826	0. 587	0. 147
2013IDR	0. 331	0. 697	0. 462	0. 425
2013MSR	0. 026	0. 592	0. 252	0. 351

8.4.2　实证结果分析

为了选择正确的统计分析方法来处理研究数据，首先需要检验样本公司的自愿性信息披露指数的分布情况，通过 K-S 单样本检验得到的结果，见表8－8。

表8－8　　　　　　　自愿性信息披露指数 K-S 单样本检验

原假设	Sig.	Z 值	结论
2013 年自愿性信息披露指数的分布为正态分布，平均值为0. 546，标准差为0. 134	0. 083	1. 248	保留原假设
2012 年自愿性信息披露指数的分布为正态分布，平均值为0. 476，标准差为0. 125	0. 078	1. 167	保留原假设

2013 年自愿性信息披露指数（VDI）的 K－S 统计量 Z 值为 1. 248，显著性水平为0. 083，即样本与总体的差异不显著，因此可以认为自愿性信息披露指数服（VDI）从正态分布。同理，2012 年自愿性信息披露指数（VDI）亦服

从正态分布，即模型自变量 2013 年、2012 年自愿性信息披露指数（VDI）均服从正态分布，可以进行下一步研究。

（1）模型一实证结果分析。对军工上市公司自愿性信息披露与当期财务绩效的相关性进行实证研究分析。模型一的多元回归结果如表 8-9 所示。

由表 8-9 可以看出：①自愿性信息披露指数（VDI）的回归系数为 0.305，在 5% 以下的置信度下回归结果显著（Sig. 值为 0.037），因而接受假设 8-1-1：自愿性信息披露水平与军工上市公司当期财务绩效存在正相关关系；②各项变量的回归系数均为正数，说明因变量 ROA 与自变量自愿性信息披露指数（VDI）及其他控制变量均呈正相关关系。其中作为控制变量的净利润增长率（%ΔAsset）、上年 ROA、总资产增长率（%ΔAsset）的显著水平都较高，均在 1% 的置信水平下显著；本章新增总资产周转率（Total Assets Turnover）也在 1% 的置信水平下显著，说明该变量对于财务绩效具有一定的解释能力，将其引入模型是正确的。

表 8-9　　　　　　　　模型一回归分析结果

模型一	非标准化系数		标准系数	t	Sig.
	B	标准误差			
（常量）	0.006	0.016		0.362	0.719
2013VDI	0.262	0.079	0.305	1.972	0.037 **
2012ROA	0.709	0.091	0.698	4.793	0.000 ***
2013Quick Ratio	0.017	0.027	0.046	1.828	0.063 *
2013%ΔIncome	0.021	0.001	0.684	3.785	0.005 ***
2013%ΔAsset	0.043	0.002	0.524	3.857	0.002 ***
2013 Total Assets Turnover	0.022	0.008	0.223	2.977	0.014 **

注：*** 表示 1% 水平显著，** 表示 5% 水平显著，* 表示 10% 水平显著。

表 8-10　　　　　　模型一容忍度与方差膨胀因子分析结果

	2013 VDI	2012 ROA	2013 Quick Ratio	2013 %ΔIncome	2013 %ΔAsset	2013 Total Assets Turnover
TOL	0.704	0.548	0.813	0.373	0.217	0.805
VIF	1.42	1.825	1.229	4.386	4.893	1.242

检验多重共线性的一个方法是查看容忍度（TOL）和方差膨胀因子

（VIF）的值。一般认为，当某个自变量的 TOL 小于 0.1，即 VIF 超过 10 的时候就认为该自变量与其他自变量存在严重的多重共线性。从表 8 - 10 可以看出，TOL 最小值为 0.217 且 VIF 均小于 5，这些结果都表明模型中自变量之间不存在显著的多重共线性。

从表 8 - 11 可以看到：模型的拟合优度 R 方检验值为 0.754，模型 F 统计量的显著性概率为 0.000（在 1% 的置信水平下是显著的），模型的 D - W 值为 1.962 约等于 2，因变量与自变量之间存在显著的线性相关关系，这些自变量的变化确实能够反映自愿性信息披露水平与公司财务绩效之间的线性变化，回归方程显著，具有统计学意义。

表 8 - 11　　　　　　　　　　模型一总体参数分析结果

模型一	平方和	df	均方	F	Sig.
回归	0.102	6	0.017	28.543	0.000[a]
残差	0.033	57	0.001		
总计	0.135	63			
模型一	R	R 方	调整 R 方	标准估计的误差	Durbin - Watson
	0.868[a]	0.754	0.727	0.024	1.962

（2）模型二实证结果分析。对军工上市公司自愿性信息披露与未来（下一年度）财务绩效的相关性进行实证研究分析。模型二的多元回归结果如表 8 - 12 所示：

表 8 - 12　　　　　　　　　　模型二回归分析结果

模型二	非标准化系数		标准系数	t	Sig.
	B	标准误差			
（常量）	0.004	0.012		0.292	0.784
2012VDI	0.367	0.017	0.389	2.452	0.025 **
2012ROA	0.689	0.085	0.658	5.053	0.000 ***
2012QuickRatio	0.206	0.027	0.236	1.862	0.066 *
2012% ΔIncome	0.421	0.023	0.584	3.711	0.005 ***
2012% ΔAsset	0.143	0.035	0.223	3.857	0.003 ***
2012 Total Assets Turnover	0.052	0.067	0.521	2.486	0.023 **

注：*** 表示 1% 水平显著，** 表示 5% 水平显著，* 表示 10% 水平显著。

由表 8 – 12 可知：①模型二中变量自愿性信息披露指数（VDI）的回归系数为 0.389（Sig. 值为 0.025，在 5% 的置信水平下显著）与下一年的 ROA 正相关，说明自愿性信息披露对于军工上市公司下一年的财务绩效具有显著的解释能力；②自变量及其他解释变量的回归系数及其显著性基本与模型一相符，各项变量的回归系数均为正数，说明因变量 ROA 与自变量 VDI 及控制变量均呈正相关关系，与前文假设预测相符。

表 8 – 13   模型二容忍度与方差膨胀因子分析结果

	2012 VDI	2012 ROA	2012 Quick Ratio	2012 % ΔIncome	2012 % ΔAsset	2012 Total Assets Turnover
TOL	0.942	0.475	0.223	0.378	0.676	0.735
VIF	1.061	2.325	4.487	3.469	1.893	1.341

从表 8 – 13 可以看出，表中 TOL 最小值为 0.223 且 VIF 均小于 5，这些结果都表明模型中自变量之间不存在显著的多重共线性。

表 8 – 14   模型二总体参数分析结果

模型二	平方和	df	均方	F	Sig.
回归	0.132	6	0.018	23.356	0.000ª
残差	0.024	57	0.001		
总计	0.156	63			
模型二	R	R 方	调整 R 方	标准估计的误差	Durbin-Watson
	0.823ª	0.712	0.689	0.022	2.074

从表 8 – 14 可以看到：模型的拟合优度 R 方检验值为 0.712，模型 F 统计量的显著性概率为 0.000（在 1% 的置信水平下是显著的），模型的 D – W 值为 2.074 约等于 2，说明因变量与自变量之间存在显著的线性相关关系，自愿性信息披露水平能够预测下一年度公司财务绩效。

（3）模型三实证结果分析。将样本公司按照自愿性信息披露指数（VDI）得分从大到小排序，前 31 家为高披露组（H 组）、后 31 家为低披露组（L 组），然后将两组窗口期的累计超额收益率除以总天数，得到两组窗口期的日平均超额累计收益率，如表 8 – 15 所示。

表 8 - 15　　　　　　　　配对样本窗口期日平均超额累计收益率

时间	H 组	L 组	H - L
- 5	- 0. 004476	- 0. 014508	0. 010032
- 4	0. 01254	- 0. 008272	0. 020812
- 3	- 0. 004824	- 0. 007036	0. 002212
- 2	0. 01376	- 0. 003932	0. 017692
- 1	- 0. 002256	- 0. 002268	1. 2E - 05
0	0. 137848	- 0. 015136	0. 152984
1	0. 018976	- 0. 012752	0. 031728
2	0. 014472	- 0. 005672	0. 020144
3	- 0. 002044	- 0. 004984	0. 00294
4	0. 015124	- 0. 00342	0. 018544
5	0. 000908	- 0. 001016	0. 001924

为了更清晰地显示在窗口期（ - 5，5）中，自愿性信息披露水平高的样本与披露水平较低的样本的平均 CAR 的差异，制作图 8 - 6。

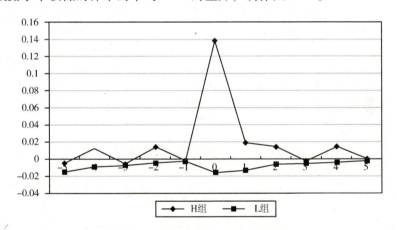

图 8 - 6　配对样本窗口期平均累计超额收益率

对自愿性信息披露水平高的样本组与低样本组的股票平均 CAR 进行窗口期独立样本 T 检验，得到以下结果，如表 8 - 16 所示。

表 8 - 16　　　　　高披露组与低披露组的平均 CAR 配对 T 检验

窗口期	L 组平均 CAR	H 组平均 CAR	T 检验	Sig.
（ - 5，5）	0. 00718	0. 01818	2. 039	0. 020

结合图 8-5、表 8-16，可以看出军工上市公司自愿性信息披露指数的高低，即披露水平的高低，会使股票市场会出现不同的反应：披露水平较高的 H 组的平均 CAR 在事件发生日后明显高于披露水平较低的 L 组。从表 8-14 得知，在窗口期为（-5，5）时，H 组样本的平均 CAR 显著高于 L 组样本（Sig. 值为 0.020，在 5% 的置信水平下显著），说明自愿性信息披露水平的高低会带来股票市场的短期显著差异。

然后，将累计超额收益率（CAR）和自愿性信息披露指数（VDI）进行多元线性回归，结果分析如表 8-17 所示。

表 8-17　　　　　　　　　模型三回归分析结果

模型三	非标准化系数		标准系数	t	Sig.
	B	标准误差			
（常量）	0.588	0.721		0.815	0.418
VDI	0.247	0.110	0.198	2.149	0.034 **
UCD	0.199	0.436	0.039	1.457	0.089 *
UE	-0.102	0.194	-0.055	-1.925	0.052 *
Size	0.108	0.032	0.021	2.245	0.038 **
ROE	0.232	0.117	0.138	6.293	0.000 ***
BETA	0.225	0.166	0.108	2.351	0.024 **
Time	-0.165	0.121	-0.116	-2.753	0.017 **

注：*** 表示 1% 水平显著，** 表示 5% 水平显著，* 表示 10% 水平显著。

表 8-18　　　　　　　模型三容忍度与方差膨胀因子分析结果

	VDI	UCD	UE	Size	ROE	BETA	Time
TOL	0.701	0.796	0.542	0.795	0.886	0.914	0.79
VIF	1.427	1.256	1.845	1.258	1.129	1.094	1.265

表 8-19　　　　　　　　模型三总体参数分析结果

模型三	平方和	df	均方	F	Sig.
回归	7.586	7	1.084	16.452	0.000[a]
残差	3.623	56	0.066		
总计	11.21	63			
模型三	R	R 方	调整 R 方	标准估计的误差	Durbin-Watson
	0.796[a]	0.677	0.656	0.025	1.963

　　结合表 8 – 17、表 8 – 18 和表 8 – 19 来看：模型三中变量自愿性信息披露指数（VDI）的回归系数为正（Sig. 值为 0.034，在 5% 的置信水平下显著），模型中 TOL 最小值为 0.542 且 VIF 均小于 2，模型的拟合优度 R 方检验值为 0.677，模型 F 统计量的显著性概率为 0.000（在 1% 的置信水平下是显著的），模型的 D-W 值为 1.963 约等于 2，表明军工上市公司自愿性信息披露能够解释累计超额收益率（CAR）的增量变化，存在短期市场反应。

　　（4）模型四实证结果分析。由于上市公司的年报披露有一定的滞后性，一般在年度结束后的四个月内披露，所以第 t 年的年报一般在第 t + 1 年披露。因此，上市公司第 t 年年报的自愿性信息披露水平影响的是第 t + 1 年的公司价值。模型四的多元回归结果如表 8 – 20 所示。

表 8 – 20　　　　　　　　　　　　模型四回归分析结果

模型四	非标准化系数		标准系数	t	Sig.
	B	标准误差			
（常量）	0.069	0.815		0.085	0.933
2012VDI	0.482	0.246	0.319	2.169	0.031 **
2013LEV	− 0.479	0.630	− 0.320	− 2.447	0.023 **
2013Size	0.182	0.101	0.234	1.804	0.077 *
2013IGR	0.066	0.029	0.027	1.725	0.063 *
2013OCD	0.265	0.129	0.137	3.501	0.005 ***
2013IDR	0.049	0.236	0.023	1.507	0.083 *
2013MSR	0.051	0.019	0.021	2.914	0.011 **

　　注：*** 表示 1% 水平显著，** 表示 5% 水平显著，* 表示 10% 水平显著。

表 8 – 21　　　　　　模型四容忍度与方差膨胀因子分析结果

	2012VDI	2013LEV	2013Size	2013IGR	2013OCD	2013IDR	2013MSR
TOL	0.827	0.582	0.645	0.743	0.81	0.668	0.668
VIF	1.209	1.719	1.551	1.345	1.234	1.452	1.452

表 8 – 22　　　　　　　　　模型四总体参数分析结果

模型四	平方和	df	均方	F	Sig.
回归	19.858	6	3.31	6.096	0.000[a]
残差	30.404	57	0.543		

续表

模型四	平方和	df	均方	F	Sig.
总计	50.262	63			
模型四	R	R 方	调整 R 方	标准估计的误差	Durbin-Watson
	0.839ª	0.724	0.715	0.036	2.029

结合表 8 – 20、表 8 – 21 和表 8 – 22 来看：模型四中变量自愿性信息披露指数（VDI）的回归系数为正（Sig. 值为 0.031，在 5% 的置信水平下显著），模型中 TOL 最小值为 0.582 且 VIF 均小于 2，模型的拟合优度 R 方检验值为 0.724，模型 F 统计量的显著性概率为 0.000（在 1% 的置信水平下是显著的），模型的 D – W 值为 2.029 约等于 2，表明军工上市公司自愿性信息披露与公司价值之间存在正相关关系。

8.4.3 稳健性检验

为了验证本章模型的稳健性，使实证结果更具有说服力，我们对前面所划分的 33 家高自愿性信息披露水平的军工上市公司的相关数据进行了检验。仍然采用本章的假设模型，检验结果如表 8 – 23、表 8 – 24、表 8 – 25 和表 8 – 26 所示。

从以上四个表中的数据可以看出，在以高自愿性信息披露水平的军工上市公司为样本进行的检验中，各变量的符号均与原本模型一致，这说明本章构造的模型具有较高的稳定性和可靠性。检验结果表明，军工上市公司自愿性信息披露有助于投资者预测上市公司的未来财务绩效，能够解释累计超额收益率 CAR 值的变化，并有助于加快股票流动性，降低资本成本，从而提高公司价值，提升公司形象，最终为投资者和军工上市公司提供有助于他们做出决策的有用信息。

表 8 – 23　　　　高质量自愿性信息披露与当期公司财务绩效回归结果

模型一	非标准化系数		标准系数	t	Sig.
	B	标准误差			
（常量）	0.057	0.033		0.101	0.920
2013VDI	0.097	0.046	0.145	2.102	0.046**

续表

模型一	非标准化系数			t	Sig.
	B	标准误差	标准系数		
2012ROA	0.295	0.109	0.242	5.471	0.000 ***
2013Quick Ratio	0.082	0.024	0.069	1.958	0.054 *
2013% ΔIncome	0.023	0.001	0.035	2.356	0.029 **
2013% ΔAsset	0.016	0.008	0.320	2.426	0.027 **
2013TotalAssets Turnover	0.039	0.019	0.403	2.079	0.048 **

表 8 - 24　　　高质量自愿性信息披露与下一年度公司财务绩效回归结果

模型二	非标准化系数			t	Sig.
	B	标准误差	标准系数		
（常量）	0.065	0.041		0.123	0.903
2012VDI	0.260	0.127	0.132	2.062	0.042 **
2012ROA	0.594	0.208	0.426	3.819	0.003 ***
2012Quick Ratio	0.201	0.001	0.336	2.683	0.022 **
2012% ΔIncome	0.102	0.004	0.117	3.721	0.005 ***
2012% ΔAsset	0.095	0.037	0.071	3.901	0.003 ***
2012 Total AssetsTurnover	0.049	0.046	0.459	2.448	0.027 **

表 8 - 25　　　高质量自愿性信息披露与累计超额收益率回归结果

模型三	非标准化系数			t	Sig.
	B	标准误差	标准系数		
（常量）	0.088	0.721		0.815	0.418
VDI	0.013	0.006	0.082	2.318	0.021 **
UCD	0.014	0.006	0.092	2.564	0.018 **
UE	− 0.147	0.078	− 0.207	− 2.010	0.047 **
Size	0.022	0.006	0.132	3.708	0.001 ***
ROE	0.064	0.006	0.394	4.086	0.000 ***
BETA	0.018	0.006	0.111	3.209	0.008 ***
Time	− 0.117	0.057	− 0.198	− 2.115	0.036 **

表8-26　　　　　　　　　高质量自愿性信息披露与公司价值回归结果

模型四	非标准化系数		标准系数	t	Sig.
	B	标准误差			
（常量）	0.022	0.006		0.728	0.467
2012VDI	0.040	0.012	0.220	1.944	0.041 **
2013LEV	− 0.008	0.006	− 0.047	2.192	0.033 **
2013Size	0.066	0.044	0.313	2.057	0.042 **
2013IGR	0.010	0.006	0.062	1.379	0.076 *
2013OCD	0.087	0.082	0.293	1.917	0.048 **
2013IDR	0.076	0.152	0.136	1.437	0.085 *
2013MSR	0.068	0.032	0.113	2.245	0.028 **

注：*** 表示1%水平显著，** 表示5%水平显著，* 表示10%水平显著。

8.5

本章结论与建议

8.5.1　本章小结

　　本章选取2012～2013年沪深两市十大军工集团下属的63家军工上市公司为研究样本，对军工上市公司自愿性信息披露的有用性展开实证研究，以期为我国军工上市公司如何提高自愿性信息披露水平提出相关建议，促进我国自愿性信息披露体制的发展和完善。在对自愿性信息披露相关理论和披露有用性文献进行总结后，本章在自行构建自愿性信息披露水平评价指标体系的基础上，来检验军工上市公司自愿性信息披露与财务绩效的关系、能否解释累计超额收益率（CAR）的变化以及是否有助于提高公司价值，并提出了三个研究假设，建立了相应的研究模型。通过对2012～2013年沪深两市十大军工集团下属的63家军工上市公司的样本数据的收集与分析，本章对研究假设进行了检验和分析，得出以下结论：

　　（1）在对军工上市公司自愿性信息披露与当期财务绩效的相关性实证检验中，本章的研究结果表明：假设8-1成立。①军工上市公司的自愿性信息披露指数与公司当年的财务绩效显著正相关，说明自愿性信息披露一定程度上能够帮助投资者了解公司的现状；②自愿性信息披露能够预测军工上市公司下一年度的财务绩效，说明自愿性信息披露一定程度上能够预测公司未来的财务业绩。

（2）在对军工上市公司自愿性信息披露的短期市场反应的实证检验中，本章的研究结果表明：假设 8 - 2 成立。自愿性信息披露对财务报告公布日前后 5 天的股票累计超额收益率（CAR）有增量解释能力，说明自愿性信息披露能够引起证券市场上军工上市公司股票的短期市场反应。

（3）在对军工上市公司自愿性信息披露与公司价值的相关性实证检验中，本章的研究结果表明：假设 8 - 3 成立。军工上市公司的自愿性信息披露指数与公司价值显著正相关，说明自愿性信息披露一定程度上能够提高公司价值，提升公司形象。

8.5.2　相关建议

通过文章前四节对我国军工上市公司自愿性信息披露有用性的实证研究，发现自愿性信息披露水平与公司的财务绩效（ROA）、累计超额收益率（CAR）、公司价值（Tobin's Q）均存在正相关关系，说明自愿性信息披露有助于降低信息不对称性，向投资者传递更多、更为准确、更为相关的信息，有利于投资者做出正确的投资决策；有助于缓解代理矛盾、完善公司治理结构、改善公司业绩、增加公司价值。可以说，提高自愿性信息披露水平在一定程度上可以实现投资者和军工上市公司的"双赢"。但是，研究中还发现我国军工上市公司自愿性信息披露水平偏低，公司自愿披露的意愿淡薄，所披露的信息质量不高，自愿性信息披露作为沟通上市公司和投资者的桥梁，其真正价值尚未得到充分的发挥。为了鼓励军工上市公司自愿披露更多的信息，提高信息披露的质量，本章提出了如下建议：

根据本章的研究结论，军工上市公司自愿性信息披露与财务绩效存在正相关关系，因此我国军工上市公司应建立符合自身的发展战略，提高盈利能力，改善公司的财务状况，从而提高自愿性信息的披露水平。提高军工上市公司盈利能力的措施包括：①军工上市公司要以市场为导向，在确保军需产能、保障军队基本建设的同时，注重发挥科研优势，全面提高资金使用效率，协调公司内部提高盈利、成长、营运及流动等财务能力。②国家要从战略性高度出发为军工上市公司营造良好的外部融资环境，扩大资本市场规模，规范资本市场运行秩序。鼓励更多社会资本参与军工企业改制上市，优化军工企业资本结构，实现资源的合理有序流动，促进军工企业的持续健康发展。

根据本章的研究结论，军工上市公司自愿性信息披露与公司价值存在正相关关系，因此军工上市公司应完善自身的治理结构，提升公司价值，从而提高自愿性信息的披露水平。完善军工上市公司治理结构的措施包括：①优化军工上市公司股权结构，提高各大股东之间的制衡能力。借助资本市场的契机，调整控股股东持股比例，减少纵向代理链层次，激励控股股东充分发挥监督治理职能。②建立健全独立董事制度的法律法规，通过法律、职业道德规范等方法进一步规范独立董事的任职资格，使独立董事的功能具体化，真正发挥自身的作用。

第 *9* 章

结论与建议

结   论

通过对上述各项研究的总结，本研究得到以下几点结论：

（1）对信息使用者对自愿性信息的满意度进行研究发现：①机构投资者对自愿性信息披露的期望与其满意度负相关。机构投资者对自愿性信息披露的期望越高，其阅读年报后，对其中自愿性信息披露情况的满意度越低。②自愿性信息披露的质量与机构投资者满意度正相关。即自愿性信息披露质量越好，机构投资者满意度越高。③自愿性信息披露的有用性与机构投资者满意度正相关。即自愿性信息在机构投资者决策过程中的有用性越高，机构投资者满意度越高。④有用性在质量对满意度影响的过程中起部分中介效应，中介效应为正向显著；即自愿性信息披露质量对满意度的影响表现为直接影响和通过有用性产生的间接影响的和。⑤有用性在期望对满意度影响的过程中起部分中介效应，中介效应为反向显著；即自愿性信息披露期望对满意度的影响表现为直接影响与通过有用性产生的间接影响的差。

（2）本研究借鉴 Botosan 的研究成果，在对机构投资者对自愿性信息需求典型调查的基础上，建立了包含 28 个指标的自愿性信息披露水平度量体系，28 个指标可分为四类——公司背景信息、社会责任信息、预测性信息、管理层讨论与分析。

（3）在自愿性信息披露的评价方法进行研究的方面，发现基于 AHP 法、熵权法与二者有机结合的综合集成赋权法计算出来的样本公司的评价结果具有一致性，但是以熵权法最为简便。

（4）对军工行业上市公司自愿性信息披露的特征研究发现：①2012～2015年，我国军工上市公司自愿性信息披露质量总体偏低，但逐年有所提升，且披露差异逐年减小。②我国军工上市公司自愿性信息各指标部分披露状况不一，突出表现为背景信息较好，军工上市公司对有关战略、目标、公司治理情况以及行业政策等方面的信息都能够积极地进行披露，有助于投资者决策，有利于保护投资者权益。但是，有关预测性信息和管理层讨论与分析涉及的信息披露非常少。③在自愿性信息披露质量上，军工上市公司与非军工上市公司相比没有显著性差异。

（5）本书对自愿性信息披露的影响因素进行了实证研究，以2014～2015年120家军工行业上市公司为样本，运用路径分析方法研究了影响自愿性信息披露水平的内部因素和外部因素，其中内部因素包括公司规模和盈利能力、财务杠杆、国有股比例、独立董事比例和两职合一情况，外部因素为监管部门处罚情况。结果显示，公司规模和独立董事比例在5%的显著性水平下对自愿性信息披露水平有正的显著影响；财务杠杆和两职合一情况在10%的显著性水平下对自愿性信息披露水平有负的显著影响；盈利能力、国有股比例和受罚情况对自愿性信息披露的影响未通过显著性检验。

（6）在对军工上市公司自愿性信息披露的市场反应中，自愿性信息披露与当期财务绩效的相关性实证检验研究结果表明：①自愿性信息披露对财务报告公布日前后5天的股票累计超额收益率（CAR）有增量解释能力，自愿性信息披露能够引起证券市场上军工上市公司股票的短期市场反应。②军工上市公司的自愿性信息披露指数与公司当年的财务绩效显著正相关，自愿性信息披露一定程度上能够帮助投资者了解公司的现状；③自愿性信息披露一定程度上能够预测军工上市公司下一年度的财务绩效；④军工上市公司的自愿性信息披露指数与公司价值显著正相关，自愿性信息披露一定程度上能够提高公司价值，提升公司形象。

9.2

建 议

根据上述研究结论，本研究拟从外部监管层面和上市公司内部治理层面提出以下几点建议：

9.2.1 外部监管层面

（1）出台《自愿性信息披露指引》及建立相应处罚机制。自愿性信息披露相关法律法规不健全是造成军工上市公司自愿性信息披露质量低、存在选择性偏好的最主要原因。因此，本研究认为改善目前披露现状的首要措施即是制定完善的自愿性信息披露相关法律法规。

目前自愿性信息披露监管部门还没有真正认识到自愿性信息披露的重要性，对自愿性披露的监管问题尚未达成共识，即使有些规定和文件涉及鼓励自愿性披露的相关表述，也是非常含糊，而且态度不一，加上没有与对自愿披露信息相关的有效保护法律法规，这使得公司在制度面前对是否披露犹豫不决，也是造成我国上市公司自愿性信息披露不足的主要原因。所以，我国政府亟须出台《自愿性信息披露指引》（以下简称《指引》）之类专门针对自愿性信息披露的法律法规，使得上市公司在披露自愿性信息时做到有据可依。

自愿性信息披露是上市公司除强制性信息披露之外的信息披露行为，自愿地披露现行法律法规和规则规定应披露信息以外的信息。根据《公开发行证券的公司信息披露内容与格式准则第 2 号——年度报告的内容与格式（2012年修订）》的规定，大部分公司年报的内容包括重要提示、公司简介、会计数据和业务数据摘要、股本变动及股东情况等 12 节，其中并没有单独列出自愿性信息披露的内容，自愿性信息都是夹杂在强制性信息当中的。大多数公司的年报中不会出现"自愿性信息"的字样。因此，对于上市公司自愿性信息披露方式的规范，建议《指引》鼓励上市公司单独披露《自愿性信息报告》，因为自愿性信息的内容包含现行社会责任信息，所以可不必再单独披露社会责任报告。

鉴于此，本研究提出建议：《指引》应鼓励上市公司单独披露《自愿性信息报告》，把分散在年报前十二节披露的自愿性信息集中并整理后放在《自愿性信息报告》按内容分类列报，并制定出相应的披露格式。具体设想如下：

①二次披露自愿性信息。自愿性披露的信息并没有形成一个完整的体系，而是散落在年报的每一个章节中。鉴于此种情况，本研究认为，在单独披露的《自愿性信息报告》中，集中并整理分散在年报前十二节中的自愿性信息，进

行二次分类列报，并制定出相应的披露格式，这样既保证了信息的连贯性，又方便信息使用者查阅。具体格式可以参照本研究提出的指标体系进行，也可以对四大类的指标做一定程度的细化，外加"其他"项目，按顺序罗列在《自愿性信息报告》中。

②分类列报自愿性信息。信息分类的标准有很多，如相关性、可靠性和内容等。如果按照相关性分类，其缺陷是每个信息需求者需要的相关信息是不一样的。如果按照可靠性分类的本身就是不可靠的，很多信息的可靠性是很难得到检验的。因此，可结合本研究构建的指标体系，再设立"其他"分类项目，自愿性信息按内容分为五类列报于《自愿性信息报告》中。

准则详细规定了上市公司在年报中应该披露的内容，那么准则中没有强制要求披露的内容，就属于自愿披露的范畴。准则中对自愿性披露信息在内容方面的规范只是"蜻蜓点水"，对自愿性信息的质量要求更是如此，并没有深入问题进行进一步的规范和指导，这也是今后法规制度建设应该重点加强的方面。

此外，应建立基于法律的信息披露事后处罚机制。如果上市公司故意披露虚假信息，并由此对投资者造成损失，投资者可以对上市公司提起诉讼，证监会、证券交易所等证券监管部门则对误导投资者的上市公司进行处罚。这样，经营者顾及信息披露可能招致的法律处罚就不敢恣意为之，这在一定程度上保障了自愿性信息披露的信息可靠性。另一方面，法律法规的构建同样应该从免责保护和民事责任两个方面入手，为上市公司自愿披露信息做好心理建设，消除后顾之忧，从而为高质量的自愿性信息披露打好基础。

（2）建立权威自愿性信息披露评级制度。由于投资者对上市公司信息认识的不充分，可能导致没有选择的投资，从而纵容了低质量的公司不披露信息，高质量的公司没有受到激励，也不再愿意多披露相关信息。因此应建立自愿性信息评级制度，由专家通过对上市公司的内部信息进行充分了解后，针对公司自愿性信息披露水平进行评级。

自愿性信息披露评级制度的建立，有利于重建证券市场的信用秩序。一方面，对于投资者来说，上市公司自愿性信息披露评级制度的建立，使得投资者清晰地辨认出信息披露水平较高的上市公司，从而帮助投资者做出相关的投资判断，这样大大保护了投资者，使其免受损失。另一方面，对于上市公司来说，建立一套严格的评级制度，有利于杜绝证券市场的信息造假和披露不真实的现象。评级较高的上市公司为保持自己良好的级别，会持续披露水平较高、较为全面的信息；而评级较低的上市公司为挽回公司的级别、吸引更多的投资者，也会逐渐披露更多的信息。通过评级，可以取消披露水平较低和信息披露造假的上市公司增发新股的资格，从而迫使其退出证券市场，这对规范上市公司的信息披露、保护投资者的利益有很大好处。

9.2.2　内部公司治理层面

（1）加大公司规模，降低财务杠杆，优化财务结构。公司规模和财务杠杆对自愿性信息披露在10%的显著性水平下有显著性影响。公司规模对自愿性信息披露有显著性正影响，财务杠杆对自愿性信息披露有显著性负影响。军工上市公司自愿性信息披露与财务绩效存在正相关关系，与公司价值存在正相关关系，因此我国军工上市公司应建立符合自身的发展战略，优化公司的财务状况，提升盈利能力，从而提高自愿性信息的披露水平，这也是打造公司核心竞争力、获取持续竞争优势的来源和基础。提升盈利能力的措施包括以技术创新为动力，大力增加科技投入，实施自主创新战略；以信息化为关键，实现核心业务和主导流程的信息化；以树立品牌为手段，以打造文化为后盾，增强公司凝聚力，管理创新、技术创新、市场创新，有效整合公司资源等。提高军工上市公司盈利能力的措施包括：①军工上市公司要以市场为导向，在确保军需产能、保障军队基本建设的同时，注重发挥科研优势，全面提高资金使用效率，协调公司内部提高盈利、成长、营运及流动等财务能力。②国家要从战略性高度出发，为军工上市公司营造良好的外部融资环境，扩大资本市场规模，规范资本市场运行秩序。鼓励更多社会资本参与军工企业改制上市，优化军工企业资本结构，实现资源的合理有序流动，促进军工企业的持续健康发展。因此军工上市公司应完善自身的治理结构，提升公司价值，从而提高自愿性信息的披露水平。

（2）董事长与总经理两职分离，提高独立董事比例。独立董事比例和两职合一的自愿性信息披露在5%的显著性水平下有显著性影响。独立董事比例对自愿性信息披露有显著性正影响，两职合一对自愿性信息披露有显著性负影响。提高独立董事比例。从内部监督控制上讲，董事会中存在较高比例的独立董事，能够在审议管理层编制的财务报告时，在一定程度上防止大股东或者管理层虚假陈述或者粉饰财务报表的行为，从而增强信息披露的真实性和可靠性。因此，一方面应鼓励公司增加独立董事在董事会的比例，明确董事会内部的分工与协作，使独立董事的功能具体化，真正发挥独立董事的作用；另一方面必须建立健全独立董事制度的法律法规，从立法或制度上保证独立董事有法可依、有章可循，通过法律、职业道德规范等方法进一步规范独立董事任职资格。

加速董事长与总经理两职分离。董事长与总经理两职合一会削弱董事会对公司经理层的监控作用，从而导致经理层隐瞒对自身不利的信息，使公司透明度降低；相反，两职分离则对提高公司信息披露透明度具有正面效应，加强了董事会对经理层的制衡和对信息披露的监督作用，从而提高内部监控水平和信息披露水平。

（3）优化股权结构，降低股权集中度。尽管国有股对自愿性信息披露的影响未通过显著性检验，但其系数为负与预期一致，体现国有股比例对自愿性信息披露有负影响。军工上市公司大多数是由国企改制而成，因此不可避免的形成了国有股一股独大、股权过于集中的问题。股权过于集中，不能代表外部中小股东的利益，董事会对经理层起不到监督作用，缺乏对外自愿披露信息的要求。为此，必须将股权结构分散化，这也是优化我国上市公司治理结构、提高自愿性信息披露水平的必经环节，应通过大力吸引机构投资者、企业法人股和公众个人股等多种形式的投资主体来解决国有股权集中所产生的所有者缺位问题，进而形成由银行、企业法人、金融中介机构、资产经营公司、投资基金、企业经理人员和职工等多个投资主体共同持股的形式。同时，还要提高股本持有者的层次，主要是提高国有股和法人股代理者的层次，让那些具有坚实的经营管理专业知识、德才兼备、富有创新精神的专业人才来代表资本所有者行使权利，这样将能解决所有者缺位的问题，并同时解决股权集中的问题。

附　　录

附录1　自愿性信息披露满意度访谈提纲

1. 您阅读上市公司的会计信息的目的是什么？侧重于详读哪方面的信息？
2. 您熟悉自愿性信息披露的概念吗？
3. 您希望看到上市公司自愿披露哪些信息？如背景信息、管理层讨论与分析、预测性信息、社会责任信息等。
4. 您对目前各上市公司所做的自愿性信息披露内容满意吗？有不满意的地方吗？主要都是什么？
5. 您所读过的上市公司自愿披露内容的质量如何？比如是否全面完整、及时、真实、清晰可读、可理解、具有可比性？
6. 您会根据上市公司自愿披露的内容做出投资决策吗？主要参考哪些内容？
7. 上市公司披露的预测性信息在您的投资决策过程中能否起到作用？如果不能，您觉得应该如何改善预测性信息的披露？
8. 您针对上市公司披露内容中存在疑问的地方有过与上市公司的沟通交流吗？上市公司的投资者关系管理活动做得怎么样？您认为有哪些需要提高的地方？
9. 您会长期关注某一家上市公司吗？您是基于该公司的哪些优势来关注它？
10. 您会将您看好的公司推荐给亲戚朋友关注吗？为什么？

附录2 自愿性信息披露的满意度试调研问卷

您好:

    本次调研的目的是为了了解上市公司年报中的"自愿性信息披露"的满意度情况。您的答案并无对、错之分，只希望您能表达自己的真实意见和想法。在此，我们郑重承诺，调查结果仅供研究使用，如果您有兴趣和需要，我们可将最终的分析结果通过电子邮件反馈给您。

    整个过程大约需要占用您10分钟的时间，辛苦您了！衷心感谢您的大力支持！

北京理工大学管理与经济学院信息披露与

公司治理研究中心

概念界定：自愿性信息披露是上市公司定期报告的重要组成部分，位于年报中的"董事会报告"和"企业社会责任报告"中，主要包含下表中的信息。

自愿性信息披露指标体系

一级指标	二级指标	一级指标	二级指标
公司背景信息	公司经营理念	预测性信息	产销量预测
	公司愿景		市场占有率预测
	实现公司愿景的保障		营业收入预测
	公司组织结构		营业成本预测
	风险管理机制建设		三项费用预测
	公司品牌形象		利润预测
	市场营销策略		安全生产事故预测
社会责任信息	员工培养	管理层讨论与分析	盈利能力指标分析
	员工福利及劳保政策		负债水平指标分析
	投资者沟通交流情况		成本要素价格变动分析
	产品和服务质量		国家政策对行业的影响分析
	环保措施		前五名客户名称和销售额
	税收缴纳		前五名供应商名称和采购额
	社会公益活动		自主创新情况分析

如果您对该指标体系存在异议，请邮件联系 bit_xxpl_gszl@126.com。

一、请您回顾一下您持有其股票的或熟悉的各家上市公司，挑选出最为熟悉的
　　一家，并写出：公司名称：或股票代码：

二、基本情况调查

（1）您就职的单位属于：　□证券公司　　　□基金公司
　　　　　　　　　　　　　□保险公司　　　□信托公司　　　□其他

（2）您的性别：　　　　　□男　　　　　　□女

（3）您的年龄：　　　　　□25 岁及以下　　□26～35 岁
　　　　　　　　　　　　　□36～45 岁　　　□46～55 岁

（4）您的最高学历：　　　□专科及以下　　□本科
　　　　　　　　　　　　　□研究生　　　　□博士及以上

（5）您的相关工作经验：□5 年以内　　　　□6～10 年
　　　　　　　　　　　　　□11～20 年　　　□21～30 年　　　□30 年以上

（6）您是否投资该股票：□是　　　　　　　□否

（7）该股票投资占总投资额度的：　　　　　□不足 20%　　　□20%～40%
　　　　　　　　　　　　　　　　　　　　　□41%～60%　　　□61%～80%
　　　　　　　　　　　　　　　　　　　　　□80% 以上

（8）您已经持有该只股票：　　　　　　　　□不足 3 个月　　□3～6 个月
　　　　　　　　　　　　　　　　　　　　　□7 个月至 1 年　□1～3 年
　　　　　　　　　　　　　　　　　　　　　□3 年以上

三、请您回顾一下该公司的年报和企业社会责任报告并评价下列描述是否符合实际情况： （1）若您收到纸质版问卷，在您的答案下打"√"； （2）若您收到电子版问卷，将您的答案标红，如您的答案是"同意"，将下面的"6"标红为"6"。	非常不同意	不同意	稍不同意	既不同意也不反对	一般同意	同意	非常同意
1	希望企业如实披露报告期内发生的实质性负面信息	1	2	3	4	5	6	7
2	希望企业重点披露了公司差异于同行业其他公司的个性	1	2	3	4	5	6	7
3	希望披露的信息直观、简洁、清晰、易于理解	1	2	3	4	5	6	7
4	希望披露的内容全面、完整、充分	1	2	3	4	5	6	7
5	希望披露内容真实、可靠	1	2	3	4	5	6	7
6	希望深入、有实质性的讨论与分析多，简单列举、空泛的文字少	1	2	3	4	5	6	7
7	希望披露管理层已知、财务报表难以显示、但又有重大影响的事项	1	2	3	4	5	6	7

三、请您回顾一下该公司的年报和企业社会责任报告并评价下列描述是否符合实际情况： （1）若您收到纸质版问卷，在您的答案下打"√"； （2）若您收到电子版问卷，将您的答案标红，如您的答案是"同意"，将下面的"6"标红为"6"。		非常不同意	不同意	稍不同意	既不同意也不反对	一般同意	同意	非常同意
8	披露的内容有利于对公司当前业绩进行分析	1	2	3	4	5	6	7
9	披露的未来经营计划对预测公司未来业绩有用	1	2	3	4	5	6	7
10	披露的公司风险及应对措施对预测公司风险有用	1	2	3	4	5	6	7
11	披露的社会责任信息对了解公司的社会责任履行情况有用	1	2	3	4	5	6	7
12	能够根据自愿性信息披露内容做出投资决策	1	2	3	4	5	6	7
13	提供了董事会报告及社会责任报告外其他渠道无法提供的有用信息	1	2	3	4	5	6	7
14	愿意根据自愿性信息披露内容做出决策	1	2	3	4	5	6	7
15	根据披露的内容会关注这家公司	1	2	3	4	5	6	7
16	根据披露的内容会长期关注这家公司	1	2	3	4	5	6	7
17	披露内容能满足我的期望	1	2	3	4	5	6	7
18	从自愿性信息披露中获得想知道的东西	1	2	3	4	5	6	7
19	对披露内容完整、充分性比较满意	1	2	3	4	5	6	7
20	对披露内容清晰、准确性比较满意	1	2	3	4	5	6	7
21	对披露内容真实、可靠性比较满意	1	2	3	4	5	6	7
22	信息披露前公共媒体没有出现相关报道或传闻	1	2	3	4	5	6	7
23	涵盖报告期内所有受企业控制或影响的实质信息	1	2	3	4	5	6	7
24	涵盖报告期所有重大事件及对未来影响的预测	1	2	3	4	5	6	7
25	没有遗漏会影响或有助于利益相关者决策的信息	1	2	3	4	5	6	7
26	文字说明充分完备，有必要的解释说明	1	2	3	4	5	6	7
27	数据齐全，不存在需单独列示的数据合列示或不列示的情况	1	2	3	4	5	6	7
28	披露的信息准确，无夸大其词、歧义、误导性陈述情况	1	2	3	4	5	6	7
29	预测性信息及其他涉及公司未来经营等信息合理、谨慎、客观	1	2	3	4	5	6	7
30	不存在避重就轻的情况	1	2	3	4	5	6	7
31	不存在隐瞒事实真相的情况	1	2	3	4	5	6	7
32	披露的信息以客观事实或具有事实基础的判断和意见为依据	1	2	3	4	5	6	7
33	披露的信息如实反映实际情况，无虚假记载	1	2	3	4	5	6	7
34	定性化信息直观形象、易于理解	1	2	3	4	5	6	7

	三、请您回顾一下该公司的年报和企业社会责任报告并评价下列描述是否符合实际情况： （1）若您收到纸质版问卷，在您的答案下打"√"； （2）若您收到电子版问卷，将您的答案标红，如您的答案是"同意"，将下面的"6"标红为"6"。	非常不同意	不同意	稍不同意	既不同意也不反对	一般同意	同意	非常同意
35	数量化信息简洁、清晰、易读	1	2	3	4	5	6	7
36	分类公告、便于阅读	1	2	3	4	5	6	7
37	图表结合、形式清晰	1	2	3	4	5	6	7

附录3　自愿性信息披露的满意度问卷

您好：

　　本次调研的目的是为了了解上市公司年报中的"自愿性信息披露"的满意度情况。您的答案并无对、错之分，只希望您能表达自己的真实意见和想法。在此，我们郑重承诺，调查结果仅供研究使用，如果您有兴趣和需要，我们可将最终的分析结果通过电子邮件反馈给您。

　　整个过程大约需要占用您10分钟的时间，辛苦您了！衷心感谢您的大力支持！

北京理工大学管理与经济学院信息披露与

公司治理研究中心

概念界定：自愿性信息披露是上市公司定期报告的重要组成部分，位于年报中的"董事会报告"和"企业社会责任报告"中，主要包含下表中的信息。

自愿性信息披露指标体系

一级指标	二级指标	一级指标	二级指标
公司背景信息	公司经营理念	预测性信息	产销量预测
	公司愿景		市场占有率预测
	实现公司愿景的保障		营业收入预测
	公司组织结构		营业成本预测
	风险管理机制建设		三项费用预测
	公司品牌形象		利润预测
	市场营销策略		安全生产事故预测
社会责任信息	员工培养	管理层讨论与分析	盈利能力指标分析
	员工福利及劳保政策		负债水平指标分析
	投资者沟通交流情况		成本要素价格变动分析
	产品和服务质量		国家政策对行业的影响分析
	环保措施		前五名客户名称和销售额
	税收缴纳		前五名供应商名称和采购额
	社会公益活动		自主创新情况分析

如果您对该指标体系存在异议，请邮件联系 bit_xxpl_gszl@126. com。

一、请您回顾一下您持有其股票的或熟悉的各家上市公司，挑选出最为熟悉的一家，并写出：公司名称：或股票代码：

二、基本情况调查

（1）您就职的单位属于：□证券公司　　　　□基金公司

　　　　　　　　　　　　□保险公司　　　　□信托公司　　　□其他

（2）您的性别：　　　　□男　　　　　　　□女

（3）您的年龄：　　　　□25 岁及以下　　　□26 ~ 35 岁

　　　　　　　　　　　　□36 ~ 45 岁　　　　□46 ~ 55 岁

（4）您的最高学历：　　□专科及以下　　　□本科

　　　　　　　　　　　　□研究生　　　　　□博士及以上

（5）您的相关工作经验：□5 年以内　　　　□6 ~ 10 年

　　　　　　　　　　　　□11 ~ 20 年　　　□21 ~ 30 年　　　□30 年以上

（6）您是否投资该股票：□是　　　　　　　□否

（7）该股票投资占总投资额度的：□不足 20%　　　□20% ~ 40%

　　　　　　　　　　　　　　　　□41% ~ 60%　　　□61% ~ 80%

　　　　　　　　　　　　　　　　□80% 以上

（8）您已经持有该只股票：　　　　□不足 3 个月　　　□3 ~ 6 个月

　　　　　　　　　　　　　　　　□7 个月至 1 年　　　□1 ~ 3 年

　　　　　　　　　　　　　　　　□3 年以上

	三、请您回顾一下该公司的年报和企业社会责任报告并评价下列描述是否符合实际情况： （1）若您收到纸质版问卷，在您的答案下打"√"； （2）若您收到电子版问卷，将您的答案标红，如您的答案是"同意"，将下面的"6"标红为"6"。	非常不同意	不同意	稍不同意	既不同意也不反对	一般同意	同意	非常同意
1	希望企业如实披露报告期内发生的实质性负面信息	1	2	3	4	5	6	7
2	希望企业重点披露了公司差异于同行业其他公司的个性	1	2	3	4	5	6	7
3	希望披露的信息直观、简洁、清晰、易于理解	1	2	3	4	5	6	7
4	希望深入、有实质性的讨论与分析多，简单列举、空泛的文字少	1	2	3	4	5	6	7
5	希望披露管理层已知的、财务报表难以显示的、但又有重大影响的事项	1	2	3	4	5	6	7
6	披露的内容有利于对公司当前业绩进行分析	1	2	3	4	5	6	7

三、请您回顾一下该公司的年报和企业社会责任报告并评价下列描述是否符合实际情况： （1）若您收到纸质版问卷，在您的答案下打"√"； （2）若您收到电子版问卷，将您的答案标红，如您的答案是"同意"，将下面的"6"标红为"6"。		非常不同意	不同意	稍不同意	既不同意也不反对	一般同意	同意	非常同意
7	披露的未来经营计划对预测公司未来业绩有用	1	2	3	4	5	6	7
8	披露的公司风险及应对措施对预测公司风险有用	1	2	3	4	5	6	7
9	披露的社会责任信息对了解公司的社会责任履行情况有用	1	2	3	4	5	6	7
10	能够根据自愿性信息披露内容作出投资决策	1	2	3	4	5	6	7
11	愿意根据自愿性信息披露内容作出决策	1	2	3	4	5	6	7
12	根据披露的内容会关注这家公司	1	2	3	4	5	6	7
13	根据披露的内容会长期关注这家公司	1	2	3	4	5	6	7
14	涵盖报告期内所有受企业控制或影响的实质信息	1	2	3	4	5	6	7
15	数据齐全，不存在需单独列示的数据合并列示或不列示的情况	1	2	3	4	5	6	7
16	文字说明充分完备，有必要的解释说明	1	2	3	4	5	6	7
17	预测性信息及其他涉及公司未来经营等信息合理、谨慎、客观	1	2	3	4	5	6	7
18	披露的信息准确，无夸大其词、歧义、误导性陈述情况	1	2	3	4	5	6	7
19	披露的信息如实反映实际情况，无虚假记载	1	2	3	4	5	6	7
20	定性化信息直观形象、易于理解	1	2	3	4	5	6	7
21	数量化信息简洁、清晰、易读	1	2	3	4	5	6	7

参 考 文 献

[1] A. Chirico, B. Baroma. The Voluntary Disclosure of Financial Statements [M]. LAP LAMBERT Academic Publishing, 2013.

[2] Aboody, D., Kasznik, R., 2000. CEO stock options awards and the timing of coorporate voluntary disclosures. Journal of Accounting and Economics 29, 73 – 100.

[3] Ajinkya, Bipin; Bhojraj, Sanjeev; Sengupta, Partha. The Association between Outside Directors, Institutional investors and the Properties of Management Earnings Forecasts [J]. CFA Digest, 2005, (4).

[4] Angela K. Davis, Isho Tama – Sweet. Managers' Use of Language Across Alternative DisclosureOutlets: Earnings Press Releases versus MD&A [J]. Contemporary Accounting Research, 2012, (29): 804 – 837.

[5] Ari Hyytinen, Mika Pajarinen. External Finance, Firm Growth and the Benefits of Information Disclosure: Evidence from Finland [J]. European Journal of Law and Economics, 2005, 19 (6): 69 – 93.

[6] Asheq, Razaur. Essays on mandatory and voluntary disclosure: The stock market reaction to mandatory segment reporting changes and the credibility of voluntary management forecasts [R]. 2007.

[7] Bake J. S, Kang J. K, K. S. Park. Corporate Governance and Firm Value: Evidence from the Korean Financial Crisis [J]. Journal of Financial Economics, 2004, 21: 357 – 369.

[8] Banker, R. D., R. Huang, R. Natarajan, Incentive Contracting and Value Relevance of Earnings and Cash Flows [J]. Journal of Accounting Research, 2009, 47 (3): 647 – 678.

[9] Bartov, DanGivoly, Carla Hayn. 2002. The rewards to meeting or beating

earnings expectations, Journal of accounting and economics 33, 173 - 204.

[10] Beattie, V, Mc Innes, B, and Fearnley, S. A methodology for Analyzing and Evaluating Narratives in Annual Reports: a Comprehensive Descriptive Profile and Metrics for Disclosure Quality Attributes [J]. Accounting Forum, 2004, 28: 205 - 236.

[11] Bernman N. Voluntary Disclosure of Profit Forecasts by Target Companies in Takeover Bids [J]. Journal of Business Finance and Accounting, 1999, (26): 883 - 917.

[12] Blawatt Ken. Imagery: An Alternative Approachto the Attribute Image Paradigm for Shopping Centers [J]. Journal of Retailing and Consumer Services, (2): 83 - 96, 1995.

[13] Bolton R. N., Drew J. H. A multistage model of customers, assessments of service quality and value [J]. Journal of Consumer Research, 17 (4): 375 - 384, 1991.

[14] Botosan, C. A. Disclosure Level and the Cost of Equity Capital [J]. The Accounting Review, 1997, 72 (3): 323 - 349.

[15] Botosan, C. A, and M. Plumlee. A Re-examination of Disclosure Level and the Expected Cost of Equity Capital [J]. Journal of Accounting Research, 2002, 40: 21 - 40.

[16] Bowen, Robert M., Angela K. Davis, Dawn A. Matsumoto. Do conference calls affect analysts' forecasts [J]. Accounting Review, 2002, (77): 285 - 316.

[17] Bowen, S., S. Hillegeist. How disclosure quality affects the level of information asymmetry [J]. Review of Accounting Studies, 2007 (12): 443 - 477.

[18] Buzby, S. L. Selected items of Information and Their Disclosure in Annual Reports [J]. The Accounting Review, 1974b, 44 (3): 423 - 435.

[19] C. A. Botosan. Disclosure Level and the Cost of Capital [J]. Social Science Electronic Publishing, 1997, Vol. 15 (2): 114 - 127.

[20] Cardozo, Richard N. An Experimental Study of Customer Effort, Expectation, and Satisfaction [J]. Journal of Marketing Research, 1965, (2): 244 - 249.

[21] Carolyn M. Callahan, Rodney E. Smith. How Transparent Are MD&A Disclosures? [J]. Bank Accounting and Finance, 2005, 25 (5): 7–15.

[22] Cerf. A. Corporate Reporting and Investment Decisions [M]. Berkeley, CA: University of California Press. 1961.

[23] Chen, S. P., X. Do Family Firms Provide More or Less Voluntary Disclosure [J]. Journal of Accounting Research, 2008, 46 (3): 499–536.

[24] Cheng, E. C. M., Courtenay, S. M. Board Composition Regulatory Regime and Voluntary Disclosure [J]. International Journal of Accounting, 2006, 41 (3): 262–289.

[25] Chen-Wen Chen and Victor W. Liu. Does the rule for voluntary disclosure induce truthful disclosure? [J] Applied Financial Economics Letters, 2008, (4): 375–377.

[26] Cooke, T. E. Voluntary Corporate Disclosure by Swedish Companies [J]. Journal of International Financial Management and Accounting, 1989a, 1(2): 171–195.

[27] Deqing Zhou. Over confidence, public disclosure and long-lived information [J]. Economics Letters, 2012, (116): 626–630.

[28] Douglas J. Skinner D. Earnings Disclosures and Stockholder Lowsuits [J]. Journal of Accounting and Economics, 1997, (3): 249–283.

[29] Douglas J. Skinner D. Why Firms Voluntarily Disclose Bad News [J]. Journal of Accounting Research, 1994, (32): 38–61.

[30] Dye, R.. 2001. An evaluation of "essays on disclosure" and the disclosure literature in accounting. Journal of Accounting and Economics 32, 181–235.

[31] FASB. Inproving Reporting: Insights into Enhancing Voluntary Disclosure [R]. 2001: 5–13.

[32] FengGu, John Q. Li. 2007. The Credibility of Voluntary Disclosure and Insider Stock Transactions [J]. Journal of Accounting Research, (45): 771–810.

[33] Firth, M. A. The Impact of Size, Stock Market Listing and Auditors on Voluntary Disclosure in Corporate Annual Reports [J]. Accounting and Business Research, 1979, 9 (39): 273–280.

[34] Folkes V. S. Consumer reactions to productfailure: An attributional ap-

proach [J]. Journal of Consumer Research, 10 (4): 398 – 409, 1984.

[35] Francis, J., D. Nanda, and P. Olsson. 2008. Voluntary disclosure, earnings quality, and cost of capital. Journal of Accounting Research 46 (1): 53 – 99.

[36] Francis, J., LaFond, R., Olsson, P. and Schipper, K.. Costs of equity and eamings attributes [J]. The Accounting Review, 2004 (1): 79: 961.

[37] G. K. Meek, S. J. Gray. Factors Influencing Voluntary Annual Report Disclosures by U. S., U. K. And Continental European Multinational Corporations [J]. Journal of International Business Studies, 1995, 26 (3): 555 – 572.

[38] Gao P. Disclosure Quality, Cost of Capital, and Investor Welfare [J]. The Accounting Review, 2010 (85).

[39] Gary K. Meek, Clare B. Roberts, Sidney J. Gray. Factors Influencing Voluntary Annual Report Discloures by US, UK and Continental European Multinational Corporations [J]. Journal of International Business Studies, 1995, (3): 555 – 572.

[40] Gebhardt, W., C. Lee., B. Swaminathan, Toward an Implied Cost of Equity [J]. Journal of Accounting research, 2001 (39): 135 – 176.

[41] Gerald K. Chau, Sidney J. Gray. Ownership Structure and Corporate Voluntary Discloure in Hong kongand Singapore [J]. International Journal of Accounting, 2002 (2): 247 – 265.

[42] Gigler, F. B., Hemmer, T. Conservatism, disclosure policy and the time limes of financial reports [J]. The Accounting Review, 2001 (76): 471 – 493.

[43] Gilbert, Katie. Institutional Investors Demand Disclosure on Companies' Political Spending [J]. Institutional Investor, 2012, (5): 11 – 17.

[44] Gode, D., P. Mohanram. Inferring the Cost of Capital using the Ohlson-Juettner Mode [J]. Journal of Accounting Research, 2001 (39).

[45] Grossman, Sanford J. and Oliver D. Hart. The Costs and Benefits of Ownership: A Theory of Vertical and Lateral Integration [J]. Journal of Political Economy, 1986 (94).

[46] H. Li. A Study On Corporate Governance Characteristics of Listed Companies Who Have a High Level of Voluntary Disclosure [J]. Statistical Research, 2013.

[47] Hail L, Leuz C. International differences in the cost of equity capital: Do Legal Institutions and Securities Regulation Matter [J]. Journal of Accounting Research, 2006 (44): 485 – 531.

[48] Healy P. M. , Hutton A. , Palepu K. Stock Performance and Intermediation Changes SurroundingSustained Increases in Disclosure [J]. Contemporary Accounting Research, 1999 (16): 485 – 520.

[49] Healy, P. M. , Palepu K. G. The challenges of investor communication: the case of CUC International, Inc [J]. Journal of Financial Economics, 1995, (38): 111 – 140.

[50] Healy, P. , Palepu, K. . 2001. Information asymmetry, corporate disclosure, and the capital markets: A review of the empirical disclosure literature. Journal of Accounting and Economics 31, 405 – 440.

[51] Imhoff, E. A, Jr. Summer. The Relation between Perceived Accounting Quality and Economic Characteristics of the Firm [J]. Journal of Accounting and Public Policy, 1992, 11 (2): 97 – 118.

[52] Jari A. Parviainen, Hannu J. Schadewitz & Dallas R. Blevins. On the non-linear relationship between disclosure and its determinants [J]. Applied Economics Letters, 2001, (8): 747 – 750.

[53] Kiridaran Kanagaretnam, Gerald J. Lobo, Dennis J. Whalen. Does good corporate governance reduce information asymmetry around quarterly earnings announcements? [J]. Journal of Accounting and Public Policy, 2007, (26): 497 – 522.

[54] Kotler P. Marketing Management: Analysis, Planning, Implementation, and Control (9th Edition) . Upper Saddle River, NJ: Prentice-Hall. 1997.

[55] L. L. Eng, Y. T. Mak. Corporate Governance and Voluntary Disclosure [J]. Journal of Accounting and Public Policy, 2003 (22): 325 – 345.

[56] LaBarbera Priscilla A. Mazursky David. A Longitudinal Assessment of Consumer Satisfaction/Dissatisfaction: The Dynamic Aspect ofthe Cognitive Process [J]. Journal of Marketing Research, (4): 393 – 404, 1983.

[57] Lang M. , Lundholm R. Corporate disclosure policy and analyst behavior [J]. The Accounting Review, 1996, (71): 467 – 493.

［58］ Lang, M. and Lundholm, R. Cross-sectional Determinants of Analyst Ratings of Corporate Disclosures ［J］. Journal of Accounting Research, 1993, 31 (2): 246 – 271.

［59］ Lee, Peter. Reporting standards: Investors demand enhanced disclosures ［J］. Euromoney, 2012, (524): 92 – 97.

［60］ Li Huiyun, Zhang Lin. Construction of the Voluntary Disclosure Indicator System of Listed Companies. 7th International Symposium on Corporate Governance, 2013.

［61］ Linda Elizabeth DeAngelo. Managerial Competition, Information Costs, and Corporate Governance: the Use of Accounting Performance Measures in Proxy Contests ［J］. Journal of Accounting and Economics, 1988, (10): 3 – 37.

［62］ Marc Newson and Craig Deegan. Global Expectation and Their Association with Corporate Social Disclosure Practice in Australia, Singapore and South Korea ［J］. International Journal of Accounting, 2002 (37): 183 – 214.

［63］ Mark H. Lang, Russel J Lundholm. Corporate Disclosure Policy and Analyst Behavior . Accounting Review, 2010, (71): 706 – 721.

［64］ McDougall Levesque. Customer Satisfaction with Services: Put Perceived Valueinto the Equation ［J］. Journal of Services Marketing, 4 (5): 392 – 409, 2000.

［65］ Mcnally G. , L. Eng and R. Hasseldine. Corporate Financial Reporting in New Zealand: Analysis Information ［J］. Accounting and Business Research, 1982 (46): 11 – 20.

［66］ Meek, G. K. , Roberts, C. B. & Gray, S. J. Factors Influencing Voluntary Annual Report Disclosures by US, UK and Continental European Ultinational Corporations ［J］. Journal of International Business Studies, 1995, 555 – 572.

［67］ Mohammad Bayezid Ali, Tanbir Ahmed Chowdhury. Effect of Dividend on Stock Price in E-merging Stock Market: A Study on the Listed Private Commercial Banks in DSE ［J］. International Journal of Economics and Finance, 2010, 2 (6): 235 – 243.

［68］ Mohammed Hossain, Helmi Hammami. Voluntary disclosure in the annual reports of an emerging country: The case of Qatar ［J］. Advances in Accounting, incorporating Advances in International Accounting, 2009, 25 (2): 255 –265.

[69] N. A. M. Ghazali, A. A. Haji. The Quality and Determinants of Voluntary Disclosures in Annual Reports of Shari' ah Compliant Companies in Malaysia [J]. Humanomics, 2013, 29 (1).

[70] Nan Sun, Aly Salama, Khaled Hussainey, Murya Habbash. Corporate environmental disclosure, corporate governance and earning management [J]. Managerial Auditing Journal, 2010, 25 (6): 256 –261.

[71] Naser, K, Ai-Khatib, K, and Karbhari, Y. Empirical Evidence of the Depth Corporate Information Disclosure in Developing Countries: the Case of Jordan [J]. International Journal of Commerce & Management, 2002, 12 (3 /4): 122 – 155.

[72] NeilA Morgan, Eugene W Anderson, Vikas Mittal. Understanding Firms' Customer Satisfaction Information Usage [J]. Journal of Marketing, (7): 131 –151, 2005.

[73] NoeC. Voluntary disclosure and insider transactions [J]. Journal of Accounting and Economics, 1999, (27): 305 –327.

[74] P. Chou, Y. Chang, S. Li. The Study of Earning Management, Corporate Information Disclosure, and Financial Distress: Evidence From Taiwan [J]. Journal of Information & Optimization Sciences, 2012, 33 (1): 77 –87.

[75] Pai-Lung Chou, Yu-Min Chang, Sheng-Jung Li. The study of earning management, corporate information disclosure, and financial distress: Evidence from Taiwan [J]. Journal of Information and Optimization Sciences, 2012, 33 (6): 77 –87.

[76] Patton, J. and Zelenka, I. An Empirical Analysis of the Determinants of the Extent of Disclosure in Annual Reports of Joint Stock Companies in the Czech Republic [J]. The European Accounting Review, 1997, 6 (4): 605 –626.

[77] Paul M. Healy, Krishna G. Palepu. Information asymmetry, corporate disclosure and the Capital Market: A review of the empirical disclosure literature. corporate governance [J]. Journal of Accounting and Economics, 2011, (31): 405 –440.

[78] Pernilla Broberg, Torbjo rn Tagesson, Sven-Ol of Collin. What explains

variation in voluntary disclosure? A study of the annual reports of corporations listed on the Stockholm Stock Exchange [J]. J Manag Gov, 2010, (14): 351 –377.

[79] Peter J. Danaher, Jan Mattsson. Customer Satisfaction during the Service Delivery Process [J]. European Journal of Marketing, 1994, (5): 5 – 16.

[80] Petersen, C., Plenborg, T. Voluntary Disclosure and Information Asymmetry in Denmark [J]. Journal of International Accounting, Auditing and Taxation, 2006, 15: 127 –149.

[81] Preston L. E. Analyzing Corporate Social Performance: Methods and Results [J]. Journal of Contemporary Business, 1978 (7): 135 – 149.

[82] Rahman A. R. Incomplete Financial Contracting, Disclosure, Corporate Governance and firm Value with Evidence form a Moderate Market for Corporate Control Environment [D]. Nan yang Business School Working Paper, Nan yang Technological University, 2002.

[83] Razaur R. Incomplete Financial Contracting, Disclosure, Corporate Governance and Firm Value [J]. SSRN Working Paper, 2002, 2: 165 – 183.

[84] Riahi-Belkaoui Discussion of "The Changing Nature of Financial Disclosure in Japan" [J]. The International Journal of Accounting, 2002, 37: 117 – 120.

[85] Ronnie Sadka. Liquidity risk and accounting information [J]. Journal of Accounting and Economics, 2011, 52 (6): 144 – 152.

[86] ShuPing Chen, Mark L. Defond, C. W. Park. Voluntary Disclosure of Balance Sheet Information in Quarterly Earnings Announcements [J]. Joumal of Accounting and Eeonomies, 2002, (2): 229 –251.

[87] Singhvi, S. S and Desai, H. B. An Empirical Analysis of the Quality of Corporate Financial Disclosure [J]. The Accounting Review, 1971, January: 129 – 138.

[88] Skinner, D. Why firms voluntarily disclose bad news [J]. Journal of Accounting Research, 1994, (32): 38 – 61.

[89] T. J. Valone, J. J. Templeton. Public Information for the Assessment of Quality: A Widespread Social Phenomenon [J]. The Royal Society, 17 (10): 1549 –1557, 2002.

[90] T. E. Cooke. Disclosure in the Corporate Annual Reports of Swedish Com-

panies [J]. Accounting and Business Research, 1989 (74): 113 - 124.

[91] Tai, B. Y. K, Au-Yeung, P. K, Kwok, M. C. M, & Lau, L. W. C. Noncompliance with Disclosure Requirements in Financial Statements: the Case of Hong Kong Companies [J]. International Journal of Accounting, 1990, 25 (2): 99 - 112.

[92] Truemen B. Why do Managers Voluntarily Release Earnings Forecasts [J]. Journal of Accounting and Economic, 1986, (8): 53 - 72.

[93] Wallace, R, Naser, K, Mora, A. The Relationship between the Comprehensiveness of Corporate Annual Reports and Firm Characteristics in Spain [J]. Accounting and Business Research, 1994, 25 (97): 41 - 53.

[94] Wallace, R. S. O. Corporate Financial Reporting in Nigeria [J]. Accounting and Business Research, 1988, 18 (72): 352 - 362.

[95] Walther, B. R. Discussion of information transparency and coordination failure: Theory and experiment [J]. Journal of Accounting Research, 2004 (42): 197 - 205.

[96] Wang, K. , O. Sewon, M. C. Claiborne. Determinants and Consequences of Voluntary Disclosure in an Emerging Market: Evidence from China [J]. Journal of International Accounting, Auditing and Taxation, 2008, 17 (1): 14 - 30.

[97] Woodruff R. B. Customer Value: The Next Source for Competitive Advantage [J]. Journal of the Academy of Marketing Science, (2): 139 - 153, 1997.

[98] Xiao, H. F. J. G. Yuan. Ownership Structure, Board Composition and Corporate Voluntary Disclosure [J]. Managerial Auditing Journal, 2007, 22 (6): 604 - 619.

[99] Yan Sun. Do MD&A Disclosures Help Users Interpret Disproportionate Inventory Increases? [J]. The Accounting Review, 2010, (85): 1411 - 1440.

[100] 任政亮、徐飞:《基于修正熵权算法的信息披露质量评价》,载于《计算机应用研究》2014 年第 5 期, 第 1437 ~ 1440 页。

[101] 白雪梅、赵松山:《多种综合评价方法的优劣判断研究》,载于《统计研究》2000 年第 7 期, 第 45 ~ 48 页。

[102] 白云鹏、陈永健:《常用水环境质量评价方法分析》,载于《河北水利》2007 年第 6 期, 第 18 ~ 19 页。

[103] 常明庆、王平、李娟、赵希锦：《地下水环境质量评价常用方法对比分析》，载于《人民黄河》2010年第4期，第74~76页。

[104] 陈芳徽：《自愿性信息披露与机构投资者——基于沪市上市公司的实证研究》，载于《中国会计学会高等工科院校分会2009年学术会议（第十六届学术年会）论文集》，中国会计学会高等工科院校分会，2009年11月。

[105] 陈国辉、韩海文：《自愿性信息披露的价值效应检验》，载于《财经问题研究》2010年第5期，第60~68页。

[106] 陈华、王海燕、荆新：《中国企业碳信息披露：内容界定、计量方法和现状研究》，载于《会计研究》2013年第12期，第18~24页。

[107] 陈正伟：《综合评价技术及应用》，西南财经大学出版社2013年版。

[108] 丁方飞、范丽：《我国机构投资者持股与上市公司信息披露质量——来自深市上市公司的证据》，载于《软科学》2009年第5期，第18~23页。

[109] 董淑兰、戴蓬军：《基于因子聚类分析的农业上市公司社会责任会计信息披露意愿研究》，载于《财会月刊》2011年第30期，第92~95页。

[110] 杜栋、庞庆华：《现代综合评价方法与案例精选》，清华大学出版社2005年版。

[111] 樊舒、冯荷英：《基于财务指标的物流企业核心竞争力评价方法分析》，载于《物流技术》2013年第5期，第343~345页。

[112] 方方：《上市公司自愿性信息披露程度与公司特征的实证研究——来自沪市上市公司的数据》，载于《辽宁经济》2011年第3期，第82~85页。

[113] 封思贤：《公司业绩与自愿性信息披露的实证研究》，载于《经济问题探索》2005年第6期，第89~93页。

[114] 耿闪清、方丽娟、苏焕喜：《上市公司自愿性信息披露指标体系构建分析》，载于《财会研究》2011年第7期，第50~53页。

[115] 郭亚军：《综合评价理论、方法及拓展》，科学出版社2012年版。

[116] 国家质检总局质量管理司、清华大学中国企业研究中心：《中国顾客满意指数指南》，中国标准出版社2003年版。

[117] 韩海文、张宏婧：《自愿性信息披露的短期价值效应探析》，载于《审计与经济研究》2009年第7期，第50~58页。

[118] 何峰标：《综合评价方法MATLAB实现》，中国科学出版社2010

年版。

[119] 何卫东:《上市公司自愿性信息披露研究》,深圳证券交易所综合研究所 2003 年。

[120] 何卫华:《顾客重复购买意向研究理论综述》,载于《当代经济(下半月)》2007 年第 10 期,第 142～144 页。

[121] 何燕:《公司治理对上市公司自愿性信息披露的影响及建议》,载于《现代商业》2012 年第 26 期,第 24～31 页。

[122] 何玉、张天西:《信息披露、信息不对称和资本成本:研究综述》,载于《会计研究》2006 年第 6 期,第 82～88 页。

[123] 洪涛:《主成分分析法在上市公司自愿性信息披露中的应用》,载于《科技情报开发与经济》2007 年第 30 期,第 132～134 页。

[124] 胡亚权、周宏:《高管薪酬、公司成长性水平与相对业绩评价——来自中国上市公司的经验证据》,载于《会计研究》2012 年第 5 期,第 22～28 页。

[125] 黄寿昌、李芸达、陈圣飞:《内部控制报告自愿披露的市场效应——基于股票交易量及股票收益波动率的实证研究》,载于《审计研究》2010 年第 4 期,第 44～51 页。

[126] 吉利、张正勇、毛洪涛:《企业社会责任信息质量特征体系构建——基于对信息使用者的问卷调查》,载于《会计研究》2013 年第 1 期,第 50～56 页。

[127] 姜凡:《自愿性信息披露的度量及影响因素分析》,载于《当代经济》2012 年第 9 期,第 18～23 页。

[128] 李常青、王毅辉:《"管理层讨论与分析"信息披露研究——来自中国机构投资者的问卷调查》,载于《当代会计评论》2008 年第 2 期。

[129] 李慧云、赵鹏:《上市公司自愿性信息披露的影响因素研究》,载于《第六届公司治理国际研讨会论文集》2011 年。

[130] 李胜楠、牛建波:《非对称信息与投资者关系管理研究》,载于《管理科学》2004 年第 2 期,第 92～96 页。

[131] 李艳、神玉飞:《上市公司盈利能力与自愿性信息披露研究》,载于《开发研究》2006 年第 5 期,第 103～105 页。

[132] 李燕媛、张蝶:《我国上市公司"管理层讨论与分析"信息鉴证:

三重困境及对策建议》，载于《审计研究》2012年第5期，第86~91页。

[133] 李正、向锐：《中国企业社会责任信息披露的内容界定、计量方法和现状研究》，载于《会计研究》2007年第7期，第3~11页。

[134] 林有志、张雅芬：《信息透明度与企业经营绩效的关系》，载于《会计研究》2007年第9期，第26~33页。

[135] 刘宝财、林钟高：《基于AHP—模糊模型的环境信息披露绩效评价》，载于《新会计》2012年第1期，第3~5页。

[136] 刘金兰、康键：《顾客满意度、市场份额与利润率的关系——来自瑞典的发现》，载于《管理学报》2005年第1期，第32~36页。

[137] 刘金兰、康键：《瑞典顾客满意度晴雨表》，载于《管理学报》2005年第3期，第24~28页。

[138] 刘叶容、喻琴琼：《基于AHP的中美碳信息披露质量比较》，载于《新会计》2014年第12期，第41~43页。

[139] 罗炜、朱春艳：《代理成本与公司自愿性披露》，载于《经济研究》2010年第10期，第143~155页。

[140] 牛建波、吴超、李胜楠：《机构投资者类型、股权特征和自愿性信息披露》，载于《管理评论》2013年第3期，第48~59页。

[141] 齐爱年、李红霞：《熵权理论在自愿性信息披露评价中的应用》，载于《科技与管理》2007年第1期，第77~79页。

[142] 钱红光、梁宇华：《资本市场自愿性信息披露的有用性分析》，载于《审计月刊》2009年第7期，第52~53页。

[143] 邱冬阳、陈林、孟卫东：《内部控制信息披露与IPO抑价——深圳中小板市场的实证研究》，载于《会计研究》2010年第10期，第34~39页。

[144] 邱均平、邹菲：《关于内容分析法的研究》，载于《中国图书馆学报》，2004年第2期，第14~19页。

[145] 权小锋、吴世农：《CEO权力强度、信息披露质量与公司业绩的波动性——基于深交所上市公司的实证研究》，载于《南开管理评论》2010年第4期，第142~153页。

[146] 任政亮、徐飞、徐红年：《基于熵权信息披露质量的测度：算法与实证》，载于《管理现代化》2013年第3期，第10~12页。

[147] 任政亮、徐飞：《基于修正熵权算法的信息披露质量评价》，载于

《计算机应用研究》2014年第5期，第1437~1440页。

[148] 中华人民共和国国务院公报：《上市公司治理准则》，2003年3月。

[149] 宋洪琦、魏建：《上市公司信息披露质量测度研究》，载于《山东社会科学》2011年第5期，第139~142页。

[150] 宋献中：《论企业核心能力信息的自愿披露》，载于《会计研究》2006年第2期，第47~52页。

[151] 宋效中、张祎：《行业财务绩效综合评价——基于财务比率的熵权主成分分析》，载于《经济问题》2011年第6期，第97~101页。

[152] 汤青：《中国上市公司盈利能力影响因素实证分析》，载于《金融问题研究》2005年第2期，第56~59页。

[153] 童杰成：《上市公司自愿性会计信息披露的质量监控研究》，载于《生产力研究》2009年第14期，第177~179页。

[154] 涂建明：《财务绩效驱动管理层的信息披露吗——来自上市公司的经验证据》，载于《管理评论》2009年第9期，第86~93页。

[155] 王斌、梁欣欣：《公司治理、财务状况与信息披露质量——来自深交所的经验证据》，载于《会计研究》2008年第3期，第31~38页。

[156] 王永泉：《加强上市公司自愿性信息披露》，载于《今日科技》2006年第11期，第42~43页。

[157] 王玉坤：《自愿性信息披露经济学分析和会计学分析》，载于《管理观察》2009年第4期，第206~207页。

[158] 王宗萍、王强、李璇：《我国创业板市场上市公司MD&A信息披露现状研究》，载于《经济与管理评论》2013年第2期，第121~126页。

[159] 望海军、汪涛：《顾客参与、感知控制与顾客满意度关系研究》，载于《管理科学》2007年第6期，第48~54页。

[160] 夏立军、方轶强：《政府控制、治理环境与公司价值》，载于《经济研究》2005年第5期，第40~51页。

[161] 熊曙初、陈禹、罗毅辉：《企业公开信息对顾客预期—感知—满意的影响研究》，载于《软科学》2008年第9期，第77~82页。

[162] 徐高彦：《独立董事独立性、关联交易与公司价值——基于沪深两市上市公司的经验证据》，载于《审计与经济研究》2011年第4期，第35~42页。

[163] 薛爽、肖泽忠、潘妙丽：《管理层讨论与分析是否提供了有用信息？——基于亏损上市公司的实证探索》，载于《管理世界》2010年第5期，第130~140页。

[164] 杨海燕、韦德洪、孙健：《机构投资者持股能提高上市公司会计信息质量吗？——兼论不同类型机构投资者的差异》，载于《会计研究》2012年第9期，第16~23页。

[165] 杨红、杨淑娥、张栋：《基于熵理论的上市公司信息披露质量测度》，载于《系统工程》2007年第9期，第16~21页。

[166] 杨清香、俞麟、宋丽：《内部控制信息披露与市场反应研究——来自中国沪市上市公司的经验证据》，载于《南开管理评论》2012年第15期，第123~130页。

[167] 杨蕊、任宏伟、董新端：《基于我国上市公司自愿性信息披露质量的思考》，载于《经济问题探索》2011年第4期，第181~185页。

[168] 杨玉凤、王火欣、曹琼：《内部控制信息披露质量与代理成本相关性研究——基于沪市2007年上市公司的经验数据》，载于《审计研究》2010年第1期，第82~89页。

[169] 喻凯、龙雪晴：《上市公司自愿性信息披露对股票流动性影响的实证研究》，载于《财经理论与实践》2011年第174期，第71~75页。

[170] 张淑慧、彭珏：《自愿性信息披露对财务治理效率的影响》，载于《财经问题研究》2011年第11期，第62~66页。

[171] 张毅祥、王兆华：《基于计划行为理论的节能意愿影响因素——以知识型员工为例》，载于《北京理工大学学报（社会科学版）》2012年第6期，第7~13页。

[172] 张宗新、沈正阳：《内幕操纵、市场反应与行为识别》，载于《金融研究》2007年第6期，第27~35页。

[173] 张宗新、杨飞、袁庆海：《上市公司信息披露质量提升能否改进公司绩效？——基于2002~2005年深市上市公司的经验证据》，载于《会计研究》2007年第10期，第16~23页。

[174] 证监会：《公开发行证券的公司信息披露内容与格式准则第2号——年度报告的内容与格式（2007年修订）》，证监发[2007]212号。

[175] 证监会：《公开发行证券的公司信息披露内容与格式准则第2号——

年度报告的内容与格式（2012 年修订）》，证监发［2012］22 号。

　　［176］证监会：《上市公司治理准则》，证监发［2002］1 号。

　　［177］证监会公告：《公开发行证券的公司信息披露内容与格式准则第 2 号——年度报告的内容与格式（2012 年修订）》［J］. 中华人民共和国国务院公报. 2012（35）：74 - 88.

　　［178］诸葛栋、封思贤：《公司业绩与自愿性信息披露的实证研究》，载于《技术经济》2005 年第 7 期，第 66 ~ 68 页。

后　　记

　　本书由国家社会科学基金重点项目（13ATJ003）；北京理工大学"双一流"引导专项经费；北京经济社会可持续发展研究基地；北京市教委共建项目专项资助。

　　在本项目的研究过程中，博士研究生符少燕做了大量工作；硕士研究生张林、赵秋波、李亚楠、岳子娇、高鹏、赵鹏为本项目的完成提供了大量经验与数据资料，感谢他们的付出。

　　限于作者的知识和能力，书中不当之处，敬请指正。

李慧云

2017 年 9 月